R 24503

Paris
1786

Pluquet, Abbé François-André-Adrien

Traité philosophique et politique sur le luxe

Tome 2

R. 3210. ptas
8. B. 2.

TRAITÉ

PHILOSOPHIQUE

ET POLITIQUE

SUR LE LUXE

TRAITÉ
PHILOSOPHIQUE
ET POLITIQUE
SUR LE LUXE.

Par M. l'Abbé PLUQUET.

Quæ si voles frequenter cogitare, id ages ut sis felix, non ut videaris; ut tibi videaris, non aliis.
   SENEC. Ep. 110.

TOME SECOND.

A PARIS,

Chez { BARROIS l'aîné, Libraire, quai des Augustins, n°. 19.
      BARROIS le jeune, Libraire, quai des Augustins, n°. 18.

M. DCC. LXXXVI.
AVEC APPROBATION, ET PRIVILÈGE DU ROI.

TRAITÉ
PHILOSOPHIQUE
ET POLITIQUE
SUR LE LUXE.

SECONDE PARTIE.
Du Luxe considéré dans ses rapports avec les sociétés politiques.

Des hommes réunis et soumis à une puissance souveraine pour se procurer par la réunion de leurs lumières, de leurs talens, de leur industrie et de leurs forces, tout ce que la nature a rendu necessaire à leur bonheur, forment une société politique, et c'est à cet état qu'ils sont tous destinés ; mais pour les y conduire et pour les y fixer, il ne suffit pas d'établir sur eux une puissance souveraine. La nature a prescrit des lois que la puissance souveraine ou le gouvernement politique, quelle que soit sa forme et sa constitution, doit suivre pour conduire les hommes à l'état social, et pour le rendre stable et permanent.

Pour bien juger le luxe dans ses rapports avec les sociétés politiques, rappelons-nous en peu de mots ces lois, et voyons si le luxe porte la puissance, ou le gouvernement à les observer ; s'il donne aux administrateurs de la chose publique, les lumières, les talens, les qualités, les vertus nécessaires pour suivre et pour faire observer ces lois, sans lesquelles aucune société politique ne peut être ni heureuse ni durable.

La nature assujettit l'homme à des besoins auxquels ni la politique, ni la puissance souveraine ne peuvent le soustraire : tel est le besoin de se nourrir et de se vêtir. Il faut donc que le gouvernement ou la puissance souveraine, procure à tous les membres de la société, ce qui est nécessaire pour leur subsistance.

Par la nature même de la société politique, les citoyens doivent se procurer réciproquement tous les secours nécessaires pour leur bonheur; il faut donc que le gouvernement ou la puissance souveraine développe les inclinations sociales, qui portent les citoyens à se procurer réciproquement tous les secours nécessaires à leur bonheur ; et c'est ce que j'appelle leur donner des mœurs politiques : car j'entends par mœurs politiques, l'habitude des inclinations sociales, qui portent les hommes à se procurer réciproquement tout ce qui est nécessaire pour être heureux.

Quelques précautions que le gouvernement prenne pour donner aux citoyens des mœurs politiques, il est possible que tous ne soient pas susceptibles du degré de lumières nécessaires pour ne jamais s'en écarter; il est possible que la paresse les empêche de suivre les principes qu'ils ont reçus, ou que les passions les portent à des actions contraires aux règles des mœurs politiques et sociales.

La politique remédie à ces désordres par l'établissement d'une justice civile et criminelle, qui assure aux citoyens la jouissance paisible de leurs biens, de leur personne, de leur liberté.

La bonne politique ne doit pas se contenter d'empêcher les citoyens d'être injustes et méchans, elle doit tendre à les rendre tous capables d'actions utiles et vertueuses, qui, n'étant point dans l'ordre commun ou général des devoirs du citoyen, ne peuvent être l'objet des lois et de la justice civile ; elle a pour cet effet proposé des récompenses pour ces actions, et infligé une espèce de peine particulière à ceux qui par paresse, par négligence, ou par d'autres intérêts, négligeroient de faire ces actions.

Comme il étoit possible que la force des passions qui portent l'homme à des actions contraires au bonheur des citoyens et de la société, fût supérieure à la sévérité des lois ; comme les hommes vicieux et passionnés pouvoient espérer d'échapper à la vigilance des magistrats; comme la privation des objets de leurs passions pouvoit leur paroître un plus grand mal que les peines infligées par les lois, aux crimes et aux actions injustes ; comme la possession des objets de leurs passions pouvoit leur paroître un plus grand bien que les récompenses que la société attachoit aux actions utiles et vertueuses, le gouvernement a suppléé à l'imperfection de ses institutions en appelant à son secours la religion qui soumet l'homme à l'empire d'une divinité qui connoît et qui peut tout, qui propose à la vertu des récompenses infiniment plus grandes que les récompenses de la société, et qui annonce au crime des peines infiniment plus terribles que les punitions dont la société politique menace les méchans.

L'homme ne se soumet au gouvernement civil ou à une puissance souveraine, que pour être heureux; il hait et fuit le malheur comme la mort: il n'y a point de paix dans une société où le malheur domine, la guerre s'y allume, ou les citoyens se dispersent : il faut donc que la puissance souveraine ou le gouvernement, procure aux citoyens les moyens de satisfaire le desir ou l'amour du bonheur avec lequel la nature les fait naître.

La société seroit malheureuse, et par conséquent s'anéantiroit, si le gouvernement devenoit arbitraire, oppressif et tyrannique; la saine politique doit donc bannir de la société, tout ce qui porte le gouvernement ou la puissance souveraine au despotisme, ou à une domination arbitraire et oppressive.

Quelque bien constituée que soit une société politique, il faut que les hommes qui la composent, jouissent d'une subsistance commode et abondante; il faut donc qu'elle soit riche.

Sa subsistance, sa conservation et sa prospérité, seroient précaires ou mal assurées, si les étrangers pouvoient envahir ses possessions ou les piller; il faut donc qu'elle soit puissante.

Tels sont les moyens employés par tous les législateurs sages, pour civiliser les hommes, pour leur donner des mœurs politiques : c'est à ces principes que les sociétés politiques doivent les vertus qui les ont illustrées, les grands hommes qui les ont servis, et la prospérité dont elles ont joui.

Si le luxe est contraire à tous ces principes, il est funeste à toutes les sociétés politiques, et il n'y en a point qui ne doive le bannir, quelle que soit la forme de son gouvernement.

D'après ce que j'ai dit des effets du luxe sur l'esprit, sur le cœur, et sur le caractère de l'homme, la question de l'influence du luxe sur les sociétés politiques, se réduit à savoir si l'on peut regarder comme nécessaire ou comme utile aux différens objets du gouvernement ou de la politique, pour la formation et pour la conservation des sociétés, un principe qui, par sa nature, tend à éteindre dans tous les membres de la société, toutes les vertus sociales, à leur inspirer la haine et le mépris de la justice et de la vertu, à les rendre susceptibles de tous les vices et capables de tous les crimes, à étouffer en eux la capacité de l'application et de l'attention, la sagacité, l'étendue de l'esprit ; qui tend à faire disparoître toutes les vérités qui doivent diriger l'homme, et lui faire connoître ses devoirs; qui donne à l'homme un caractère frivole, faux, inconstant, incapable de fermeté, et qui conduit au malheur tous les citoyens.

Cet énoncé seul résout la question ou le problême de l'utilité, ou des dangers du luxe dans les sociétés politiques; mais il est si important de bien convaincre tous les hommes des effets du luxe sur les sociétés politiques, et il y a sur ce sujet des préjugés si accrédités et si étendus, que j'ai cru ne devoir pas me borner à cette solution générale : je vais donc examiner les effets du luxe, par rapport à tout ce qu'exige le bonheur des sociétés politiques, et faire voir que lorsque le luxe domine dans un état, 1°. il y a un grand nombre de citoyens à la subsistance desquels il empêche que la puissance souveraine ne pourvoie. 2°. Que l'on n'y donne point aux citoyens des mœurs sociales ou politiques. 3°. Que la justice civile et criminelle ne peut procurer aux citoyens la jouissance sûre et paisible de leurs biens, de leurs droits et de leur liberté. 4°. Que le luxe rend inutiles, les peines et les récompenses destinées à porter les citoyens aux actions vertueuses. 5°. Qu'il rend inutiles les secours de la religion pour tous ces objets. 6°. Qu'il ne procure point aux citoyens, le bonheur auquel la nature les destine, et qu'il y rend le malheur général et perpétuel. 7°. Que le luxe conduit à un gouvernement arbitraire, oppressif et tyrannique, également funeste aux souverains et à la chose publique. 8°. J'examinerai les effets du luxe par rapport à la richesse des états; et 9°. par rapport à leur puissance.

SECTION Ire.

Quelque riche que soit un État, un grand nombre de sujets y sont privés des choses nécessaires à leur subsistance, lorsque le Luxe y domine.

Le premier moyen de la politique pour tenir unis les hommes qu'elle rassemble, est de leur procurer les choses nécessaires à leur subsistance et à leur santé, parce que s'ils manquent de ces choses, ils se dispersent, ou périssent s'ils ne peuvent se disperser.

D'ailleurs la société politique étant essentiellement composée d'hommes ou de familles réunies pour se procurer par le concours de leurs travaux et de leur industrie, tout ce qui est nécessaire pour leur subsistance ; c'est le plus dangereux et le plus essentiel des vices d'une société politique, le plus contraire à la justice et à l'humanité, qu'il y ait des citoyens laborieux, à la subsistance desquels la société ne pourvoit pas, quoiqu'ils lui consacrent, ou qu'ils lui aient consacré leurs travaux et leur industrie.

Aussi, tous les législateurs ont-ils regardé comme le premier de leurs devoirs, comme la base de tout ordre social, de pourvoir à la subsistance de tous les citoyens.

Le luxe est donc l'ennemi, le destructeur de tout ordre social, de la justice et de l'humanité dans toutes les sociétés politiques; si, quelque riche que soit un état, il prive de ce qui est nécessaire à leur subsistance, un grand nombre de citoyens, qui par leurs travaux ont contribué, contribuent ou peuvent contribuer à la subsistance et aux commodités des autres.

Pour nous assurer si le luxe produit réellement ces effets, je vais parcourir les différens moyens que les législateurs ont employés pour remplir ce premier devoir de tout gouvernement civil : je ferai voir ensuite qu'il n'est aucun de ces moyens que le luxe ne rende insuffisans ou inutiles.

CHAPITRE I.

Des moyens employés par les législateurs, pour qu'aucun ordre de citoyens ne manque des choses nécessaires à la subsistance.

Un des moyens employés par les législateurs, pour procurer à tous les ordres des citoyens, les choses nécessaires à leur subsistance, peut-être le premier et le plus conforme au vœu de la nature, fut la communauté des biens fonds et des fruits que le travail commun en retiroit; on voit des traces de cette institution, dans presque toutes les sociétés primitives; elle fut la base de la société formée par Minos en Crète, par Pélasge en Arcadie, etc.

Des législateurs qui n'adoptèrent pas le système de la communauté des biens fonds, et des productions que l'on en tiroit, partagèrent également les terres: chaque chef de famille eut en partage le territoire nécessaire pour sa subsistance et pour celle de sa famille : quelques-uns, comme Lycurgue, rendirent ces propriétés inaliénables et indivisibles.

Dans les sociétés où l'on n'a admis ni la communauté des biens fonds, ni l'égalité immuable des propriétés, une grande quantité de citoyens n'a eu de moyens de se procurer les choses nécessaires à sa subsistance, que de travailler pour les propriétaires à qui seuls appartiennent les productions de la terre, et par conséquent la matière des choses nécessaires à la subsistance de l'homme.

Il y a donc dans ces sociétés un grand nombre de sujets ou de citoyens que la vieillesse, les maladies, les infirmités, les années stériles ou peu abondantes, les caprices, la dureté, la cupidité des propriétaires, privent des choses nécessaire à leur subsistance.

Pour remédier à ces inconvéniens, dans les sociétés où le système des propriétés et de leur inégalité a lieu, il faut nécessairement que le gouvernement ait des fonds destinés à la subsistance de ceux que la vieillesse, la foiblesse, les infirmités mettent hors d'état de se procurer par leur travail, les choses nécessaires à leur subsistance ; que sans porter atteinte aux propriétés, il tienne toujours les subsistances à un prix qui n'excède pas le salaire de l'ouvrier, ou qu'il inspire aux propriétaires et aux riches des sentimens d'humanité et de bienfaisance qui les portent à communiquer les choses nécessaires pour la subsistance, à ceux qui ne peuvent les obtenir par leur travail, et à ne mettre pas les subsistances à un prix au dessus du salaire de celui qui travaille.

Les législateurs Chinois employèrent tous ces moyens : ils donnèrent à chaque citoyen autant de terres qu'il en falloit pour nourrir six ou sept personnes ; et pour avoir pendant les années abondantes, un superflu capable de suppléer aux mauvaises années, ils s'appliquèrent tellement à perfectionner toutes les parties de l'économie rurale et domestique, que la Chine produisoit tout ce qui étoit nécessaire pour fournir abondamment à tous les besoins des sujets, dans les différens âges et dans les différentes conditions.

Il étoit défendu par les lois, d'exiger des Chinois aucun service public ou particulier, qui pût déranger le moins du monde les opérations de l'économie rurale ; d'autres défendoient de consommer les productions de la terre avant qu'elles eussent atteint leur maturité, et de tuer les animaux avant qu'ils fussent parvenus à leur accroissement naturel.

Toutes les provinces ne donnoient pas les mêmes productions ; l'habileté du ministère et du colon, tiroit de chacune les productions qui y réussissoient le mieux.

Il n'étoit pas possible que le colon interrompît ses travaux pour transporter les productions de ses possessions, ou pour les façonner et les rendre propres aux différens usages de la vie ; il se forma donc des classes de citoyens qui transportoient dans les provinces les productions qui leur manquoient, et qui en rapportoient celles qui surabondoient ; tandis que d'autres vendoient ces productions propres aux différens usages de la vie, ou les conservoient dans des magasins, où ceux qui en avoient besoin alloient les chercher.

Tous ces différens ordres de citoyens

ne pouvoient vivre que des productions de la terre : il falloit donc que les cultivateurs payassent par une portion de leurs productions, les travaux, l'industrie, les soins de l'ouvrier, du marchand, du voiturier.

Le cultivateur ne payoit qu'un modique tribut, la dixième ou l'onzième partie des productions, et il les payoit en nature : il étoit d'ailleurs sobre, et les lois avoient mis des bornes à sa dépense, pour son habitation comme pour son habillement : il étoit donc dans l'abondance, et accordoit au travailleur un salaire suffisant pour sa subsistance.

Le souverain qui levoit tous les tributs en nature, et qui étoit sans faste et sans luxe, ne consommoit point toutes les productions qu'il tiroit des peuples : il avoit donc dans toutes les provinces des greniers, des magasins et des réserves qui suppléoient à tout ce qui manquoit au cultivateur, à l'artisan, au manouvrier, et qui empêchoient que la rareté des denrées ne les fît monter à un prix qui excédât le salaire du travailleur, et les facultés du pauvre.

Ces mêmes magasins subvenoient aux besoins de la veuve, du vieillard, de l'orphelin sans ressources.

Aujourd'hui même que les tributs ne se levent plus en nature, l'empereur de la Chine a dans tout l'empire » des ma-
» gasins qui donnent le ton au prix des
» marchandises de besoin, et l'empêchent
» de monter trop haut. » (1)

Les législateurs Chinois regardoient la subsistance du peuple, comme l'objet primitif et le plus essentiel de la politique; ils croyoient que la Chine seroit assez heureuse et assez florissante, si tous les citoyens avoient une subsistance suffisante et des vertus (2).

Ce fut vers ces deux objets que se porta toute leur politique, et qu'ils dirigèrent l'activité, l'industrie et l'émulation de tous les citoyens; ils ne cherchèrent point à diminuer la quantité des travaux, ou

---

(1) Notes sur la Chine, mém. des Missions, t. 9, p. 408.

(2) Ibid.

le nombre des travailleurs, pour augmenter le superflu des riches ; ils voulurent que les propriétaires fussent dans la nécessité de partager les productions de leurs terres, avec le plus grand nombre possible de travailleurs.

Ils n'ont donc point tourné l'activité de l'esprit, ou l'industrie des Chinois vers la recherche des moyens de simplifier les travaux, ou de diminuer *la main d'œuvre* : voilà, pour le dire en passant, pourquoi les arts mécaniques, si estimés chez nous, ont fait si peu de progrès chez les Chinois. Ils ont donné pour objet à l'activité de l'esprit, à l'industrie, à l'émulation des Chinois, la connoissance des arts nécessaires et les vertus sociales : l'éducation, l'instruction, l'estime publique, celle du souverain tendent à développer dans le cœur de tous les citoyens, la piété filiale, le désintéressement, l'humanité, la bienfaisance, l'amitié, qui ne permettent pas de voir un malheureux sans le secourir, et qui tendent à rendre tous les biens communs entre tous les citoyens et tous les hommes.

Aucune société politique, comme on le voit, n'a porté aussi loin que la nation Chinoise, les précautions pour qu'aucun citoyen ne manque des choses nécessaires à sa subsistance ; et tous les réglemens des autres nations, à cet égard, ne sont que des imitations partielles et imparfaites des réglemens des législateurs Chinois.

La religion chrétienne supplée à l'imperfection de tous ces réglemens ; sans rien changer dans la constitution politique ou dans l'ordre civil, dans la différence des conditions ou dans l'inégalité des fortunes, elle apprend à tous les hommes qu'ils sont enfans d'un même père, et destinés au même bonheur : elle veut que tous les hommes se regardent et s'aiment comme des frères, et que tous ressentent les maux que leurs frères souffrent : elle laisse aux grands, aux riches, leurs dignités et leur fortune ; mais elle leur apprend que la charité doit en régler l'usage, et que la charité seule rend les hommes dignes des récompenses que la religion propose ; enfin elle annonce les peines les plus terribles à tous ceux qui voient le pauvre, l'indigent, l'homme nud ou qui a faim, sans le secourir, sans le vêtir, sans lui donner à manger.

Elle prescrit à tous, la tempérance, la sobriété, l'éloignement pour tous les plaisirs qu'on ne peut satisfaire qu'aux dépens de la charité ; elle ordonne au pauvre et à l'inférieur, la soumission, la patience, la résignation ; elle prescrit aux grands et aux riches, la douceur, l'affabilité, la modestie, l'humilité, la charité.

La religion chrétienne tend donc à procurer à la société, tous les avantages de la communauté des biens, de l'égalité des fortunes, pour assurer la subsistance de tous les citoyens, sans cependant rien changer dans le gouvernement, dans la fortune ou dans l'état des citoyens.

Le travail, la tempérance, la frugalité qu'elle prescrit à tous les hommes, font que tous les citoyens tirent de la terre la plus grande quantité possible de productions, et qu'ils en consomment le moins ; et par conséquent elle met chacun en état d'avoir des réserves pour les temps de calamité : la religion chrétienne tend donc à former dans toutes les parties de la société politique, des magasins que la charité distribue avec prudence, sans énorgueillir le bienfaiteur et sans humilier le gratifié ou l'obligé.

Le souverain d'un état où elle est établie et suivie, a, dans tous les citoyens riches et aisés, des substituts, des ministres qui veillent à la subsistance, à la conservation des citoyens, auxquels ses soins ou ceux des ministres et des magistrats ne peuvent s'étendre, ou que les besoins de l'état ne permettent pas de secourir.

Je n'attribue à la religion chrétienne que les effets dont toutes les sociétés où elle a été reçue, fournissent des exemples et des preuves.

Dans toutes les sociétés, la piété chrétienne a établi des aziles pour les malheureux, pour les infirmes, pour les indigens de tout ordre, de toute espèce.

Dans toutes ces sociétés, la piété chrétienne a doté richement des hommes voués à la pauvreté, à la sobriété, à la tempérance, à la mortification, aux œuvres de la charité. En enrichissant ces hommes religieux, en rendant inaliénables entre leurs mains les biens qu'elle leur abandonnoit, elle a formé un patrimoine réel et effectif, pour les citoyens que la vieillesse, la foiblesse, les infirmités, les malheurs, la dureté des temps, mettroit hors d'état de se procurer les choses nécessaires à leur subsistance ; ainsi, en autorisant et en rendant inaliénables et sacrés ces établissemens de la piété chrétienne, et les dotations des sociétés religieuses qui se dévouent à la sobriété, à l'abstinence, à la pratique des œuvres de charité, la politique avoit pris un des moyens les plus sages et les plus efficaces, pour assurer la subsistance de tous les citoyens sans fortune, sans propriétés, ce qui est l'objet le plus essentiel de la politique, et le plus nécessaire à la paix, à la conservation, et à la prospérité des états.

La politique qui conseille l'extinction de cet établissement, est donc fausse, inhumaine et barbare ; c'est pour n'avoir pas remonté jusqu'à ces principes, et pour ne s'être pas élevés aux vraies idées de la politique, que tant de déclamateurs ont attaqué et attaquent ces établissemens.

Faisons voir que le luxe rend inutiles et infructueux, tous les moyens qui peuvent assurer la subsistance de tous les citoyens, et procurer à tous les choses nécessaires à la vie.

CHAPITRE II.

Le Luxe rend inutiles tous les moyens exposés dans le chapitre précédent.

Les moyens par lesquels on a vu qu'une société pouvoit faire ensorte que tous les citoyens eussent les choses nécessaires pour leur subsistance, sont de deux ordres; les uns se tirent des principes de l'économie civile et politique; les autres, de la morale et de la religion : je vais faire voir que le luxe rend tous ces moyens inutiles.

Article I.

Lorsque le Luxe domine dans un état, la politique ne peut employer que des moyens insuffisans, pour empêcher qu'une partie considérable des citoyens ne manque des choses nécessaires à leur subsistance.

Les moyens employés par la politique, pour empêcher qu'il n'y ait dans la société, des citoyens privés des choses nécessaires à leur subsistance, se réduisent à trois ; 1°. la communauté des biens, 2°. l'égalité et l'inaliénabilité des propriétés foncières : 3°. dans les sociétés où ni la communauté, ni l'égalité et l'inaliénabilité des propriétés n'ont lieu, les réglemens de la police, pour la conservation et pour la distribution des choses nécessaires à la subsistance. Le luxe rend tous ces moyens inutiles.

1°. Dans un état où les biens fonds sont en commun, l'état fournit à chaque citoyen ce qui est nécessaire à sa subsistance, relativement à son âge, à ses besoins,

besoins, à sa condition. Pour que les citoyens jouissent constamment de ce qui est nécessaire à la subsistance, il faut que chaque citoyen soit content de ce que la société lui accorde pour sa subsistance ; cette société se dissoudroit, ou il faudroit qu'un grand nombre de citoyens y fussent privés des choses nécessaires à leur subsistance, si les besoins des citoyens croissoient continuellement, et s'il y en avoit qui eussent besoin d'une plus grande quantité de subsistance, que celle que l'état leur donneroit. Or, le luxe donne à l'homme des besoins qui augmentent sans cesse.

Ainsi, si nous supposons que le luxe se communique tout-à-coup à chacun des citoyens ; alors les forts s'uniront entre eux, pour priver les foibles de la portion des subsistances que la société leur accordoit : les foibles, les infirmes, les vieillards seront privés des choses nécessaires à leur subsistance.

Si nous supposons que le luxe se communique successivement, il commencera par le souverain, ou par ceux qui exerceront la puissance souveraine, et ils emploieront leur autorité pour satisfaire leur luxe; et comme ils ne pourront le satisfaire qu'en privant les ordres inférieurs d'une partie des choses que la société leur accordoit pour leur subsistance, ils dirigeront toutes leurs opérations vers les moyens de s'emparer d'une partie des choses nécessaires à la subsistance des autres citoyens : ainsi, le luxe détruira la communauté des biens, ou si elle continue à exister, elle ne sera qu'apparente, et un grand nombre de citoyens foibles, ou des ordres inférieurs, y seront privés des choses nécessaires à leur subsistance.

Le luxe produira les mêmes effets dans les sociétés où les propriétés seront égales et inaliénables; car il donnera à chacun des chefs de famille, des besoins que le produit de sa propriété ne pourra satisfaire, sans priver ceux qui dépendent de lui, d'une partie des choses nécessaires à leur subsistance. Voilà principalement pourquoi Lycurgue, en rendant les propriétés égales et inaliénables dans sa république, en bannit le luxe.

Enfin, dans les sociétés où l'inégalité et l'aliénabilité des propriétés a lieu, le luxe rend inutiles tous les réglemens que la politique peut faire pour empêcher qu'une partie des citoyens ne soit privée des choses nécessaires à la subsistance.

Dans une société où les propriétés sont inégales et aliénables, il y a beaucoup de petits propriétaires qui n'ont que ce qui est nécessaire pour leur subsistance ; un très-grand nombre qui ne se procurent les choses nécessaires à leur subsistance, que par leur travail et leur industrie. Enfin, il y a beaucoup de malades, d'infirmes, de vieillards, de veuves et d'orphelins qui ne peuvent en aucune manière se procurer les choses nécessaires à leur subsistance.

Pour que la politique pourvoie à la subsistance de la dernière classe, il faut que le souverain lui cède, ou distraie pour elle une partie des impôts ou de ses revenus : on a vu dans la première partie que le luxe donne à l'homme des besoins qui augmentent sans cesse, et que pour les satisfaire, il se porte à toutes les injustices et à toutes les barbaries : ainsi, lorsque le luxe domine dans un état, il arrive un temps où le souverain ne peut satisfaire aux besoins de son luxe, qu'aux dépens de la partie de ses revenus destinée à la subsistance des vieillards, des malades, des infirmes, des veuves, des orphelins ; ainsi, le luxe rend inutiles toutes les précautions que la politique peut prendre pour assurer la subsistance de cette classe infortunée de citoyens.

Le souverain livré au luxe ne peut se résoudre à sacrifier au soulagement de ces citoyens, les objets de son luxe, parce qu'ils sont devenus nécessaires à son bonheur, et que l'homme ne peut se déterminer à devenir malheureux lui-même, pour soulager d'autres malheureux, lorsqu'il n'est déterminé à ces sacrifices, ni par amour pour la vertu, ni par des sentimens de religion ; deux motifs que j'ai fait voir que le luxe détruit dans l'homme.

» On représentoit à un empereur Turc,
» que le pauvre peuple souffroit beau-
» coup, qu'un grand nombre d'hommes
» périssoient pour lui procurer le plaisir

» de la chasse : le sultan écouta cette
» représentation avec beaucoup de mé-
» pris, et répondit : *ayez soin des chiens,*
» et qu'ils soient bien traités et bien
» nourris » (1).

Quand le souverain pourroit se déterminer à conserver la portion de ses revenus nécessaire pour la subsistance des pauvres, des malades, des vieillards, des orphelins, des veuves, la distribution en sera confiée à des hommes livrés au luxe, pour qui les soins que demande cette distribution seront rebutans, ou même insupportables, qui emploieront à satisfaire leur luxe, ou la cupidité de leurs protégés, une partie des fonds qui leur seront confiés pour le soulagement des pauvres.

Comment veut-on que la portion des revenus destinée à ces malheureux leur parvienne, en passant dans les mains d'une foule de distributeurs dévorés par la cupidité que le luxe allume, qui sont sans principes de morale et de religion, sans

---

(1) Gordon, discours sur Salluste, t. 2, p. 158.

humanité, sans justice ; disposés à commettre toutes les injustices pour se procurer les objets de leur luxe, et qui ne regardent l'emploi dont ils sont chargés, que comme un moyen de s'enrichir ?

Ainsi, le luxe rend inutiles tous les réglemens de la politique, pour assurer la subsistance des vieillards, des infirmes, des veuves et des orphelins.

Il n'est pas moins funeste à la portion des petits propriétaires : ils sont fort nombreux dans les états où l'inégalité et l'aliénabilité des propriétés ont lieu.

Pour que la politique pût assurer leur subsistance, il faudroit qu'elle fît ensorte que l'état laissât toujours à chaque propriétaire la portion des productions de sa propriété, nécessaire à sa subsistance, et que jamais les impôts ne prissent rien sur cette portion. Or, les impôts croissent sans cesse dans une société où le luxe domine : il arrive donc nécessairement un temps où la politique ne peut conserver au petit propriétaire ce qui est nécessaire pour subsister, où il est obligé de vendre sa propriété pour se procurer les choses nécessaires à sa subsistance ; et enfin de passer dans la classe des manouvriers et des artisans, où la subsistance du citoyen est encore moins assurée.

En effet, 1°. l'artisan et le manouvrier n'a pour se procurer les choses nécessaires à sa subsistance, que son travail, qui ne peut les lui procurer, qu'autant qu'il est nécessaire au propriétaire : il faut donc, pour assurer la subsistance du manouvrier et de l'artisan, que la politique fasse ensorte que les propriétaires aient toujours besoin de tous les ouvriers et de tous les manouvriers : or, dans un état où le luxe domine, les propriétaires tendent sans cesse à diminuer le nombre des ouvriers pour leurs travaux, et la politique favorise cette espèce d'économie, quelque funeste quelle soit, afin d'avoir de son côté la balance du commerce, qui, dans une nation où le luxe domine, est regardé comme le principe de la prospérité publique.

2°. Dans un état où le luxe domine, l'accroissement continuel des impôts, force le propriétaire à diminuer sans cesse le salaire du travailleur ; la politique qui regarde le luxe comme un ressort nécessaire à la prospérité de l'état, ôte donc sans cesse les moyens de travailler, aux citoyens qui n'ont que leur travail pour subsister ; et elle ne laisse pas à ceux qu'elle emploie, un salaire suffisant pour leur procurer les choses nécessaires.

3°. Dans un certain espace de temps, il y a des années peu abondantes, ou mêmes fâcheuses et stériles, pendant lesquelles les denrées de première nécessité montent subitement à des prix fort au-dessus du prix ordinaire : les travailleurs auxquels on ne donne que ce qui est nécessaire pour leur subsistance dans des années communes, manquent donc alors d'une partie des choses nécessaires à leur subsistance.

La politique ne peut prévenir ce désordre qu'en tenant toujours les subsistances de première nécessité à un prix égal ; et il faut pour cela, ou qu'elle ait un trésor avec lequel elle puisse compenser l'excès du prix des grains achetés chez l'étranger, ou que pendant les années d'abondance, elle forme des magasins, d'où pendant les mauvaises années, elle verse dans les marchés publics, la quantité de denrées nécessaires pour les tenir à un prix égal au prix des bonnes années; à peu près comme on pratique des réservoirs pour entretenir dans les canaux la quantité d'eau nécessaire pour que la navigation ne soit jamais interrompue, comme on le pratique à la Chine.

Le luxe ne permet pas que la politique emploie aucun de ces moyens, parce que dans un état où le luxe domine, la puissance souveraine sent bien plus vivement le besoin de se procurer les objets de son luxe, que la nécessité de préparer des ressources contre les mauvaises années, et qu'elle sacrifie à son luxe, l'argent qui pourroit être réservé pour tenir toujours les denrées de première nécessité à un prix proportionné aux facultés des ouvriers.

4°. Quand il seroit possible que le souverain fît les sacrifices nécessaires pour tenir les subsistances à un prix proportionné aux facultés des salariés, le luxe rendroit ce sacrifice inutile, puisque l'emploi des sommes nécessaires pour tenir les subsistances à un prix proportionné aux facultés des salariés, seroit confié à des hommes qui, depuis le supérieur jusqu'aux derniers subalternes, seroient livrés au luxe, et que le luxe les rendroit incapables de l'attention et de la vigilance nécessaires pour remplir les vues du souverain.

Le luxe leur donneroit d'ailleurs une cupidité qui envahiroit en totalité ou en partie, les sommes données par le souverain pour maintenir les denrées de première nécessité à un prix proportionné aux salaires des travailleurs.

Il en sera de même de toutes les autres précautions quelconques, que la politique pourra prendre pour assurer la subsistance des travailleurs; l'exécution en sera toujours confiée à des hommes en qui le luxe aura allumé une cupidité insatiable, et qui emploieront tout leur crédit, toute leur autorité pour se procurer de l'argent aux dépens du souverain et du travailleur.

Toutes les ressources de la cupidité la

plus cruelle et la plus barbare, sont employées par ces hommes en qui le luxe a éteint tout sentiment de justice et d'humanité. Ils laissent corrompre les grains pour épargner les frais que demanderoit leur conservation ; ils mêlent aux grains des matières nuisibles ou dangereuses pour la santé, parce qu'elles sont d'un moindre prix que les grains, et forcent le peuple de se nourrir d'alimens pernicieux, au prix qu'ils veulent, bien sûrs de l'impunité, parce qu'ils associent à leurs profits tous ceux qui peuvent les punir, ou arrêter la sévérité de la justice. Par-tout où le luxe est dominant, il y a une raison suffisante pour que ces désordres aient lieu, et point de raison suffisante pour les empêcher, quelle que soit la constitution politique ou la forme de l'administration.

Ainsi, la politique seule, par elle-même et dépourvue des secours de la morale et de la religion, n'a point de moyens qui puissent assurer la subsistance de la portion la plus nombreuse de la société, lorsque le luxe y domine.

ARTICLE II.

Le Luxe rend inutiles les moyens que la société politique pourroit emprunter de la morale et de la religion, pour qu'aucun citoyen ne manque des choses nécessaires à la vie.

Les moyens que la politique peut emprunter de la morale et de la religion pour cet objet, sont les inclinations sociales et les vertus religieuses.

J'ai prouvé dans la première partie, que le luxe assujettit l'homme à des besoins qui étouffent dans son cœur l'humanité, la bienfaisance, et la justice.

L'homme de luxe est donc insensible aux besoins de l'indigent, qui ne lui procure point les choses nécessaires à ses plaisirs; et le luxe ôte à la politique le secours qu'elle pourroit tirer de l'humanité pour subvenir aux pauvres et aux malheureux.

Le luxe n'étouffe pas seulement dans le cœur de l'homme l'humanité, l'amitié, la bienfaisance; il éteint dans son esprit tous les principes qui peuvent en inspirer l'amour, et en faire connoître la nécessité, et conduit à des principes qui portent à l'insensibilité, à la dureté, à la haine des hommes, comme je l'ai prouvé. Le luxe prive donc le gouvernement civil des ressources que la morale lui procuroit, pour subvenir aux besoins des indigens, et pour assurer leur subsistance.

J'ai fait voir que le luxe allume dans le cœur de l'homme une cupidité qui le porte à toutes les injustices, et à tous les crimes; l'homme de luxe, loin de secourir l'indigent, profitera de tous ses avantages pour lui faire acheter le plus cher qu'il pourra, les choses nécessaires à sa subsistance; il profitera de toutes les calamités pour rendre les subsistances plus difficiles au pauvre.

Ainsi, le luxe ne prive pas seulement le gouvernement des ressources que la morale lui procuroit pour assurer la subsistance du pauvre et de l'indigent; il change tous ceux qui devoient le secourir en autant d'ennemis qui lui rendent la subsistance aussi difficile qu'ils le peuvent.

Le luxe attaque et sappe les principes de toute religion ; il rend ridicules et odieuses les vertus qu'elle inspire ; ainsi, lorsque le luxe pénètre dans une société, il en bannit la frugalité, la sobriété, la tempérance qui mettoient en réserve un fonds de subsistance pour le pauvre, il en bannit la charité qui prévenoit les demandes du nécessiteux. Les productions que la tempérance et la charité réservoient pour le secours de l'indigent, sont exportés chez l'étranger, pour en rapporter des superfluités qui ne servent qu'au faste, à la mollesse, à la sensualité de l'homme de luxe.

Les hommes que la religion avoit consacrés à la sobriété, à la tempérance, ne trouvent plus leur bonheur dans la vie simple, dans l'observation de leurs devoirs, dans l'exercice des œuvres de charité. Aussi tôt que le luxe pénètre chez eux, il y affoiblit le plaisir qu'ils avoient à secourir l'indigent et le malheureux, il leur en ôte les moyens en bannissant de leurs maisons la frugalité primitive : obligés à l'hospitalité, ils ne se prêtent souvent que par condescendance ou par foiblesse pour ceux qu'ils reçoivent, à des dépenses contraires à l'esprit de leur état ; ainsi, le luxe dévore la subsistance du pauvre entre les mains de ceux auxquels la piété avoit confié ce dépôt. Le luxe prive donc l'état des moyens et des ressources que la religion lui fournissoit pour subvenir à la subsistance des pauvres.

Les atteintes que le luxe porte à la frugalité primitive des corps religieux, n'y éteint cependant pas l'esprit et les vertus de leur état et de leur institution : la vie commune y est plus frugale qu'en aucune autre assemblée ou société, et il n'y a point de propriétaire qui dépense aussi peu que le religieux, et qui donne autant au pauvre, à l'indigent, à l'infirme ; de manière que malgré l'altération que le luxe cause dans les établissemens religieux, ils sont encore une puissante ressource pour les malheureux répandus dans toutes les contrées et dans toutes les provinces de l'Etat : or, le progrès du luxe enlève encore ce secours au gouvernement et au malheureux. Il attaque et envahit tous les établissemens religieux, pour se procurer des richesses qu'il desire, et pour anéantir la religion qu'il hait.

Par ce qui a été dit de ses effets sur le cœur humain, il produit dans les administrateurs de la chose publique, dans les souverains, dans les courtisans, dans toutes les personnes en place, un besoin continuel d'argent, qui multiplie sans cesse les impôts; et lorsqu'enfin l'excès des impôts ne permet plus de les augmenter, leur cupidité tend à envahir les propriétés des sociétés religieuses, dont l'usurpation est la plus facile et la moins dangereuse.

Le luxe ne peut devenir dominant dans une société politique, sans se glisser un peu dans quelques-unes des maisons religieuses, et sans y causer des abus; et en cas que les abus fussent légers ou même qu'il n'y en eût point du tout, on peut toujours dans les siècles de luxe, trouver des inspecteurs ou des juges, dont la pénétration y en découvrira d'assez nombreux et d'assez considérables, pour faire regarder la suppression de ces maisons, comme une opération que la justice, la sagesse et l'amour de l'ordre, prescrivent à la puissance souveraine.

S'il se trouve des maisons ou des sociétés religieuses auxquelles on ne puisse reprocher d'abus, il ne faut pas une grande habileté pour semer dans ces maisons et dans ces sociétés, la zizanie et la discorde, et pour y produire une espèce d'anarchie qui demande que le souverain interpose son autorité pour y rétablir la paix : les personnes chargées de cette opération, confieront le gouvernement des sociétés et des maisons religieuses à des hommes capables d'y introduire, et d'y faire régner tous les abus dont on aura besoin pour colorer la suppression des plus riches maisons, et l'application ou l'emploi de leurs biens aux besoins de l'état, ou à des projets qui offriront une apparence d'utilité publique : le plus mince intriguant peut enfanter, diriger, et exécuter ce projet, comme on le vit en Angleterre, sous Henri VIII.

Ce prince, après avoir épuisé en profusions pour ses plaisirs, les trésors de son père, fit nommer pour visiter les petits monastères, des commissaires qui publièrent des relations fausses ou exagérées, des désordres qu'ils prétendoient y avoir découverts : on supprima toutes ces maisons ; on accorda aux moines des maisons supprimées, la liberté de rentrer dans le monde, et les autres furent transférés dans les grands monastères : quant aux maisons et aux églises des petits monastères, elles furent démolies, et on en vendit les matériaux au profit du roi : cette vente produisit cent mille livres sterling de capital ; Henri s'empara aussi des revenus montans à trente mille livres.

Les murmures des grands, de la noblesse et des pauvres, déterminèrent le roi à publier des relations des désordres que les commissaires prétendoient avoir trouvés dans les monastères ; mais comme on y ajouta peu de foi, et que l'on disoit qu'il falloit les réformer, et non les supprimer ; Cromvel conseilla au roi de vendre à bas prix les terres des monastères supprimés, et d'en rétablir trente (1).

La suppression des petits monastères n'ayant fait qu'aiguiser l'appétit de Henri, dit Rapin Thoiras, il résolut de supprimer tous les autres, et de profiter des biens qu'ils possédoient : il fit faire de nouvelles visites (2).

La suppression des monastères fut commencée et finie dans l'année. Les revenus de tous les monastères montoient à cent soixante mille livres sterling, sans compter la vente des matériaux, des maisons, des meubles et effets que l'on y trouva.

» Le roi avoit appuyé la destruction
» de ces maisons, sur le projet d'en ap-
» pliquer les biens à des etablissemens
» utiles à la religion et à l'état; mais
» l'avidité des courtisans et des favoris,
» ne permit d'en employer qu'une petite
» partie à des choses utiles ou nécessaires,
» et cette somme ne monta pas au-dessus
» de huit mille livres sterling ; tout le

_____

(1) Thoiras Hist. d'Angl. t. 5, p. 313.
(2) Ibid, p. 321.

» reste fut prodigué en gratifications et
» autres dépenses peu nécessaires, en
» plaisirs ou en libéralités, à des cour-
» tisans qui usoient de toutes sortes d'ar-
» tifices, de complaisances et de lâche-
» tés, pour se procurer quelque partie
» de ces immenses trésors » (1).

Peu de temps après, Henri s'empara des colléges et des hôpitaux, dont les biens furent employés comme ceux des monastères (2).

La cupidité allumée par le luxe sous Henri VIII, n'ayant plus de monastères à envahir sous Edouard son fils, s'empara de tous les biens affectés à l'entretien des chantres, des chapelles, de tous les legs faits pour les obits, pour les anniversaires, pour l'entretien des lampes des églises, et de tous les fonds des confrairies destinés aux mêmes usages. » Toutes les op-
» positions que l'on fit à ces actes, fu-
» rent inutiles, dit Rapin Thoiras; la
» noblesse aboyoit, pour ainsi dire, après

---

(1) Ibid, p. 336.
(2) Ibid, p. 336, 383, 388.

» les biens de l'église, qu'elle obtenoit
» assez aisément de la cour » (1).

La suppression des monastères produisit des effets funestes par rapport à la subsistance des pauvres et du peuple.
» Depuis que les monastères avoient été
» supprimés, dit le même historien, il
» y avoit une prodigieuse quantité de
» moines répandus dans le royaume, qui
» étoient obligés de gagner leur vie par
» leur travail, les pensions qu'on leur
» avoit assignées étant mal payées, ou
» ne suffisant pas pour leur subsistance :
» ainsi, le travail étant partagé entre
» plus de personnes, le profit se trouvoit
» moindre qu'auparavant.

» De plus, pendant que les monastères
» subsistoient, les fermes étoient données
» à un modique prix, à des fermiers
» qui, pour les faire valoir, étoient obli-
» gés d'employer beaucoup de monde :
» mais depuis que ces terres furent tom-
» bées entre les mains de la noblesse,

---

(1) Hist. d'Anglet. t. 6, p. 21.

» le prix des fermes étoit beaucoup aug-
» menté ; d'où il arrivoit que les fermiers,
» pour y trouver mieux leur compte,
» avoient été obligés d'employer moins
» d'ouvriers, et de diminuer le salaire.

» D'un autre côté, les possesseurs de
» ces terres voyant que depuis la dernière
» paix avec la France, le commerce des
» laines étoit devenu florissant, s'avi-
» sèrent de nourrir beaucoup de bétail,
» parce que les laines rapportoient plus
» que les grains : pour cet effet, ils firent
» enfermer leurs terres avec des palis-
» sades ; delà étoient nés divers incon-
» véniens.

» 1°. Le prix du grain étoit augmenté
» au grand préjudice du menu peuple.

» En second lieu, les seigneurs ou
» leurs fermiers n'avoient plus besoin
» que d'un petit nombre de gens pour
» prendre soin de leurs troupeaux dans
» ces clos.

» Par conséquent, il y avoit beaucoup
» de personnes auxquelles on ôtoit par-là,
» les moyens de gagner leur vie par le
» travail. Ainsi, le profit des terres, qui

» se répandoit auparavant sur beaucoup
» de gens, venoit presque tout entier
» entre les mains de la noblesse. Cela
» causa beaucoup de plaintes et de mur-
» mures parmi le petit peuple, qui
» se croyoit menacé de tomber dans une
» extrême pauvreté : on publia même
» sur ce sujet, plusieurs écrits qui en
» faisoient voir les inconvéniens ; mais
» la noblesse ne laissa pas d'aller tou-
» jours son même train, sans se mettre
» en peine de ce qui en arriveroit « (1).

Le luxe prive donc la société de toutes les ressources que la morale et la religion lui procuroient pour subvenir à la subsistance d'un grand nombre de citoyens qui ne peuvent, ni par leurs propriétés, ni par leur industrie, ni par leur travail, se procurer les choses nécessaires à leur subsistance. Il ne permet pas d'ailleurs que la politique les leur procure : ainsi, la partie la plus nombreuse de la société est privée, par le fait du

---

(1) Ibid, p. 32.

luxe, des choses nécessaires à sa subsistance ; il est par conséquent contraire au but primitif et essentiel de toute société politique.

Il est contraire au droit naturel et à l'humanité, qui ne permettent pas que la société politique, pour procurer des superfluités à un petit nombre d'hommes, prive le plus grand nombre des citoyens des choses nécessaires à leur subsistance : il est contraire à la raison et à la sagesse, puisque l'usage et le besoin des superfluités, loin de rendre l'homme heureux, est funeste à son bonheur, comme je l'ai prouvé.

Au reste, il ne suffit pas pour le bonheur des sociétés politiques, que les citoyens aient les choses nécessaires à leur subsistance ; il faut encore qu'ils aient des mœurs politiques, et le luxe ne permet pas au gouvernement de les leur faire contracter.

SECTION

SECTION II.

Lorsque le Luxe domine dans un État, le gouvernement n'y donne point aux citoyens des mœurs politiques.

La politique ne forme pas les sociétés seulement pour que les associés jouissent des choses nécessaires à leur subsistance, mais encore pour qu'ils se procurent réciproquement, par la réunion de leurs lumières, de leurs soins et de leur industrie, les secours et les services nécessaires à leur bonheur : la politique ne peut arriver à cette fin, qu'en développant dans le cœur des citoyens les inclinations sociales, et en leur faisant contracter l'habitude de ces inclinations : or, j'appelle mœurs politiques, le développement et l'habitude de ces inclinations : ainsi, pour que la politique puisse rendre une société heureuse, il faut qu'elle donne aux citoyens des mœurs politiques.

L'amour du bonheur est le principe de toutes les actions de l'homme : on peut donc le déterminer à la pratique constante des vertus sociales, ou lui donner des mœurs politiques, en lui faisant connoître la nécessité de pratiquer ces vertus pour son propre bonheur ; ainsi, l'instruction est un moyen efficace pour donner aux citoyens des mœurs politiques.

L'homme est naturellement disciplinable, et peut prendre l'habitude de toutes les actions pour lesquelles la nature ne lui donne pas une répugnance invincible : naturellement imitateur, et disposé par son organisation à se conformer à ceux avec lesquels il vit ; il se porte de lui-même à faire tout ce qu'il voit faire, à moins, comme je l'ai dit, que la nature n'ait mis en lui de la répugnance pour ces choses. Or, la nature ne fait point naître l'homme avec une répugnance invincible pour les vertus sociales et patriotiques, elle le porte au contraire à la pratique de ces vertus : on peut donc par le moyen de l'instruction et de l'exemple, donner aux citoyens des mœurs politiques. Enfin, la législation peut réduire en obligations civiles, les actions qu'inspirent les inclinations sociales.

Une société où le luxe domine, n'emploie aucun de ces moyens pour donner aux citoyens des mœurs politiques.

CHAPITRE I.

Un Etat où le Luxe domine, ne donne point aux citoyens l'instruction propre à leur faire prendre des mœurs politiques.

L'homme veut nécessairement être heureux, et le desir ou l'amour du bonheur le détermine vers tout ce qu'il connoît capable de l'y conduire : ainsi, pour que l'instruction fasse contracter aux citoyens des mœurs sociales ou politiques, c'est-à-dire l'habitude des inclinations sociales, il faut qu'elle leur fasse connoître l'origine et les fondemens de ces vertus, leurs différentes fonctions dans la société naturelle et politique, la relation des actions qu'elles prescrivent avec le bonheur de chaque citoyen, et le système général de bonheur qui doit résulter de leur concours.

Des citoyens éclairés sur tous ces points, regardent les vertus sociales comme la base de leur bonheur, et les actions qu'elles prescrivent, comme la source de leurs plaisirs ; ils évitent les actions qu'elles condamnent, comme on évite un précipice : la paix, la concorde et le bonheur règnent dans la société.

En effet, l'homme qui s'est élevé à la connoissance de l'origine et de la nature des vertus sociales, qui est convaincu qu'elles sont nécessaires pour son bonheur, s'estime ; et parce qu'il connoît la nécessité de les pratiquer, et parce qu'il les pratique : il est au contraire mécontent de lui-même, et il se mésestime lorsqu'il s'en écarte ; la connoissnce et la pratique des vertus sociales, font alors la partie la plus essentielle de son bonheur ; car il n'y a point de bonheur pour l'homme qui ne s'estime pas.

Ainsi, la connoissance des vertus sociales, et celle de leur liaison nécessaire avec le bonheur de l'homme, est l'instruction la plus nécessaire pour faire contracter aux citoyens des mœurs sociales et politiques ; et c'est ainsi que l'ont jugé les législateurs les plus sages, les plus éclairés, et qui ont formé les sociétés les plus heureuses.

Les anciens Perses étudioient toute leur vie la justice, et dans la justice sont renfermés tous les devoirs que prescrivent les inclinations sociales (1).

Les législateurs Arcadiens ne prescrivoient pas cette instruction avec moins de soin, et elle forma un des peuples les plus vertueux et les plus heureux dont l'histoire ait conservé le souvenir (2).

Chez les Lacédémoniens cette instruction étoit générale et perpétuelle (3).

Ce fut par le moyen de cette instruction, qu'Hypparque, fils de Pisistrate, rappela les Athéniens à la connoissance et à l'amour des vertus sociales (4).

---

(1) Xenoph. Cyrop. l. 1.
(2) Pausan in Arcad. Justin. l. 13, c. 7, n. 11. Polyb. l. 4.
(3) Plutarq. vie de Lycurgue.
(4) Plat., in Hypparch.

Ce fut par le moyen de cette instruction, que Numa développa dans le cœur des Romains les inclinations sociales, et qu'il fit régner à Rome, la paix et le bonheur pendant tout son règne, qui fut de quarante ans (1).

C'est cette instruction qui, depuis plus de trois mille ans, rend les vertus sociales plus florissantes à la Chine, que dans aucune autre société politique (2).

Quoique cette instruction soit à la portée de tous les hommes, il faut cependant, pour en profiter, y donner de l'attention et de l'application : il faut un certain degré de sagacité et d'étendue d'esprit ; or, on a vu que le luxe ôte la capacité d'attention et l'application, la sagacité et l'étendue de l'esprit ; et par conséquent, lorsqu'il domine dans un état, il y rend les citoyens incapables de l'instruction nécessaire pour leur faire contracter des mœurs sociales ou politiques.

---

(1) Plutarq. vie de Numa.
(2) Hist. de la Chine, Mém. des Chinois.

Lors même que le luxe n'éteint pas les dons de l'esprit, tels que la sagacité, la capacité d'attention, l'étendue; il les porte vers des objets frivoles, vers des connoissances purement agréables, et propres à donner de la célébrité par leur singularité, ou à flatter l'orgueil par la difficulté de les acquérir, comme je l'ai prouvé par la nature même du luxe, et par l'expérience de toutes les nations chez lesquelles il est dominant.

Une nation peut faire de grands progrès dans ces différens genres de connoissances, et être fort ignorante en morale. A quoi donc servent ces connoissances, pour former des hommes et des citoyens, et pour les éclairer sur la nécessité de pratiquer les vertus sociales?

» Quelques personnes, dit Sénèque,
» demandent si les arts libéraux peuvent
» former un homme de bien.

» On ne devroit pas élever cette ques-
» tion, répond ce philosophe; car ceux
» mêmes qui les professent, n'en ont pas
» la prétention, et ne se piquent d'avoir

» aucune des connoissances qui conduisent à ce but.

» Le grammairien s'occupe de la construction des phrases, de l'arrangement des mots ; et s'il se permet quelque excursion dans les autres sciences, c'est dans l'histoire, et tout au plus dans la poétique : qu'y a-t-il dans toutes ces connoissances qui puisse élever à la vertu, ou en applanir le chemin ? Est-ce l'énumération des syllabes, le choix des mots, le récit des fables, les règles de la versification, et la mesure des vers ?

» De toutes ces connoissances, quelle est celle qui nous élève au-dessus de la crainte, qui éteint les desirs déraisonnables, et dompte les passions fougueuses (1) ?

---

(1) Que notre siècle est supérieur à celui de Sénèque ! Ce sont aujourd'hui les grammairiens qui jugent du mérite des ouvrages de morale, et qui savent « comment » il faut développer les principes d'une saine morale, » les exposer dans l'ordre le plus direct et le plus simple, » et faire de leur ensemble une espèce de ch... » dont un enfant puisse tenir dans ses mains les d...

« Passons à la géométrie et à la mu-
» sique : vous ne trouverez ni dans l'une,
» ni dans l'autre, aucun principe qui
» vous apprenne le moyen de vous af-
» franchir de la crainte et du desir, qui
» est cependant la seule connoissance
» nécessaire, et sans laquelle toutes les
» autres sont inutiles.

» Nous sommes environnés d'écueils
» contre lesquels notre foible vertu peut
» se briser à chaque instant, et vous
» passez votre vie à chercher dans quelles
» mers Ulysse erra si long-temps : appre-
» nez-moi comment je dois aimer ma
» patrie, ma femme, mon père : com-
» ment même, après le naufrage, je

___

» bouts, mesurer l'étendue et compter les anneaux;
» comment on peut en dire assez pour se faire en-
» tendre à des enfans, en dire assez pour ne laisser dans
» leur entendement aucune idée essentielle à éclaircir,
» à suppléer, aucun doute, aucun embarras dans la
» conception des principes, dans la liaison des consé-
» quences, aucun nœud, aucune rupture dans le fil
» qu'on présente à leur foible raison. » (Mercure de
France, décembre 1784, n. 50, p. 75, 76 et suiv.
Programme de l'Académie Françoise, pour le prix
destiné à un ouvrage élémentaire de morale.)

» pourrai naviguer pour rentrer dans l'or-
» dre de mes devoirs.

» Je viens au musicien : vous m'ap-
» prenez comment des voix graves et
» des voix aiguës s'accordent ensemble,
» comment des cordes qui ont des sons
» fort différens produisent l'harmonie :
» apprenez-moi plutôt à être d'accord
» avec moi-même, et à mettre de l'har-
» monie dans mes projets et dans mes
» actions.

» Vous m'apprenez par quels sons
» on peut exprimer l'affliction et la dou-
» leur ; apprenez-moi plutôt comment
» on peut supporter l'adversité sans souf-
» frir et sans se plaindre.

» Le géomètre enseigne à mesurer
» de grandes étendues de terre : qu'il
» m'apprenne plutôt à mesurer ce qui
» suffit à l'homme.

» L'arithmétique m'apprend à compter
» et rend mes doigts esclaves ou instru-
» mens de l'avarice : qu'elle m'apprenne
» plutôt l'inutilité des supputations, et
» qu'un patrimoine dont la recette fatigue
» plusieurs commis, ne rend pas le pro-

» priétaire plus heureux. Que me sert de
» savoir partager un terrain en différentes
» parties, si je ne sais pas partager avec
» mon frère ?

» Parcourez les différens ordres des
» vertus, et voyez si les arts libéraux en
» inspirent quelqu'une.

» La force, par exemple, méprise
» tout ce qui peut inspirer de la crainte ;
» elle envisage avec un noble dédain,
» elle affronte, elle dissipe tous les maux
» qui portent la terreur dans l'ame, et
» qui subjuguent la liberté : les arts libé-
» raux sont-ils propres à développer cette
» vertu ?

» La fidélité est le plus bel ornement
» et le bien le plus précieux de l'ame
» humaine ; nulle extrémité ne peut l'en-
» gager à trahir ses devoirs, nulle ré-
» compense ne peut la séduire : sont-ce
» les arts libéraux qui donnent cette
» constance ?

» La tempérance exerce son empire
» sur les plaisirs, elle hait les uns et les
» bannit, elle règle les autres et les ren-
» ferme dans leurs justes bornes : elle

» n'en recherche aucun pour lui-même,
» elle sait que tous nos desirs ont des
» règles, et qu'il faut nous permettre ce
» que nos devoirs autorisent, et non ce
» que nos fantaisies demandent.

» L'humanité regarde tous les hommes
» comme ses concitoyens, et ne se per-
» met envers aucun, ni l'orgueil, ni
» l'avarice : toutes ses paroles, toutes
» ses actions, toutes ses affections por-
» tent le caractère de la douceur, de
» l'affabilité, de la bienveillance, et
» rendent son accès facile à tout le
» monde : aucun malheureux ne lui est
» étranger. Le bien dont elle jouit ne
» lui est cher, que parce qu'elle le com-
» munique. Sont-ce là les mœurs que
» prescrivent les arts libéraux ?

» Nous ne leur devons pas davantage
» la simplicité, la modestie, la modé-
» ration, la frugalité, l'économie, la
» clémence qui épargne le sang d'autrui
» comme le sien propre, et qui sait
» qu'aucun homme n'a le droit de pro-
» diguer la vie d'un autre.

» Pardon si je ne suis pas la route

» commune : je ne peux me résoudre à
» mettre au nombre des arts libéraux,
» la peinture, l'art de faire des statues ou
» de tailler le marbre, non plus que
» toutes les professions qui ont le luxe
» pour objet : je bannis encore de la
» classe des arts libéraux, les lut-
» teurs, ou bien j'y admettrai les cui-
» siniers, et généralement tous ceux
» qui s'occupent de nos plaisirs, et s'en
» rendent les esclaves. Ni les uns, ni les
» autres, ne sont propres à faire naître
» et à nourrir la vertu.

» Que me sert de savoir conduire un
» cheval, de régler sa course avec le
» frein, quand je suis emporté par des
» passions effrénées ? que me sert de
» vaincre une foule de concurrens à la
» lutte ou au ceste, quand je suis vaincu
» par la colère » (1) ?

C'est cependant vers ces arts, vers
ces exercices que se porte toute l'activité
de l'esprit, dans une nation où le luxe
domine, comme je l'ai prouvé (2).

---

(1) Senec. ep. 88.
(2) Part. 1, sect. 3, c. 1, 2, 3.

Ainsi, dans cet état, le gouvernement ne s'occupe pas à donner aux citoyens l'instruction qui peut les éclairer sur la nécessité de prendre des mœurs politiques.

Les conditions les plus élevées, qui, dans les Etats où domine le luxe, y participent plus que les autres, sont donc aussi les moins éclairées sur les principes nécessaires pour former les mœurs politiques, et sur la nécessité d'en instruire toutes les conditions et tous les membres de la société. Ainsi, dans ces états, on ne forme point les établissemens nécessaires pour éclairer les citoyens sur les principes propres à leur donner des mœurs politiques.

Dans un Etat où le luxe domine, on ne néglige pas seulement l'instruction des citoyens, sur les principes propres à donner des mœurs sociales et politiques : on y corrompt, on y anéantit tous ces principes, comme je l'ai prouvé (1).

_____

(3) Part. 1, sect. 3, c. 6.

CHAPITRE II.

L'exemple ne tend pas à donner des mœurs sociales ou politiques dans un Etat où le luxe domine.

L'homme par son organisation seule, est porté à faire ce qu'il voit faire aux autres : cette disposition et cette facilité à imiter, est selon l'ordre de la nature un principe de sociabilité et de perfectibilité dans l'homme : par elle, l'enfant prend les goûts, les inclinations, les mœurs de ses parens, et profite pour sa conduite, des fruits de leur expérience.

Il en est de même de l'homme ignorant ou peu éclairé : par sa disposition à imiter, il profite des lumières et de l'expérience des plus éclairés et des plus habiles ; de sorte que dans l'enfant et dans l'ignorant, cette disposition à imiter, est comme le supplément de l'expérience de la lumière, de la sagesse, et en tient lieu à ceux qui n'ont pu s'instruire, et connoître par eux-mêmes ce qu'ils doivent faire.

C'est sur cette disposition de l'homme à faire ce qu'il voit faire, qu'est fondée la force de l'exemple; et elle est telle, que souvent elle a suffi aux législateurs pour retirer les hommes de la vie sauvage et barbare, et pour leur donner des mœurs sociales ou politiques : elle peut encore produire cet effet dans les enfans, dans les ignorans, et dans tous ceux à qui l'instruction n'a pas démontré et fait sentir la nécessité de prendre des mœurs sociales et politiques. Voyons si le luxe procure dans la société des exemples capables de produire cet effet.

L'homme de luxe est heureux par la magnificence, par le faste, par la profusion : il ne donne donc pas l'exemple de la tempérance, de la frugalité, qui sont nécessaires pour les mœurs politiques.

Pour soutenir son faste et pour satisfaire tous ses desirs, il a un besoin continuel d'argent; et il emploie tout son crédit, toute sa puissance, tous ses talens pour en acquérir sans cesse : il ne donne donc pas l'exemple de la modération et du désintéressement, qui sont cependant des parties essentielles des mœurs sociales et politiques.

Les objets de son luxe étant plus nécessaires à son bonheur, que la pratique des vertus sociales, il préfère l'acquisition de ces objets au soulagement du malheureux : il ne donne donc pas l'exemple de l'humanité et de la bienfaisance ; il donne au contraire l'exemple de la dureté et de l'inhumanité.

Dans l'examen des effets du luxe sur le cœur humain, j'ai prouvé que l'homme de luxe se permet toutes les fraudes, toutes les injustices, toutes les barbaries pour se procurer les objets dont il attend son bonheur : il ne donne donc pas dans la société l'exemple de la justice, sans laquelle il ne peut y avoir de société ; il y donne au contraire l'exemple de l'injustice et de la mauvaise foi qui détruisent toutes les sociétés.

Le luxe éteint l'amitié dans le cœur de l'homme, il le rend incapable d'éprouver la satisfaction que la nature attache à ce sentiment, et d'en remplir les devoirs : il ne donne donc pas un exemple capable de développer le sentiment de l'amitié dans le cœur des autres citoyens.

Par ce qui a été dit des effets du luxe, par rapport au caractère, il imprime à l'homme un caractère de fausseté, de perfidie, de médisance et de calomnie : l'homme de luxe ne donne donc pas l'exemple de la droiture, de la fidélité, de la vérité, qui sont des parties essentielles des mœurs sociales et politiques : il donne au contraire l'exemple de tous les vices qui leur sont opposés.

Pour bien connoître la force et les funestes effets de cet exemple, dans une société où domine le luxe, considérez le nombre et la qualité de ceux qui le donnent. Ce sont les princes, les grands, les hommes puissans, les riches, les personnes constituées en dignité, qui desirent ardemment d'être heureux, qui cherchent, et pour lesquels une infinité d'hommes ont cherché et cherchent les moyens d'arriver au bonheur ; et qui, après les avoir tous essayés, préfèrent les plaisirs du luxe à tout autre bonheur.

Voilà le point de vue sous lequel se présente l'exemple des hommes de luxe, dans un état où il est dominant.

Quelle impression ne doit pas faire cet exemple sur les citoyens de toutes les conditions, dans un état où le luxe domine, où il ôte aux citoyens la sagacité, la capacité d'attention, où il les prive de l'instruction qui pourroit leur donner des mœurs politiques, leur en faire connoître la nécessité pour leur propre bonheur, et leur faire découvrir les funestes effets du luxe? quelles forces le citoyen dépourvu de ces secours peut-il opposer à l'impulsion que lui donne vers le luxe, l'exemple des princes, des grands, des riches?

Ainsi, dans un état où le luxe domine, l'exemple, loin de tendre à donner aux citoyens des mœurs sociales ou politiques, tend à les détruire et à leur donner des vices contraires.

Ne doit-il donc pas produire cet effet dans cette multitude de malheureux que leur infortune plonge dans une ignorance profonde, sur tout ce qui n'a pas un rapport immédiat avec leur subsistance ? ne doit-il pas le produire dans cette foule d'hommes oisifs, opulens, légers, frivoles, qui n'ont jamais réfléchi, ni sur les principes de la morale, ni sur la nature du bonheur de l'homme ?

Parmi ceux même à qui l'instruction a fait connoître la nécessité des mœurs sociales et politiques, combien n'y en aura-t-il pas qui seront ébranlés par l'exemple, et qui céderont au torrent pour se concilier l'estime ou la protection des personnes considérables, pour être admis dans leur société, pour éviter le ridicule que la portion la plus considérable de la nation, attache aux mœurs sociales ou politiques ?

Combien n'y en aura-t-il pas qui, en conservant l'amour des vertus sociales dans leur cœur, sacrifieront cependant à l'exemple et à la coutume une partie des choses que les vertus sociales réclamoient pour les malheureux, et qui se reprocheront leur condescendance ?

L'exemple a des effets bien plus funestes par rapport à cette classe de citoyens, que leur âge, leur foiblesse, leur innocence et leur confiance rendent infiniment plus susceptibles de la contagion, et en qui elle étouffe jusqu'aux germes des vertus et des mœurs sociales et politiques ; je veux dire les enfans.

L'enfant sort du sein de sa mère avec toutes les facultés de l'ame humaine, mais sans affection particulière, sans habitudes, sans opinions, sans préjugés : les fibres de ses organes et de son cerveau, sont d'une flexibilité qui ne se refuse à aucune des impressions ou des formes qu'on veut leur donner ; et par son organisation, ainsi que par son activité naturelle, il est porté à imiter tout ce qu'il voit faire, et à prendre tous les sentimens de ceux avec lesquels il vit.

Dans un état où le luxe domine, les princes, les grands, les personnes en place, les riches, cherchent le bonheur dans les objets qui procurent des sensations agréables, dans le faste, dans les délices ; c'est conformément à ce système de bonheur que leurs enfans sont élevés : ils portent pour ainsi dire à leur naissance la livrée du luxe : on les environne de tout l'attirail du faste et de l'opulence, long-temps avant qu'ils puissent réfléchir; et ils ont pris l'habitude de la mollesse et de la sensualité, avant qu'ils puissent en soupçonner les dangers.

Lorsqu'ils sont capables de réfléchir, ils voient dans tout ce qui les environne, le respect pour le luxe : le premier sentiment de vénération, d'estime, de considération qu'ils éprouvent, est pour des hommes de luxe : le premier desir qu'ils forment est pour les objets de luxe. L'amour, la vénération, l'estime pour le luxe, sont donc les premières habitudes que contractent les ames des enfans, des princes, des grands, des riches.

Pendant l'enfance ils voient l'humanité, la bienfaisance, sacrifiées au luxe : ils jugent les vertus sociales inutiles, ou même contraires au bonheur, et ne ressentent pour elles que du mépris et de l'aversion. Ainsi, dans ces états, presque à la naissance de l'enfant, le luxe étouffe dans son ame les germes des mœurs sociales ou politiques.

Ils sont à peine sortis de l'enfance, qu'on leur propose, comme l'objet le plus digne de leur ambition, le faste et la magnificence. On ne cultive en eux que les talens qui peuvent les rendre agréables aux hommes de luxe : lorsqu'ils entrent dans le monde, ils voient que le luxe est l'idole des personnes les plus considérables; ils voient que les vertus et les mœurs sociales et politiques y sont l'objet du mépris et de la dérision; ainsi, dans tout le cours de leur vie, rien ne ressuscite en eux les germes des inclinations sociales étouffées presque au moment de leur naissance : la nature humaine disparoit donc presque absolument dans ces hommes; et l'on n'y voit au lieu des inclinations sociales, que les vices que le luxe donne ; et ce sont ces vices qui paroissent former l'essence de l'homme de luxe.

N'ayant jamais éprouvé le sentiment de l'humanité, de la bienveillance, et des autres inclinations sociales, ils en regardent l'existence comme une chimère, et tout ce que l'on en dit, comme des préjugés ; cette croyance devient générale parmi les hommes nés et élevés dans le luxe ; et la croyance aux vertus sociales est le partage des hommes qui sont nés dans la pauvreté, ou qui n'ont pas reçu ce que l'on appelle une bonne éducation.

Les personnes des conditions inférieures croient, en adoptant ces principes, s'illustrer, s'élever, s'approcher des princes, des grands, des riches, et se mettre au moins dans la classe de la bonne compagnie, comme M. Jourdain croit sortir de la classe de la bourgeoisie, en prenant un maître de danse, de musique, etc.

Les sophistes qui ne manquent jamais d'être nombreux dans les siècles de luxe, donnent à ces principes le nom de philosophie ; et tous les hommes de luxe, quelque ignorans et de quelque condition qu'ils soient, deviennent, sans y avoir aspiré, des philosophes, comme M. Jourdain fait de la prose sans le savoir.

Tous

Tous ces hommes élevés à une philosophie sublime, sans le secours de la réflexion ou de la méditation, prennent une haute idée de leur sagacité ; ils dédaignent et rejettent tout ce qu'ils ne connoissent pas, tout ce qu'ils ne comprennent pas, tout ce qui leur déplaît ; ils prennent machinalement un profond mépris pour tous ceux qui croient à l'existence des vertus sociales, à la possibilité et à la nécessité de les pratiquer : ils ont un air de conviction et de sécurité qui en impose aux ignorans qui ont encore moins d'esprit qu'eux, ou qui altère, dans ces hommes simples et ignorans, les vertus sociales que l'éducation y avoit produites.

Voilà, dans une société où le luxe domine, les effets naturels de l'exemple par rapport aux mœurs ; voyons si la législation peut les établir où les conserver dans cette société.

CHAPITRE III.

Lorsque le Luxe domine dans un Etat, les lois ne peuvent ni donner ni conserver les mœurs sociales ou politiques.

Les mœurs politiques sont l'habitude des actions qu'inspirent ou que prescrivent les inclinations sociales : ainsi, pour que l'autorité des lois les fasse contracter, ou qu'elle les conserve, il faut que le législateur réduise en lois la justice, l'humanité, la bienfaisance, la modération, la modestie, etc. de sorte que tous les devoirs de l'homme et du citoyen, deviennent des obligations civiles; et les actions contraires à ces devoirs, des délits punissables par les lois.

Si les lois n'obligent pas tous les citoyens de remplir ces devoirs, si elles ne punissent pas ceux qui les négligent ou qui les violent, le citoyen paresseux, frivole, cupide, passionné, ne secourra ni le citoyen en péril, ni le malheureux dans l'indigence ; il sacrifiera tous les devoirs de père, de citoyen et d'homme, à sa cupidité, à son ambition, à ses plaisirs ; chacun alors pourra s'éloigner impunément des mœurs sociales et politiques.

Lorsque le luxe domine dans un état, ceux qui sont revêtus de la puissance législative, ou chargés de l'exercice de ses fonctions, ne connoissent point la nécessité d'établir des lois pour donner ou pour conserver ces mœurs, comme je l'ai prouvé dans le chapitre précédent: ils ne réduiront donc pas en lois les principes de la morale et les devoirs de l'homme et du citoyen.

Heureux par les sensations agréables; persuadés que l'industrie, le commerce, les manufactures et les arts de luxe, sont le principe de la richesse, de la gloire et de la prospérité des états, feront-ils une loi de la tempérance qui les méprise et qui les anéantiroit, si elle devenoit un devoir dont le citoyen ne pût s'écarter ? obligeront-ils par des lois le citoyen à pratiquer les devoirs de l'humanité, qui ressent les maux des autres comme les siens propres, et qui répandroit dans le sein des malheureux, les richesses qui, prodiguées pour les objets du luxe, font fleurir le commerce, les manufactures et les arts? feront-ils une loi de la modération, de la modestie, de la frugalité, qui méprisent les richesses, le faste et la délicatesse? Inspirer ces vertus aux citoyens, ne seroit-ce pas anéantir les arts que les partisans du luxe regardent comme le principe de la prospérité des états?

C'est ainsi que Mandeville nous représente une nation que le luxe a élevée au plus haut degré de puissance, de gloire et de prospérité, tombant dans l'avilissement, plongée dans la misère, et envahie par les nations voisines, aussitôt qu'elle devient juste, humaine, modérée, tempérante. » Chaque ordre, » dit-il, étoit rempli de vices; mais » la nation même jouissoit d'une heu- » reuse prospérité : flattée dans la paix, » on la craignoit dans la guerre; estimée » chez les étrangers, elle tenoit la » balance des autres ruches. Le vice » produisant la ruse, et la ruse se

» joignant à l'industrie, on vit la ruche
» abonder de toutes les commodités de
» la vie : les plaisirs réels, les douceurs
» de la vie, l'aise et le repos étoient
» devenus des biens si communs, que les
» pauvres mêmes vivoient plus agréable-
» ment alors, que les riches ne faisoient
» auparavant ; on ne pouvoit rien ajouter
» au bonheur de cette société.

» Tel étoit l'état florissant de ce peuple :
» l'honnêteté descend du ciel chez ce
» peuple, et s'empare de tous les cœurs ;
» en moins d'une heure, le prix des den-
» rées diminue par-tout.

» Il n'y a plus d'honneur à faire figure
» aux dépens de ses créditeurs ; les li-
» vrées étoient pendues à la boutique
» du frippier ; ceux qui brilloient par la
» magnificence des étoffes, les vendoient
» pour peu de chose ; les nobles se défai-
» soient de tous leurs superbes chevaux,
» de leurs campagnes, pour payer leurs
» dettes.

» On évitoit la vaine dépense avec le
» même soin que l'on faisoit la fraude ;
» on n'entretenoit plus d'armées dehors ;

» méprisant l'estime des étrangers, et
» la gloire qui s'acquiert par les ar-
» mes, on ne combattoit plus que pour
» défendre la patrie contre ceux qui en
» vouloient à ses droits et à sa liberté.

» Jetez présentement les yeux sur la
» ruche glorieuse : que les choses ont
» changé de face ! Ceux qui faisoient des
» dépenses excessives, et tous ceux qui
» vivoient de ce luxe, furent forcés de
» se retirer.

» Le prix des fonds et des bâtimens
» tomba ; les palais enchantés, dont les
» murs semblables à ceux de Thèbes,
» avoient été élevés par la musique,
» étoient déserts.

» Les grands qui auroient mieux aimé
» perdre la vie, que de voir effacer leurs
» titres fastueux, gravés sur leurs su-
» perbes portiques, se moquoient de ces
» vaines inscriptions : l'architecture,
» cet art merveilleux, fut entièrement
» abandonnée : les artisans ne trouvoient
» plus personne qui les employât, les
» peintres ne se rendoient plus célèbres
» par leurs pinceaux, le sculpteur, le

» graveur, le ciseleur, le statuaire,
» n'étoient plus nommés dans la ruche.

» Le peu d'abeilles qui restèrent, vi-
» voient chétivement ; la ruche étant
» presque déserte, ils ne pouvoient se
» défendre contre leurs ennemis plus
» nombreux ; les abeilles qui échappèrent
» au fer de l'ennemi, s'envolèrent dans le
» creux d'un arbre où il ne leur reste de
» leur ancienne félicité que le contente-
» ment et l'honnêteté (1).

Telle est la politique de ceux qui ont la puissance législative, dans les états où le luxe domine : imbus de ces principes, pourront-ils réduire en lois les vertus sociales, ou les devoirs de l'homme et du citoyen ? et si ces lois sont établies, ne les changeront-ils pas, ne les aboliront-ils pas comme dangereuses, et comme également contraires au bonheur des particuliers, à la puissance, à la richesse, à la prospérité de l'état ?

Ce n'est point par les pauvres, par les hommes obscurs, par les citoyens des

---

(1) Fable des abeilles, p. 12.

ordres inférieurs, que le luxe s'introduit dans un état; c'est par le souverain, par les grands, par les riches : les objets du luxe deviennent donc nécessaires au bonheur de ces différentes classes, lorsque le luxe y pénètre : à ce moment même, les mœurs politiques y sont attaquées, et bientôt le progrès du luxe en bannit les lois portées pour établir et conserver ces mœurs.

Avant la naissance du luxe, les citoyens animés par les vertus sociales, dirigés par les lois, employoient à remplir les devoirs de l'humanité, de la bienfaisance, le superflu de leurs possessions, leur industrie, leurs soins, leur travail, lorsqu'ils s'étoient procuré les choses nécessaires à leur subsistance et à leur santé.

Mais au moment où les objets du luxe deviennent nécessaires à leur bonheur, ils ne peuvent, sans être malheureux, observer les lois qui prescrivent les devoirs de l'homme et du citoyen, et qui condamnent les goûts ou les penchans qui empêchent de les remplir : or, l'homme veut nécessairement être heureux, et il ne se soumet aux lois, qu'autant qu'elles assurent son bonheur.

Ainsi, lorsque le luxe devient dominant dans un état, où les devoirs de l'homme et du citoyen sont réduits en lois, il soulève contre ces lois le souverain, les grands, les hommes puissans, les riches; il les oblige de les violer, et comme ils ont en main la puissance et l'autorité, il les violent impunément.

Les lois qui prescrivent les devoirs de l'homme et du citoyen, ouvertement violées par le souverain, par les grands, par les hommes en place, par les riches, ne sont plus regardées que comme des restes de barbarie, respectées par les sots, et observées par les dupes.

Si quelqu'un invoque les lois pour faire observer les mœurs sociales, les infracteurs trouvent dans le prince, dans les grands, des protecteurs et des défenseurs qui emploient leur pouvoir pour soustraire les coupables à la sévérité des lois; comment refuseroient-ils leur protection à leurs imitateurs, et la punition de ceux-ci, ne seroit-elle pas une condamnation de leur conduite ?

D'ailleurs, comme je l'ai prouvé dans la première partie, le luxe donne aux magistrats chargés de veiller à l'observation des lois pour les mœurs, un caractère de foiblesse, de pusillanimité, d'indifférence pour le vice et pour la vertu, qui ne leur permet pas de résister aux sollicitations des personnes puissantes, en faveur de ceux qui violent les lois des mœurs : ainsi, l'impunité de la violation des lois qui concernent les mœurs sociales et politiques, descend du grand et de l'homme puissant, jusqu'aux citoyens des dernières classes ; alors les lois sont abrogées, et le temps en efface jusqu'au souvenir.

Ces effets sont attestés par l'histoire de tous les peuples : les législateurs de l'antiquité avoient établi dans les états qu'ils avoient formés, des lois qui prescrivoient l'observation des mœurs sociales, comme on le voit par les monumens qui nous restent sur leur législation ; et aussi-tôt que le luxe y pénètre, il les altère et les anéantit à mesure qu'il y fait du progrès.

Chez les anciens Perses, on punissoit rigoureusement celui qui, ayant pu rendre un service, ne l'avoit pas rendu; et les législateurs ne s'étoient pas contentés de défendre de dérober, d'usurper le bien d'autrui, etc., et d'ordonner des peines contre ceux qui violoient ces défenses: les lois de Perse avoient cela d'excellent, dit Xénophon, elles alloient au-devant du mal, et empêchoient que les particuliers ne devinssent méchans (1).

Toute la nation étoit partagée en douze tribus, et chaque tribu en différentes classes, relativement à l'âge: ils avoient établi un préfet des mœurs, non-seulement pour chaque tribu, mais encore pour chaque classe, sans en excepter les vieillards.

Mais lorsque le luxe devint dominant, ils ne furent plus reconnoissables de ce qu'ils étoient auparavant, soit pour la religion envers les Dieux, soit pour la piété envers les parens, soi pour la justice envers les hommes: les anciennes lois n'étoient

---

(1) Cyrop. liv. 1.

pas révoquées, mais on les éludoit sans pudeur, et on les violoit sans crainte (1).

Et que l'on n'attribue pas cette extinction des mœurs antiques, et la corruption qui la suivit, à d'autres causes qu'au luxe ; car il est évident que Xénophon n'en reconnoît point d'autres, et que l'exposition qu'il fait de leur changement, n'en suppose point d'autre.

La république de Carthage avoit des préfets ou des censeurs des mœurs, qui ne permettoient pas que les citoyens donnassent sujet, ou même prétexte de penser que leurs mœurs fussent déréglées; et l'autorité de ces censeurs étoit telle, que ni les richesses, ni le crédit, ni les dignités, ne pouvoient arrêter les effets de leurs décrets, ni les intimider dans l'exercice de leur censure (2).

Les richesses et le luxe en bannirent enfin les mœurs politiques, et rendirent inutiles tous les établissemens destinés à les conserver (3).

---
(1) Cyroped. l. 8.
(2) Æmil. Prob. in Amilcar. Hendrich. repub. Carth. l. 2, c. 3, p. 173.
(3) Ibid, l. 1, sect. 2, c. 1.

Les mœurs des Lacédémoniens étoient soumises à l'inspection, à la censure des Ephores, des Harmosiens, des Harmostes ; et enfin chaque citoyen étoit en quelque sorte chargé de la censure et de la conservation des mœurs (1).

Mais lorsque le luxe s'y fut introduit, il affoiblit toutes ces institutions, et les rendit enfin inutiles, lorsqu'il y fut dominant (2).

Les Athéniens avoient des magistrats pour veiller sur les différentes parties des mœurs, et l'Aréopage étoit chargé de leur conservation : il recherchoit et punissoit tout ce qui étoit contraire à l'honnêteté, tout ce qui blessoit les règles de la modération et de la modestie (3).

Tant que le luxe ne fut pas dominant dans la république, les mœurs politiques fleurissoient, les citoyens se rendoient réciproquement tous les services et tous les bons offices qu'inspiroient l'humanité, la bienfaisance, la reconnoissance : les

---

(1) Craig. repub. Laced. Plutar. vie de Lycurgue.
(2) Craig. ibid. Plutar. ibid. et vie de Lysander.
(3) Isocrat. in Areopagit. Val. Max. L. 2, c. 6.

citoyens les plus pauvres ne portoient aucune envie aux plus riches, s'intéressoient au sort de leurs familles, comme à leur propre famille, et veilloient sur leurs possesions comme sur leurs propre patrimoine.

De leur côté, les riches, affables et humains, ne se prévaloient dans aucune occasion de leurs avantages et de leurs richesses, regardant la misère et l'indigence des classes inférieures, comme l'opprobre des riches: ils ne s'appliquoient point à augmenter leur fortune: ils louoient aux uns leurs terres à bas prix, établissoient les autres dans le commerce, en leur fournissant de l'argent pour exercer quelque art lucratif, sans craindre de perdre leur prêt, ou de le recouvrer avec peine: ils ne croyoient pas que leur argent fût plus en sûreté chez eux, qu'entre les mains de ceux auxquels ils le prêtoient. La bienfaisance et l'humanité avoient allié la communauté des biens avec l'établissement des propriétés, leur inégalité et leur aliénabilité (1).

---

(1) Isocrat. ibid.

Telle est l'idée qu'Isocrate nous donne des mœurs des Athéniens avant que le luxe y dominât. Pour conserver ces mœurs, les Athéniens avoient chargé l'Aréopage de veiller sur la conduite de tous les citoyens, et de punir rigoureusement tous ceux qui s'écartoient de la modération et de la modestie, qui faisoient la base des mœurs politiques, qui conservoient dans le cœur des Athéniens l'humanité, la bienfaisance, la reconnoissance, et faisoient régner dans la république, la concorde, la paix et le bonheur (1).

A mesure que le luxe fait du progrès dans la république, les mœurs s'altèrent; et enfin lorsqu'il est dominant, il rend inutiles toutes les institutions qui pouvoient donner aux citoyens des mœurs politiques; et l'autorité même de l'Aréopage destiné à les conserver, et à réprimer tout ce qui étoit contraire aux mœurs politiques.

Avant que le luxe devînt dominant,

---

(1) Ibid.

les jeunes citoyens s'appliquoient sans relâche à l'acquisition des talens et des connoissances de l'état auquel ils étoient destinés ; ils ne paroissoient jamais dans la place publique que par nécessité, et toujours avec une grande modestie, et même une sorte de honte : mais lorsque le luxe fut dominant, ils passoient les jours entiers chez les musiciens, et dans de semblables sociétés.

Avant l'introduction du luxe, aucun citoyen, et même aucun esclave qui eût quelque principe d'honnêteté, n'osoit boire ou manger dans un cabaret : les plaisans, les railleurs, les facétieux, étoient regardés comme des fléaux dans les sociétés ; mais lorsque le luxe fut dominant, les cabarets furent remplis des citoyens les plus distingués, et les plaisans, les facétieux, firent les délices des sociétés (1).

Enfin, le luxe pénétra dans l'Aréopage même, et y éteignit les mœurs qu'il étoit chargé de conserver. Un Aréopagite

---

(1) Ibid.

cité devant l'Aréopage, pour ses mœurs, pour ses profusions, et pour ses galanteries, ne nia aucune de ces imputations, et soutint que son luxe, son faste, sa volupté, n'étoient que l'usage légitime et louable de sa fortune, et que pour se les procurer il n'avoit jamais trafiqué de la justice, ni trahi son devoir, comme beaucoup d'Aréopagites qu'il nomma (1).

Gyllion, un des parasites de Phriné, étoit Aréopagite; et ces sénateurs tombèrent dans un tel mépris, que les poëtes comiques les exposèrent sur le théâtre, à la dérision publique (2).

La fonction dont l'Aréopage étoit chargé chez les Athéniens, les censeurs l'exerçoient à Rome : » cette charge
» étoit le comble des honneurs, et pour
» ainsi dire la perfection et le consom-
» mement de toutes les dignités où pou-
» voit aspirer l'ambition d'un citoyen
» Romain. Outre les grands pouvoirs
» qu'elle donnoit, elle mettoit en droit

───────

(2) Athénée, l. 4.
(1) Athen. l. 9.

» de s'enquérir des vies et mœurs des
» particuliers; car les Romains estimoient
» qu'on ne devoit pas laisser à chacun
» la liberté de se marier, d'avoir des
» enfans, de mener telle ou telle vie,
» de faire des festins, en un mot, de vivre
» au gré de ses passions et de ses desirs,
» sans être soumis au jugement et à
» l'inspection de personne. C'est pour-
» quoi, bien convaincus que c'est dans
» les choses privées que les mœurs des
» hommes paroissent beaucoup plus que
» dans les actions publiques et politiques,
» ils élurent deux magistrats, gardiens,
» correcteurs et réformateurs des mœurs,
» pour empêcher qu'on ne quittât le che-
» min de la vertu pour se jeter dans
» celui de la volupté, et qu'on ne trans-
» gressât les usages reçus en changeant
» la vie ordinaire et commune; l'un
» fut pris parmi les patriciens, et l'autre
» parmi le peuple.

» On les nomma censeurs, et on leur
» attribua le droit d'ôter dans les revues,
» le cheval public à un chevalier, et de
» chasser du sénat un sénateur qui

» vivoit dans le désordre, de priver du
» droit de suffrage tout citoyen, et de
» le faire descendre dans les classes in-
» férieures (1).

La sévérité des censeurs ne fut pas moins utile à la prospérité de la république, que les talens militaires des généraux (2).

A mesure que le luxe fit du progrès, la censure devint plus redoutable, et le nom seul de censeur, si odieux aux Romains, que l'exercice en fut interrompu long-temps : pendant cette interruption, le désordre fut porté à un tel excès, que le peuple demanda le rétablissement des censeurs : n'ayant pu l'empêcher, les hommes livrés au luxe employèrent tous les moyens possibles pour que l'on n'en confiât pas l'exercice aux citoyens d'une vertu éprouvée et rigide.

» Lorsque Caton brigua la censure,
» les nobles s'y opposoient par envie,

---

(2) Plutarq. vie de Caton. Tit. Liv. l. 4, c. 8.
(1) Val. Max. l. 2, c. 9.

» dans la pensée que c'étoit une flétris-
» sure pour la noblesse, de souffrir que
» des gens d'une naissance obscure,
» fussent élevés au plus haut degré
» d'honneur et au faîte de la puissance :
» et les autres, à qui la conscience repro-
» choit leur mauvaise vie et leurs mœurs
» corrompues, s'y opposoient par crainte,
» redoutant l'austérité d'un homme
» inexorable dans son autorité, et in-
» flexible dans tout ce qui étoit du de-
» voir de sa charge (1).

Les intrigues de la noblesse et des hommes vicieux et corrompus, ne purent empêcher l'élection de Caton : il éprouva, pendant sa magistrature, de grandes contradictions ; mais à la fin de sa censure, le peuple lui décerna une statue avec cette inscription :

» A l'honneur de Caton, parce que la
» république Romaine étant presque en-
» tièrement baissée et déchue, il l'a ré-
» tablie et redressée pendant sa censure,
» par de saintes ordonnances, par des

_____

(1) Plutarq. vie de Caton.

» usages et par des établissemens très-
» sages, et par de saintes institutions« (1).

Cependant cette censure si glorieuse à Caton, si utile à Rome, alluma la haîne de tous les fermiers du fisc, dont il avoit diminué les profits : ils formèrent contre lui une ligue qui lui fit une guerre cruelle et continuelle, jusqu'à la fin de sa vie (2).

Les fermiers du fisc trouvèrent dans les sénateurs et dans les tribuns du peuple, des défenseurs contre la sévérité des censeurs (3).

Enfin Clodius, pour se concilier les personnes riches et considérables, fit une loi, qui portoit que les censeurs n'auroient plus le pouvoir d'exclure un sénateur de son corps, et d'infliger à personne une note d'infamie, sans avoir accusé et convaincu le coupable.

Six ans après, le consul Quintus Scipion rendit aux censeurs toute leur

---

(1) Plutarq. ibid.
(2) Tit. Liv. l. 39, c. 44.
(3) Tit. Liv. l. 43, c. 16.

autorité ; mais pendant le temps qui s'étoit écoulé depuis la loi de Clodius, le vice et la corruption avoient fait dans le sénat des progrès si rapides et si prodigieux, que les personnes qui conservoient encore des mœurs et de la vertu, voyant qu'il étoit également dangereux d'attaquer le désordre et honteux de le tolérer, s'abstenoient de briguer la censure : elle devint le partage des hommes foibles et corrompus, qui n'arrêtèrent point le désordre.

Quintus Scipion, l'auteur du rétablissement de la prérogative des censeurs, se livroit sans ménagement et sans pudeur aux excès les plus scandaleux (1).

On n'apperçoit plus alors aucune influence de la censure sur les mœurs : les empereurs s'étant emparés successivement de toutes les magistratures, dédaignèrent l'autorité et le nom même de censeur.

Les lois et les institutions civiles des

---

(1) Freinshem. supplem. Tit. Liv. l. 103, c. 109, Dion Cassius, l. 38. Midletou, vie de Cic.

législateurs Chinois, avoient rendu les mœurs politiques florissantes dans cet empire, et le luxe y a porté les plus funestes atteintes; un philosophe Chinois nous trace ainsi le tableau du changement que le luxe a causé dans les mœurs de cette nation.

» On trouve par-tout des offres de
» service ; et ils s'évanouissent en excu-
» ses, dès qu'il s'agit de les réaliser.

» Ce n'est plus que chez les pauvres
» qu'on trouve la tendre compassion, la
» bienfaisance, la générosité, et les sen-
» timens d'une vraie cordialité ; si notre
» exemple ne corrompt pas les généra-
» tions futures, elles auront horreur de
» nous, en nous comparant à nos an-
» cêtres.

» Nés avec une ame tendre et sensi-
» ble, ils regardoient comme une bonne
» fortune l'occasion, toujours trop rare
» à leur gré, de rendre service. L'homme,
» le citoyen, l'ami, le parent, ne dis-
» paroissoient pas à leurs yeux sous les
» ombres du besoin. Quand l'état ne les
» secouroit pas assez tôt, ils se faisoient

» une fête de les prévenir : les moins
» fortunés étoient riches pour faire ac-
» cepter des dons sous le nom simulé de
» prêt ; et aujourd'hui les emprunts sont
» devenus un objet de commerce : le
» frère vend à son frère le foible secours
» qu'il accorde à sa misère, et demande
» tout l'appareil des contrats, pour en
» garantir le paiement.

» Malheureux, brûlez vos annales,
» ou terminez-les à vous : il seroit trop
» effrayant pour la postérité, d'apprendre
» que les descendans de ceux qui s'ap-
» pauvrissoient pour secourir leurs conci-
» toyens, ont abusé du besoin des pau-
» vres pour s'enrichir aux dépens de leur
» misère.

» L'humanité et la bienfaisance, la
» compassion et la sensibilité, la géné-
» rosité et le désintéressement, sont tel-
» lement éteints, qu'à la honte de la
» raison, du savoir et de la vertu, des
» disciples de Confucius s'avilissent jus-
» qu'à ériger en principe d'administra-
» tion, l'art abominable d'immoler le
» peuple et le pauvre au prétendu bien
» de

» de l'état, comme s'ils ne faisoient pas
» la partie la plus nombreuse, et que les
» faire jouir d'une douce abondance, ou
» du moins leur adoucir les misères de
» la vie, n'étoit pas l'objet le plus es-
» sentiel du grand art de régner : comme
» si la bienfaisance, les secours récipro-
» ques et le désintéressement, n'étoient
» pas les premiers et les plus sacrés liens
» de la société : comme si la soif de l'argent
» et l'âpreté du gain, n'avoient pas été
» dans tous les siècles, le premier levain
» de tous les crimes, et la source inta-
» rissable des malheurs publics : comme
» si enfin, la corruption, la bassesse, la
» dureté de nos mœurs domestiques, ne
» couvroient pas d'infamie ces oracles de
» mensonge et de dépravation, qu'on
» prétend accréditer par le vernis d'un
» jargon politique.

» Insensés, accordez-vous avec vous-
» mêmes. Vous gémissez fastueusement
» sur les trahisons des hommes d'état,
» sur les crimes des gens de guerre, sur
» les prévarications des magistrats, sur
» les injustices des officiers publics, sur

» les chicanes des plaideurs, sur le mo-
» nopole des marchands, sur les divisions
» des familles, et sur ce déluge terrible
» de vols, de meurtres, d'assassinats,
» d'empoisonnemens, de parricides qui
» ont émoussé le glaive de la justice,
» fait des lieux d'exil de toutes nos pro-
» vinces, rappetissé toutes les prisons,
» et qui nous environnent par-tout de
» craintes et de périls.

» Gémissez encore plus, malheureux,
» de ce que la probité, la justice, l'amitié,
» la pudeur, l'amour conjugal, et même
» la piété filiale vont s'affoiblissant de
» jour en jour dans tous les cœurs, et
» s'anéantissent au moindre cri de l'in-
» térêt; la cupidité nous frappe avec
» les chaînes dont nous la délivrons, et
» c'est l'intérêt de l'état qui lui assure la
» protection des lois.

» O Tien, juste Tien! quel intérêt
» l'état peut-il avoir, qui lui soit plus
» cher et plus sacré, que celui de serrer
» les liens qui doivent unir les citoyens?
» peut-on ignorer qu'il n'appartient qu'à
» la vertu d'assurer le bonheur public?

» La misère d'un seul citoyen trou-
» bloit autrefois les plaisirs les plus inno-
» cens de nos ancêtres ; et aujourd'hui,
» ô honte ! les calamités publiques de-
» viennent une bonne fortune, par les
» emprunts qu'elles occasionnent, et les
» profits qu'elles assurent ; c'est aux lar-
» mes des colons, que les riches doivent
» leurs plaisirs : plaisirs barbares et im-
» pies, d'autant plus dignes de notre siè-
» cle, qu'ils outragent le Tien qu'on
» connoît à peine dans son temple.

» Les anciens doubloient la jouissance
» de leurs biens, par la bienfaisance et
» la générosité. Les plaisirs du faste et
» du luxe, sont les plaisirs des sens; les
» plaisirs de la bienfaisance, sont les plai-
» sirs de l'ame. Comparez la joie de porter
» de beaux habits, à celle d'en avoir
» donné à un pauvre vieillard à qui ils
» ont conservé la santé ; les sensations
» de manger des mets exquis, à la dé-
» licieuse satisfaction d'avoir donné du
» riz à une famille désolée; le plaisir
» d'entendre des voix mercenaires, à la
» touchante consolation d'essuyer les

» larmes, et d'arrêter les soupirs du dé-
» sespoir : les gains de l'intérêt nous
» procurent les premiers, et la bienfai-
» sance de nos ancêtres leur procuroit
» les autres « (1).

J'ai prouvé que le luxe ne permet pas que l'on donne aux citoyens, l'instruction, les motifs, les exemples et les lois qui font contracter les mœurs sociales ou politiques, et qui les conservent ; j'ai fait voir que par-tout où il est devenu dominant, il a détruit tous les moyens que la sagesse des législateurs avoit employés avec succès, pour établir ces mœurs et pour les rendre durables.

Ce n'est cependant que par le moyen des mœurs sociales ou politiques, que les hommes peuvent se procurer réciproquement tous les secours nécessaires dans leurs besoins, dans leurs embarras, dans leurs peines, dans leurs malheurs. Le luxe qui anéantit les mœurs politiques, est donc un principe destructif de la société, dont l'objet essentiel est de

---

(1) Mém. des missions chin. t. 4, p. 362.

réunir les forces, les talens, l'industrie des citoyens, pour se procurer réciproquement tous les secours qu'ils peuvent se procurer pour leur bonheur, et contre les malheurs attachés à la condition humaine : en détruisant les mœurs politiques, le luxe change toutes les sociétés humaines, en autant de ligues semblables aux associations des animaux; unis seulement pour attaquer des ennemis communs, ou pour se défendre contre eux.

C'est en effet à cet objet, que les apologistes du luxe semblent réduire la politique : ils pensent qu'elle doit s'occuper uniquement des moyens de procurer aux citoyens la jouissance assurée et paisible de leur personne, de leurs biens, de leurs avantages, et leur laisser le soin de ce qui concerne leur bonheur particulier. Je vais faire voir qu'ils se trompent encore sur ce point, et que le luxe ne laisse pas même cette ressource à leur politique.

SECTION III.

Lorsque le Luxe domine dans un État, la justice civile ne procure point aux citoyens la jouissance sûre et paisible de leurs biens et de leurs droits.

La justice morale est la connoissance de ce que l'on doit aux autres, et la fidélité à le rendre ; la justice civile est une institution politique, destinée à faire rendre aux citoyens ce qui leur est dû, par ceux qui l'ignorent, ou qui, le connoissant, refusent de le rendre.

Dans l'état primitif des sociétés, cette institution consistoit dans le jugement ou la décision des chefs de famille, des anciens, ou d'un homme recommandable par ses lumières, sa droiture et sa sagesse ; ainsi, la justice civile n'étoit alors que le supplément de la justice morale : c'étoit le jugement et la volonté des chefs de familles, des sages, que l'âge et la raison avoient affranchis de l'ignorance et des passions qui empêchent de connoître et de rendre ce que l'on doit.

Par la succession des temps, presque toutes les sociétés établirent des tribunaux, des magistrats, et firent des lois pour déterminer les droits respectifs des citoyens, et pour les obliger à les observer.

Les contestations qui s'élevèrent entre les citoyens, ne furent donc plus jugées par les magistrats, d'après ce que la justice morale sembloit leur dicter, mais d'après ce que la loi prescrivoit; ils n'avoient plus à examiner si ce que le citoyen demandoit étoit convenable ou juste, mais si la demande étoit autorisée ou prohibée par la loi.

Les lois portées pour régler les droits respectifs des citoyens, et les tribunaux établis pour prononcer sur les contestations qui s'élevoient par rapport à ces droits, sont donc ce qui constitue la justice civile, qui n'est ou ne doit être que le supplément de la justice morale, ou plutôt la justice morale même, éclairant par les lois, les citoyens sur leurs devoirs et sur leurs droits, et réglant leurs volontés par le jugement ou la décision des magistrats, afin que tous les citoyens jouissent en paix et avec sécurité, de leurs droits, et rendent aux autres ce qu'ils leurs doivent.

Voilà l'objet essentiel de toute législation sage, et de tous les législateurs qui desirent le bonheur des citoyens.

Les partisans du luxe prétendent que l'on peut jouir de tous ces avantages dans une société où il domine, et qu'ils suffisent pour le bon ordre de la société, et pour le bonheur des citoyens.

Je vais faire voir au contraire, que dans un état où le luxe domine, 1°. les lois ne peuvent ni éclairer les citoyens sur leurs droits et sur leurs devoirs, ni en assurer la jouissance; 2°. que dans un état où le luxe domine, le magistrat ne peut être l'organe de la justice morale et des lois civiles, ou qu'il n'a ni les lumières ni l'intégrité nécessaires pour procurer aux citoyens la jouissance des droits et des avantages que les lois lui assurent.

CHAPITRE I.

Lorsque le Luxe domine dans un État, les lois ne peuvent ni éclairer les citoyens sur leurs droits et sur leurs devoirs, ni en assurer la jouissance paisible.

Pour que les lois éclairent les citoyens sur leurs droits et sur leurs devoirs, et qu'elles leur en assurent la jouissance paisible, il faut qu'elles soient claires, simples, et stables.

Si elles n'étoient pas claires, elles ne feroient pas connoître aux citoyens leurs droits, et ne les fixeroient pas de manière à prévenir ou à terminer facilement et promptement les contestations; et par conséquent elles n'assureroient pas aux citoyens une jouissance tranquille de leurs droits.

Si les lois étoient compliquées, elles demanderoient pour être entendues, une capacité et une étude, dont une grande partie des citoyens est incapable; et par conséquent elles n'éclaireroient pas tous les citoyens, ou il faudroit qu'ils négligeassent les occupations de leur état, pour s'appliquer à l'étude des lois ; ce qui est contraire au but de la bonne législation, et à l'ordre politique.

Si les lois n'étoient pas stables, aucun citoyen ne jouiroit avec sécurité et en paix de ses avantages et de ses biens ; ce qui est contraire à l'objet essentiel de la législation, et à la fin de la société politique.

Pour que les lois aient ces qualités, il faut que le législateur possède dans un degré éminent les principes du droit naturel, qu'il ait une connoissance profonde du cœur humain, de la force des passions, de leurs ressources, de leurs artifices ; qu'il sache tout ce qui peut rendre heureuse et puissante la société pour laquelle il forme des lois ; et par conséquent, qu'il soit doué d'une grande capacité d'attention, qu'il ait une sagacité rare, une prodigieuse étendue d'esprit ; comme il est évident, pour quiconque a réfléchi sur cet objet, et comme l'imperfection de toutes les jurisprudences le prouve.

Or, on a vu que le luxe ôte à l'esprit, la capacité d'attention, la sagacité, la pénétration, l'étendue : il ne permet donc pas qu'il se forme un corps de lois civiles, claires, simples, et capables d'éclairer les citoyens sur leurs droits et sur leurs obligations, et de prévenir ou d'arrêter promptement et efficacement, les atteintes que les passions peuvent porter à ces droits.

En effet, dans un état où le luxe domine, les législateurs sont aussi ceux sur lesquels il a plus d'empire, et par conséquent, qui ont le moins les qualités nécessaires pour la composition des lois destinées à assurer aux citoyens la jouissance paisible de leurs droits.

Lorsque j'ai examiné les effets du luxe sur le cœur humain, j'ai prouvé qu'il éteint l'amour de la justice et des vertus sociales : il ôte donc aux législateurs, le zèle et l'ardeur nécessaires pour les soutenir dans le travail pénible que demande la formation des lois civiles, quand même ils auraient assez de capacité pour cette grande et importante opération.

L'homme de luxe, heureux par les plaisirs et par la volupté, sacrifiera-t-il son bonheur à l'application, à la continuité d'attention, d'étude et de travail, que demande la formation d'une bonne législation ?

Lorsque j'ai examiné les effets du luxe sur le cœur humain, j'ai prouvé qu'il y allume une cupidité et des passions qui sont sans cesse en efforts pour acquérir des richesses : ainsi, lorsque le luxe domine dans un état, le plus grand nombre des citoyens porte son industrie vers la recherche des moyens de s'enrichir, et d'envahir la fortune des autres, en éludant les lois ou en les faisant servir à leurs projets ; et ils en découvrent que le législateur n'a ni prévus, ni pu prévoir : les premières lois ne suffisent donc pas pour assurer aux citoyens la jouissance paisible de leurs droits ; il faut aux premières lois en ajouter de secondes, qui, n'étant pas plus à l'épreuve de la cupidité que les premières, sont nécessairement corrigées, fortifiées, modifiées par de troisièmes ; celles-ci par de quatrièmes, et ainsi de suite. La législation civile devient donc si compliquée, que les citoyens sont incapables de connoître par eux-mêmes, leurs droits et leurs obligations.

Alors, il se forme nécessairement dans la nation, une classe de citoyens qui se consacrent à l'étude des lois, et qui deviennent les guides nécessaires de ceux qui veulent, à l'aide des lois, augmenter ou conserver leur fortune.

La connoissance des lois ne garantit, ni du luxe, ni de la cupidité qui l'accompagne; le citoyen avide qui veut envahir la fortune de son concitoyen, trouve donc toujours parmi ceux qui se consacrent à l'étude des lois, des défenseurs de ses projets, dont l'adresse, ou si l'on veut, l'habileté peut découvrir dans une législation obscure et compliquée, des moyens de faire valoir les prétentions les moins fondées, et même les plus injustes.

La législation ou la jurisprudence, devient alors une espèce d'arsenal ouvert à tout le monde, et dans lequel chaque citoyen avide, va prendre des armes pour attaquer les possessions de son concitoyen; et dans les jurisconsultes, des auxiliaires toujours prêts à prendre les armes pour lui: les citoyens sont alors dans un état de guerre; toutes les possessions sont incertaines, et tous les droits peuvent être contestés ou anéantis; aucun citoyen ne jouit en sûreté et tranquillement des biens qu'il a reçus de ses pères, ou que ses travaux lui ont acquis.

Par ce qui a été dit des effets du luxe sur le caractère de l'homme, il change sans cesse de goûts, d'opinions, d'inclinations, de mœurs: les lois ne sont point à l'épreuve de cette inconstance, et cèdent au mouvement général, et au changement continuel que le luxe produit dans les goûts, les mœurs, les inclinations, parce que les lois sont relatives à toutes ces différentes parties du caractère national.

Ainsi, lorsque le luxe domine dans un état, les lois n'y ont plus de stabilité, elles ne fixent plus irrévocablement les droits des citoyens; et par conséquent, elles ne sont plus un principe de sécurité et de tranquillité; elles ne sont d'ailleurs ni simples, ni claires; elles n'ont donc aucune des qualités essentielles et nécessaires pour assurer aux citoyens la jouissance de leurs biens et de leurs droits.

Telle est, de l'aveu même de Mandeville, l'influence du luxe sur la législation.

» Les artisans de chaque profession,
» dit-il, tous ceux qui exerçoient quel-
» que emploi ou quelque charge, avoient
» quelque espèce de fripponnerie qui leur
» étoit propre ; c'étoient les subtilités de
» l'art, et les tours du bâton.

» Comme s'ils n'eussent su, sans l'ins-
» truction d'un procès, distinguer le lé-
» gitime d'avec l'illégitime, ils avoient
» des jurisconsultes occupés à entretenir
» des animosités, et à susciter de mau-
» vaises chicanes : c'étoit le fin de leur
» art. Les lois leur fournissoient des
» moyens pour ruiner leurs parties, et
» pour profiter adroitement des biens
» engagés : uniquement attentifs à tirer
» de précieux honoraires, ils ne négli-

» geoient rien pour empêcher que l'on
» ne terminât, par voie d'accommode-
» ment, les difficultés.

» Pour défendre une mauvaise cause,
» ils épluchoient les lois avec la même
» exactitude et dans le même but que
» les voleurs examinent les maisons et
» les boutiques; c'étoit uniquement pour
» découvrir l'endroit foible dont ils pou-
» voient se prévaloir (1).

» Toujours inconstant, ce peuple chan-
» geoit de lois, comme de modes; les
» réglemens qui avoient été sagement
» établis, étoient annullés; on leur en
» substituoit bientôt de tout opposés « (2).

Ainsi, lorsque le luxe domine dans un état, les lois sont si obscures, si compliquées, si variables, qu'elles ne peuvent procurer aux citoyens une jouissance assurée et tranquille de leurs biens.

Faisons voir que les tribunaux, loin de remédier à ce désordre, ne font que l'augmenter lorsque le luxe domine dans

---

(1) Fable des abeilles, p. 4 et 5.
(2) Ibid. p. 11 et 12.

un état, et que quand même les lois seroient claires, simples et stables, les citoyens n'y jouiroient pas sûrement et tranquillement de leur fortune et de leurs avantages, par les effets du luxe sur les tribunaux de la justice.

Chapitre II.

Lorsque le Luxe domine dans un Etat, les tribunaux ne procurent point aux citoyens la jouissance assurée et paisible de leur fortune et de leurs avantages.

Pour que les tribunaux de la justice procurent aux citoyens la jouissance sûre et tranquille de leur fortune et de leurs avantages, il faut qu'ils soient les ministres et les organes de la justice morale et de la justice civile, ou des lois civiles : il faut qu'ils aient les lumières du législateur, et l'intégrité de la justice même : or, le luxe ne permet au magistrat, ni d'acquérir ces lumières, ni de s'élever à cette intégrité.

Dans l'examen des effets du luxe sur

l'esprit humain, j'ai prouvé qu'il étouffe tous les dons de l'esprit, ou qu'il ne porte son activité que vers les arts, les talens et les connoissances purement agréables, qu'il n'inspire que du dégoût et du mépris pour l'étude des lois, et de tout ce qui ne produit pas des sensations agréables ou de l'amusement.

Ainsi, dans un état où le luxe domine, les citoyens destinés à remplir les fonctions de la justice civile, sont incapables d'acquérir les connoissances nécessaires pour s'acquitter dignement de leur emploi.

D'un côté, le luxe tourne l'activité de l'esprit des citoyens, ou du moins d'une classe de citoyens, vers la recherche des moyens d'éluder les lois ou d'en abuser; et de l'autre, il éteint dans les magistrats qui doivent faire observer les lois, l'application, la capacité d'attention, la sagacité nécessaire pour découvrir l'abus que l'on fait des lois, ou la fraude et l'astuce qui les éludent. Comment les magistrats qui remplissent les charges de judicature, procureroient-ils aux citoyens une jouissance paisible et sûre de leurs biens et de leurs avantages ?

Quand les magistrats livrés au luxe, pourroient acquérir les lumières nécessaires pour discerner la vérité et le droit, dans les contestations sur lesquelles ils ont à prononcer, auront-ils l'intégrité nécessaire pour suivre dans leurs jugemens les lumières de leur esprit, et pour n'être que les organes de la justice et des lois ?

Le luxe n'allume-t-il pas en eux mille passions ? ne les environne-t-ils pas de mille causes de séduction et d'illusion ?

Inaccessible à la puissance de l'or, le magistrat sera-t-il à l'épreuve des plaisirs, ou supérieur aux sollicitations du grand, de l'homme en crédit ou célèbre, qui peut servir les projets de son ambition ou de sa vanité ?

Qui le soutiendra contre ces ennemis de son intégrité ?

Sera-ce l'amour de la justice, le charme de la vertu, la satisfaction que l'on goûte en préférant son devoir aux plaisirs ?

J'ai fait voir que le luxe éteint dans le cœur de l'homme, l'amour de la justice et de la vertu, aussi bien que le sentiment touchant et agréable que la nature y attache.

Sera-t-il soutenu par des principes d'équité, que l'éducation ou les mœurs publiques auront gravés dans son esprit ?

J'ai fait voir que le luxe anéantit tous les principes de vertu, de morale, de justice, et que les mœurs publiques donnent à l'homme un caractère vain, léger, qui reçoit toutes les affections qu'on veut lui donner, qui cède à toutes les impulsions, et qui adopte tous les sentimens, toutes les opinions que veulent lui faire prendre ceux qui l'environnent.

Comment donc un magistrat élevé dans une nation livrée au luxe, auroit-il l'intégrité nécessaire pour n'être, dans ses jugemens, que le ministre de la justice et l'organe des lois civiles ?

Sans doute, il y a dans les siècles de luxe, des magistrats éclairés, intègres; mais ce qui a été dit des effets du luxe sur l'esprit, sur le cœur, sur le caractère, et sur le peu de soin que l'on prend pour donner des mœurs politiques aux citoyens d'un état où le luxe domine, prouve que les magistrats éclairés et intègres, sont dans chaque tribunal en petit nombre; et que par conséquent, le grand nombre est incapable de résister à l'intrigue et aux sollicitations des plaideurs, aux sophismes, aux pièges, aux artifices du jurisconsulte, de l'avocat, du procureur.

Je ne crains pas d'attester ici l'histoire de toutes les nations anciennes et modernes, chez lesquelles le luxe a dominé.

Mandeville a bien senti qu'il étoit impossible que la justice civile fût autrement administrée dans un état où le luxe domine.

« La justice même, dit-il, si renom-
» mée pour sa bonne foi, quoique aveu-
» gle, n'en étoit pas moins sensible à
» l'éclat de l'or : corrompue par des pré-
» sens, elle avoit souvent fait pencher
» la balance qu'elle tenoit dans sa main
» gauche : impartiale en apparence lors-
» qu'il s'agissoit d'infliger des peines cor-
» porelles, de punir des meurtres et

» d'autres grands crimes, cependant on
» voyoit communément que l'épée qu'elle
» portoit, ne frappoit que les abeilles
» qui étoient pauvres et sans ressources,
» et que même cette déesse faisoit atta-
» cher à l'arbre maudit, des gens qui,
» pressés par la fatale nécessité, avoient
» commis des crimes qui ne méritoient
» pas un pareil traitement : par cette
» injuste sévérité, on cherchoit à met-
» tre en sûreté le grand et le riche « (1).

Ainsi, lorsque le luxe domine dans un état, ni les lois, ni les tribunaux, ne peuvent procurer aux citoyens une jouissance assurée et tranquille de leur fortune et de leurs avantages ; personne n'y jouit du repos et de la sécurité, qui sont le plus précieux avantage de la société.

---

(1) Fable des abeilles, p. 9 et 10.

SECTION IV.

Lorsque le Luxe domine dans un Etat, il rend inutiles les récompenses et les peines destinées à porter les citoyens à de grandes vertus, et à les détourner des actions contraires au bien public.

La politique porte les hommes aux vertus et aux actions utiles à la société, par des honneurs, par des dignités, par des richesses; elle punit par le mépris, par le déshonneur, par la privation des richesses, les actions contraires au bien public.

Tous ces motifs peuvent agir puissamment sur le cœur de l'homme; mais, pour qu'ils produisent des citoyens vertueux, il faut 1°. que les récompenses n'inspirent point d'orgueil, parce que l'orgueil détruit le sentiment de l'égalité naturelle, qui est le principe et la source de l'humanité, de la bienfaisance et de la justice, sans lesquelles il n'y a point de société politique. 2°. Il faut que les récompenses n'allument point l'ambition, parce que les citoyens ambitieux forment des cabales, des partis, des factions, qui sont un des plus grands malheurs des sociétés. 3°. Il faut que les récompenses n'excitent point la cupidité, parce que des citoyens cupides, vendent leurs services à la patrie, et seroient capables de vendre la patrie à l'ennemi. 4°. Il faut que les récompenses ne soient accordées qu'aux actions importantes et aux services signalés, parce que, comme elles ne sont, pour ainsi dire, que le supplément de la vertu sublime, elles ne produiroient point les actions et les effets de la vertu sublime, si on les accordoit à des actions que la vertu ordinaire et les talens communs sont capables de produire, et doivent faire produire aux citoyens.

Le gouvernement d'un état où le luxe domine, ne suit aucun de ces principes dans la distribution des récompenses.

Lorsque j'ai examiné les effets du luxe, sur le caractère, j'ai prouvé qu'il rend les

les hommes vains, légers, frivoles; ils ne rentrent donc jamais en eux-mêmes, pour y faire l'inventaire de leurs qualités, si je peux parler ainsi; ils ne connoissent jamais combien ils sont étroitement logés, et misérablement meublés, pour me servir des expressions de Perse (1).

Les hommes de luxe s'estiment donc beaucoup au-delà de leur valeur réelle : une récompense qu'ils obtiennent, les transforme, à leurs propres yeux, en des hommes d'une nature supérieure : ils méprisent tous ceux qui ne jouissent pas de la distinction qu'ils ont obtenue ; et par conséquent, la récompense en fait des orgueilleux et de mauvais citoyens.

Dans l'examen que j'ai fait des effets du luxe, sur le cœur, sur l'esprit et sur le caractère, j'ai prouvé qu'il rend les hommes vains, ignorans, présomptueux, avides de distinctions : parmi ceux qui s'y

---

(1) Tecum habita, noris quam sit tibi curta supellex, Pers, sat. 4, v. 52.

livrent, il n'en est aucun qui ne se croie digne des honneurs, des dignités, de la fortune, destinés à récompenser les talens rares, les services importans, les vertus éminentes : chacun croit avoir des droits incontestables à la récompense à laquelle il aspire ; les aspirans, au lieu de faire tous leurs efforts pour se rendre dignes de la récompense, ne s'occupent que des moyens de se la faire accorder; et la récompense, au lieu de produire des citoyens utiles et vertueux, n'enfante que des intriguans.

Tous les concurrens qui n'obtiennent pas les récompenses, sont convaincus que le gouvernement leur a fait une injustice, et deviennent ses ennemis, aussi bien que du concurrent préféré : ainsi, dans un état où le luxe domine, les récompenses font vingt ennemis de l'état, pour un qu'elles satisfont, et qu'elles ont rendu capable d'une action utile.

Dans un état où le luxe domine, le bonheur des citoyens dépend des plaisirs que procurent les objets du luxe, objets que l'on n'acquiert qu'à prix d'argent;

on n'y estime donc les récompenses honorifiques, qu'autant qu'elles produisent de l'argent; et par conséquent, elles forment, non des citoyens vertueux, mais des mercenaires qui trahiront l'état pour de l'argent, qui est plus nécessaire à leur bonheur, que la vertu, l'honneur, la gloire, ou la conservation de l'état.

En un mot, le luxe, en rendant l'argent nécessaire au bonheur du citoyen, rend la vertu et l'honneur insuffisans pour produire de grands talens et de grandes actions, dans les républiques, aussi bien que dans les monarchies : il détruit donc le principe du gouvernement monarchique, aussi bien que le principe du gouvernement républicain; et je ne conçois pas comment l'auteur de l'Esprit des Lois, a dit que le luxe est nécessaire dans les monarchies, après avoir dit qu'il donne des besoins qui ne permettent pas au monarque de récompenser uniquement par des distinctions, et qui obligent de récompenser par des honneurs qui conduisent à la fortune;

F ij

car alors il faut que le luxe anéantisse l'honneur qui, selon M. de Montesquieu, est le principe du gouvernement monarchique (1).

Les distributeurs des récompenses et des grâces, étant eux-mêmes livrés au luxe, n'ont ni l'application, ni le discernement nécessaire pour juger le mérite des concurrens, comme il est prouvé par ce que j'ai dit des effets du luxe sur l'esprit.

Quand ils auroient les lumières et la capacité nécessaires pour discerner le mérite des concurrens, ils sont légers, frivoles, inconstans, dépourvus de force et de fermeté, comme je l'ai prouvé en examinant les effets du luxe sur le caractère : ils accordent donc les distinctions, les dignités et les récompenses, non aux plus dignes, mais à ceux qui emploient auprès d'eux les sollicitations les plus pressantes et les plus efficaces.

Les sollicitations, les protections, le crédit, étant des moyens plus surs que

---

(1) Esprit des lois, l. 5, c. 18.

le mérite pour obtenir les récompenses, toute l'activité de l'esprit se porte vers l'art de se faire des protecteurs, ou des solliciteurs puissans, de diriger une cabale ou une intrigue, de s'emparer de la confiance des personnes qui contribuent le plus au bonheur de ceux qui donnent les récompenses.

Dans un état où le luxe domine, les distributeurs des récompenses, livrés au luxe, sont heureux par les plaisirs qu'il procure ; ils emploient donc leur puissance ou leur crédit pour jouir de ces plaisirs, et donnent les récompenses à ceux qui excellent dans l'art de leur procurer des plaisirs : ainsi, dans cet état, les récompenses destinées à donner de l'activité et de la force aux inclinations sociales, et à faire produire de grandes actions, sont accordées à ceux qui ont l'art de procurer quelque espèce de volupté, de plaisir ou d'amusement, aux distributeurs des récompenses.

Les distributeurs des récompenses, livrés au luxe, sont légers, superficiels, frivoles ; ils cèdent à toutes les impressions qu'on veut leur donner : or, ils sont environnés d'ambitieux, d'intriguans, d'hommes cupides, qui sollicitent les distinctions honorifiques, et les récompenses pécuniaires: ils multiplieront donc sans cesse ces distinctions et ces récompenses ; tout le monde y aspirera : et comme les vertus sociales et patriotiques ne conduiront personne à ces récompenses et à ces distinctions, les vertus sociales et patriotiques seront négligées et regardées comme inutiles par tous ceux qui aspireront aux distinctions et aux récompenses, ces vertus disparoîtront dans cette classe d'hommes ; on n'y croira plus à l'existence de ces vertus, ou elles y seront regardées comme des préjugés.

Ce sera cependant de cette classe que sortiront tous ceux qui exerceront quelque portion de la puissance publique, tous ceux qui partiperont à l'administration : ainsi, dans cet état, les administrateurs de la chose publique, regarderont les vertus sociales et patriotiques comme des ressorts inutiles en politique, et réduiront toute la politique aux récompenses et aux punitions, sans se douter que par-tout où les vertus sociales et patriotiques ne président pas à la distribution des récompenses, elles sont accordées par la foiblesse et par la cupidité, à des hommes incapables des actions qu'elles étoient destinées à produire.

Ce que j'ai dit des effets du luxe, par rapport aux récompenses, s'applique trop facilement aux punitions, pour qu'il soit nécessaire de m'y arrêter: toutes les raisons qui déterminent les distributeurs des récompenses à les accorder à des personnes qui n'en sont pas dignes, les portent à exempter des peines, ceux qui les auront méritées : les raisons qui les porteront à multiplier sans cesse les récompenses, les porteront à diminuer sans cesse les peines; et enfin à les supprimer au moins de fait, à ne point rechercher les coupables, ou à n'en point trouver.

Le luxe lui-même, ne tend-il pas à inspirer de l'indulgence pour celui qui trahit son devoir; et dans un état où il domine, tous les hommes en place n'ont-ils pas leur intérêt personnel à défendre dans les coupables ?

Le coupable qui, dans les états où le luxe domine, ne trahit ordinairement son devoir que pour acquérir de l'argent, ne se met-il pas, par ses prévarications, en état de se concilier, de gagner ceux qui sont chargés de le juger, de le faire juger, de le faire punir ? Tout le monde sait l'audace avec laquelle un vivrier brava les reproches et les menaces de M. le maréchal de Villars. *Vous êtes un frippon, je vais vous faire pendre*, lui disoit le général. *Monseigneur*, répondit le vivrier, *on ne fait point pendre un homme qui a cent mille écus.* M. le maréchal de Villars qui se plaisoit à conter cette histoire, ajoutoit en souriant : *Je ne sais comment cela se fit, mais il ne fut point pendu.*

Il est donc certain que lorsque le luxe domine dans un état, il rend inutiles les récompenses et les peines destinées à porter les citoyens à la vertu et à des actions utiles à l'état, ou à les empêcher de se porter à des actions nuisibles au bien public. J'atteste sur tous ces faits l'histoire de tous les peuples, sous quelque climat et sous quelque forme de gouvernement qu'ils aient vécu, et j'ose dire que je ne serai désavoué que par ceux qui n'auront aucune connoissance de l'histoire.

SECTION V.

Le Luxe prive le gouvernement des secours que la religion procure pour porter les citoyens à la vertu, et pour les détourner des actions contraires à la société.

C'EST aujourd'hui une opinion assez répandue, et communément adoptée par les partisans du luxe, que la religion est au moins inutile pour le bon ordre et pour le bonheur des sociétés : ils ne regardent donc pas comme un inconvénient en politique, que le luxe tende à l'anéantissement de la religion. Ainsi, pour prouver que le luxe est funeste aux sociétés politiques, il ne suffit pas de prouver qu'il détruit la religion, il faut auparavant établir l'utilité de la religion pour la société politique.

Cette importante question a été souvent traitée; mais elle appartient si essentiellement à l'objet de mon ouvrage, que j'ai cru ne pouvoir me dispenser d'en parler; d'ailleurs on renouvelle tous les jours les difficultés qui combattent l'utilité de la religion par rapport aux sociétés civiles, et les partisans du luxe les adoptent : n'est-il pas juste et même nécessaire de mettre ceux qui prennent part à ces questions, en état de prendre un sentiment éclairé, et d'avoir un avis raisonné sur une matière aussi importante que l'utilité de la religion dans les sociétés politiques?

Pour cet effet, j'exposerai 1°. le sentiment des législateurs, des philosophes et des politiques les plus distingués sur ce sujet; 2°. les raisons qui prouvent l'utilité de la religion dans les sociétés politiques; 3°. je ferai voir que le luxe prive la société de tous les avantages que la religion peut lui procurer ; 4°. j'examinerai les difficultés qui combattent l'utilité que j'attribue à la religion.

CHAPITRE I.

Du sentiment des législateurs, des politiques et des philosophes les plus illustres sur la nécessité de la religion dans les sociétés civiles.

Les sociétés politiques les plus anciennes et les plus renommées pour la sagesse et pour la bonté de leur gouvernement, avoient établi leur législation sur la croyance et sur le culte d'une divinité qui gouvernoit le monde, qui veilloit sur les sociétés humaines, dont la bonté récompensoit les hommes vertueux, dont la justice punissoit les méchans, sans qu'aucune puissance humaine pût soustraire les coupables à sa justice, ou priver la vertu de sa récompense. Tel étoit le fondement de la législation et de la politique des anciens Perses, des anciens Egyptiens, des Chinois, depuis la fondation de cet empire, jusqu'à nos jours : telle étoit la base de la législation de toutes les grandes et anciennes nations, aussi bien que de celles qui en sont sorties, et de toutes les nations dont il nous reste des monumens.

» Le premier établissement des lois
» et de la police, et le plus important,
» dit Plutarque, c'est la croyance et la
» persuasion des dieux, par le moyen de
» laquelle Lycurgue sanctifia autrefois les
» Lacédémoniens ; Numa, les Romains ;
» Ion, les Athéniens ; et Deucalion,
» universellement tous les Grecs, en les
» rendant dévots et affectionnés envers
» les dieux, en prières, sermens, ora-
» cles et prophéties, par le moyen de
» la crainte et de l'espérance qu'ils leur
» imprimèrent : c'est ce qui contient toute
» société humaine, c'est le fondement et
» l'appui de toutes les lois ; et il me
» semble qu'il seroit plus facile de bâ-
» tir une ville en l'air et sans sol, que
» d'y établir une police sans aucune re-
» ligion ou opinion des dieux, et sans

» la conserver après l'avoir eue « (1).

Lorsque Charondas fut chargé de donner des lois aux Thuriens, il se conforma sur la croyance des dieux et de leur providence, à tous les législateurs; et il fit de ce dogme le fondement de sa législation (2).

Ce fut sur cette même base que Zaleucus établit les lois qu'il donna aux Locriens.

» Chaque habitant, soit à la ville,
» soit à la campagne, dit ce législateur,
» doit, avant toutes choses, être ferme-
» ment persuadé qu'il y a des dieux; et il
» n'a besoin pour s'en convaincre, que
» d'envisager le ciel et le monde, et de
» réfléchir sur la magnificence du spec-
» tacle qu'il offre, et sur l'ordre, la régu-
» larité et l'harmonie qui y règnent,
» et qui ne peuvent être ni l'ouvrage des
» hommes, ni l'effet d'un hasard aveugle:
» il faut adorer ces dieux, comme les

---

(1) Plutarque contre Colotès.
(2) Diod. l. 12, édit. Wesling. p. 484. Stobée, serm. 42.

» auteurs de tous les biens dont nous jouis-
» sons. Chacun doit donc préparer et ré-
» gler tellement son cœur, qu'il soit
» exempt de toute souillure ; car un mé-
» chant ne peut honorer dieu, ni par de
» riches offrandes, ni par de pompeuses
» cérémonies ; mais par la vertu et par
» l'habitude de la justice et de la bien-
» faisance.

» Que chacun cherche à se rendre
» cher à Dieu par la bonté de son cœur
» et de ses actions ; qu'il craigne moins
» la perte de sa fortune que celle de
» l'honneur, et qu'il regarde comme le
» meilleur citoyen, celui qui renonce
» aux richesses et à la fortune, pour con-
» server l'honnêteté et la justice.

» Que ceux qui ne goûtent pas ces
» maximes, et qui se sentent de la dis-
» position à l'injustice, hommes et fem-
» mes, citoyens ou étrangers, pensent
» aux dieux, qu'ils réfléchissent sur ce
» qu'ils sont, qu'ils n'oublient jamais
» qu'ils puniront l'injustice, et que ce
» terrible moment soit toujours présent
» à leur esprit. Ce moment arrivera tôt

» ou tard, et alors le souvenir des crimes
» remplit l'ame du méchant d'un remords
» cruel. Que chacun se conduise donc
» comme si chaque moment étoit le der-
» nier de sa vie ; c'est le moyen le plus sûr
» pour ne s'écarter jamais des lois de la
» justice et de l'honnêteté.

» Si quelque mauvais génie le solli-
» cite au mal, qu'il se réfugie dans le
» temple et aux pieds des autels ; qu'il
» implore leur secours contre l'injustice,
» comme contre le plus cruel des tyrans;
» qu'il ait recours aux hommes considérés
» pour leur vertu et pour leur probité, et
» qu'il les prie de lui parler des vrais
» principes du bonheur, du malheur des
» méchans, et des châtimens qu'ils ne
» peuvent éviter « (1).

Tous les philosophes, tous les politiques qui ont traité de la législation, ont suivi ces principes. Hippodame de Milet, dans la formation de sa république, applique au culte de la religion le tiers des biens de la société, et veut de plus, que

---

(1) Ibid.

le magistrat veille avec une exactitude scrupuleuse et infatigable, pour empêcher que les sophistes n'altèrent la pureté de la morale et les principes religieux: il veut que l'on réprime sévèrement la licence, par rapport aux principes du juste et de l'injuste, par rapport à l'existence des dieux, à leur providence; et il regarde cette licence comme capable de produire dans les esprits, l'injustice et la folie la plus dangereuse (1).

Platon regarde comme un des excès les plus dangereux pour un état, la licence qui attaque la religion et la divinité.

Cette licence étoit commune, lorsque ce philosophe écrivoit son traité des lois: » elle avoit pour cause les passions, et » sur-tout une ignorance affreuse que ces » ennemis de la religion se déguisoient » sous le nom de la plus haute sagesse » (2).

Ces prétendus sages disoient, qu'il n'y avoit dans le monde qu'une matière

---

(1) Aristot. polit. l. 2, c. 8. Stobée, serm. 41.
(2) Plat. de légib. l. 10.

mue par une nécessité aveugle ; que le juste et l'injuste n'étoient point tels par leur nature, mais que les hommes, toujours partagés de sentimens à cet égard, font sans cesse de nouvelles dispositions par rapport aux mêmes objets ; que ces dispositions sont la mesure du juste pour autant de temps qu'elles durent, tirant leur origine de l'art et des lois, et nullement de la nature.

» Telles sont, continue Platon, les
» maximes que nos sages débitent à la
» jeunesse, tant les particuliers que les
» poëtes, soutenant que rien n'est plus
» juste que ce qu'on vient à bout d'em-
» porter par la force.

» Delà, l'impiété se glisse peu à peu
» dans le cœur des jeunes gens, lorsqu'ils
» viennent à se persuader qu'il n'existe
» point de dieux, tels que la loi prescrit
» d'en reconnoître. Delà, les séditions,
» chacun tendant de son côté vers l'état
» conforme à leur naturel, lequel con-
» siste dans le vrai à se rendre supérieur
» aux autres par la force, et à secouer

» toute subordination établie par les
» lois « (1).

Voià pourquoi ce philosophe regarde comme un crime capital, l'athéisme et l'irréligion manifestée et déclarée publiquement.

» A l'égard des autres désordres, dit-
» il, les plus grands sont le libertinage
» et les excès de la jeunesse. Ils sont de
» la plus grande conséquence, lorsqu'ils
» ont pour objet les choses sacrées » (2).

Ce philosophe veut que le législateur fasse ensorte que les citoyens soient assez solidement instruits sur l'existence de la divinité, pour que jamais les impies n'osent se flatter de la victoire, s'ils se permettoient d'attaquer devant eux la divinité ou la providence (3).

Ces instructions établies, il veut que la loi ordonne à tous les impies de re-

---

(1) Plat. l. 10, des lois, traduct. de Groult. t. ij, p. 240.
(2) Ibid. p. 258.
(3) Ibid. p. 256.

noncer à leur impiété, et de prendre des sentimens religieux; et en cas de refus, voici la loi qu'il porte contre eux.

» Si quelqu'un se rend coupable d'im-
» piété, soit en parole, soit en action,
» celui qui se trouvera présent s'y oppo-
» sera, et le dénoncera aux magistrats ;
» les premiers informés d'entre eux,
» citeront le coupable devant le tribunal
» établi par les lois, pour prononcer sur
» ces sortes de crimes : si quelqu'un en
» est convaincu, le tribunal prononcera
» une peine particulière pour chaque
» espèce d'impiété : la peine générale
» sera la prison « (1).

Aristote regarde la religion comme le plus important objet de la politique, et comme un des moyens les plus sûrs pour conserver l'ordre dans une société politique, et pour y maintenir la puissance souveraine, sans laquelle il n'y a point de société, ensorte que c'est pour le souverain une obligation indispensable de faire observer et respecter la religion (2).

---

(1) Ibid. p. 298.
(2) Polit. l. 7, c. 8, l. 5, c. 11.

La croyance des dieux et de la religion, est la base sur laquelle Cicéron établit ses lois.

» M'accordez-vous, dit-il à l'épicu-
» rien Atticus, que toute la nature est
» gouvernée par la force et par la vertu
» des dieux immortels, par leur raison,
» par leur puissance, en un mot, par
» quoi que ce soit, qui exprime plus clai-
» rement ce que je veux dire ? car pour
» peu que vous en doutiez, il faudra
» que je commence par plaider leur
» cause » (1).

Atticus accorde ce point, et c'est le premier article de la législation de Cicéron.

» Premièrement, dit-il, que les ci-
» toyens de notre république soient plei-
» nement convaincus que les dieux sont
» les maîtres et les souverains de toutes
» choses, que tout se fait par leur bon
» plaisir, qu'ils comblent le genre hu-
» main de leurs bienfaits, que leurs re-
» gards perçans démêlent l'intérieur de

---

(1) De legibus, liv. 1, n. 7.

» chacun de nous, nos actions bonnes
» et mauvaises, et les dispositions que
» nous apportons à leur culte, et qu'ils
» tiennent un compte exact de ceux qui
» les honorent sincèrement et des im-
» pies, pour récompenser les uns et pour
» punir les autres selon leur mérite.

» Quand une fois les esprits seront pé-
» nétrés de ces sentimens, ils seront dis-
» posés à recevoir toutes les vérités uti-
» les. Eh! qu'y a-t-il de plus vrai, que
» de penser qu'aucun homme ne doit
» être assez follement extravagant pour
» croire qu'il est doué de raison et d'in-
» telligence, tandis qu'il n'y en a ni dans
» le ciel, ni dans le monde, ou que les
» phénomènes qu'il offre ne sont pas
» l'ouvrage de la raison, quoique leur ex-
» plication surpasse la force de la raison.

» Où est l'homme qui voulût contes-
» ter ou méconnoître l'utilité de ces sen-
» timens, s'il réfléchissoit sur l'étendue
» et sur la multitude des choses qui ti-
» rent leur sûreté de la force des ser-
» mens, s'il pensoit combien la foi des
» traités est nécessaire, combien l'union

» des hommes est devenue sûre, invio-
» lable et sacrée, lorsqu'ils ont eu pour
» garants, pour témoins et pour juges de
» leur union, de leur fidélité, les dieux
» immortels ?«(1)

Le concert de tous les politiques anciens est unanime, et ce seroit un temps perdu que d'en porter le détail plus loin.

Si des politiques anciens nous passons aux modernes, nous trouverons le même concert; si l'on excepte quelques sophistes modernes qui ont renouvelé les opinions des sophistes anciens.

» Ceux qui examineront avec soin les
» grandes actions du peuple Romain et
» de plusieurs particuliers, dit Machiavel,
» verront que ces citoyens avoient bien
» plus d'appréhension de fausser leur ser-
» ment, que de désobéir aux lois, parce
» qu'ils redoutoient bien davantage la
» puissance des dieux que celle des hom-
» mes, comme cela paroît par l'exemple
» de Scipion et de Manlius Turquatus;

---

(1) Ibid.

» tout cela ne venoit que de la religion
» que Numa avoit introduite dans la
» république.

» Si l'on examine bien l'histoire Ro-
» maine, on verra combien la religion
» étoit d'un grand secours pour bien con-
» duire les armées, pour étouffer les
» dissentions de la populace, pour con-
» server les gens de bien, et pour donner
» de la confusion aux méchans. Sur cela,
» s'il s'agissoit de déterminer auquel des
» deux princes Rome est plus obligée,
» ou de Romulus, ou de Numa ; je crois
» qu'il faudroit donner le premier rang
» à Numa.

» Après avoir bien considéré le tout,
» je conclus que la religion que Numa
» introduisit dans la république, fut une
» des principales causes de son bonheur,
» parce qu'elle facilita l'établissement des
» beaux réglemens, qui ne manquent
» jamais d'être suivis de la fortune, et par
» conséquent de l'heureux succès des en-
» treprises : et comme l'observation du
» service divin est la cause de la grandeur
» des états, aussi le mépris qu'on en fait

» est la cause de leur ruine, parce qu'où
» la crainte de Dieu ne se trouve pas, il
» faut que l'état périsse « (1).

Machiavel établit les mêmes principes dans le chapitre douzième.

Tous ceux qui ont écrit sur la politique depuis Machiavel, s'accordent à reconnoître la nécessité de la religion pour le bonheur et pour la conservation des sociétés civiles.

Tous ces hommes avoient profondément médité sur les rapports de la religion avec le bonheur de la société civile ; ils étoient justes, humains, vertueux, doués d'une sagacité rare : législateurs, administrateurs de la chose publique, ils avoient étudié profondément la nature humaine, et les hommes en société; ils avoient essayé, comparé, et combiné l'action de tous les ressorts de la politique, employé toutes ses ressources. On peut donc être un grand philosophe, un politique profond, un citoyen vertueux, et cependant croire la religion utile ou

---

(1) Discours politiques sur Tite Live, l. 1, c. 11.

mê me

même nécessaire dans les sociétés civiles; on peut croire la religion utile ou nécessaire dans les sociétés civiles, et n'être ni un homme enseveli dans les préjugés, ni un fourbe, ni un séducteur, ni un fanatique.

Les sophistes qui nioient les principes de la religion et son utilité, étoient vains, orgueilleux, perfides, avares, méchans, ignorans; et, comme le dit Cicéron, de petits philosophes.

On auroit donc tort de se croire un grand philosophe, et un héros de vertu et d'humanité, parce que l'on nie la religion et son utilité.

Il faut prendre un sentiment sur cette grande question, d'après un examen équitable des raisons qui doivent la décider, et non d'après le ton dogmatique et tranchant de ceux qui attaquent la religion et son utilité, ou d'après le dédain, le mépris qu'ils ont pour ceux qui ne pensent pas comme eux, et auxquels ils prodiguent des dénominations insultantes; car les sophistes employoient ces armes contre Socrate, et contre les défenseurs de la morale et de la religion.

CHAPITRE II.

La Religion procure et peut seule procurer des moyens pour rendre tous les citoyens heureux, pour les porter aux actions et aux vertus les plus nécessaires au bonheur de la société, et pour les détourner des actions et des vices les plus funestes.

La religion dont j'entreprends de prouver l'importance et la nécessité, reconnoît et adore un Être suprême qui a créé et qui gouverne le monde et tous les êtres qu'il renferme, qui a préparé des récompenses aux hommes vertueux, et qui réserve des châtimens aux méchans.

Il seroit trop long d'entrer dans la discussion des différences qui partagent les religions qui admettent cette croyance; et je me réduirois à des généralités trop vagues, si je me bornois à examiner les effets généraux de cette croyance dans les sociétés politiques.

Ce sera donc de la religion catholique que je tirerai mes preuves ; je ne rappellerai point ici celles qui établissent la vérité de cette religion, et je ne toucherai point aux points qui ont séparé d'elle les différentes sociétés chrétiennes qui se réunissent avec les catholiques sur l'objet que je traite ; enfin, pour éviter toute discussion étrangère à mon objet, je considérerai la religion catholique, instituant et formant des citoyens, indépendamment des secours surnaturels qu'elle procure à l'homme pour pratiquer les vertus qu'elle prescrit.

Au moment même où l'homme naît dans une société catholique, la religion le consacre aux vertus les plus nécessaires aux sociétés civiles ; elle charge les personnes pour lesquelles il a le plus de respect et de confiance, de lui rappeler ces premières obligations, et de le préparer, par leurs instructions et par leur exemple, à les remplir : les parens regardent comme leur premier et leur plus essentiel devoir, d'imprimer aux enfans la connoissance des vérités que la religion enseigne, et de leur inspirer l'amour des vertus qu'elle prescrit. Ce sont les premières idées que l'on grave dans leur esprit, et les premiers sentimens que l'on excite dans leur cœur.

A mesure que le temps développe la raison des jeunes citoyens, les ministres de la religion proportionnent leurs instructions à la capacité, à l'intelligence de ceux qu'ils sont chargés d'instruire : ils enseignent à tous les mêmes vérités, leur prescrivent les mêmes devoirs, leur recommandent les mêmes vertus, leur proposent les mêmes récompenses.

On apprend à tous, qu'aucun ne peut obtenir les récompenses que la religion promet, s'il n'a la charité, s'il n'en pratique pas les devoirs ; et cette vertu renferme dans un degré de perfection inconnu à la philosophie purement humaine, les sentimens de la justice, de l'humanité, de la bienfaisance ; elle prescrit ces vertus au souverain comme au dernier des sujets, et propose à tous des récompenses infinies.

Il n'y a donc point de citoyen à qui

elle ne donne le plus pressant intérêt pour pratiquer toutes les œuvres de la charité que son état comporte : le citoyen imbu de ces principes, animé par ces motifs, a pour tout ce qui l'environne une sollicitude tendre et active, qui lui fait ressentir et soulager tous les maux, toutes les afflictions, toutes les peines que les autres éprouvent : ainsi, la religion chrétienne supplée à l'imperfection de la politique, qui ne peut par elle-même veiller au bonheur de tous les citoyens et de chacun en particulier : la religion établit en quelque sorte des magistrats qui veillent à la sûreté, au soulagement, au bonheur de chaque citoyen ; elle met auprès de chaque pauvre, de chaque infirme, de chaque affligé, un ami, un parent, un frère qui lui départit ses biens, ses revenus, ses soins, tous les secours dont il est capable.

Lors même que le chrétien est oublié ou négligé de ses concitoyens, lorsqu'aucun secours humain ne peut adoucir ses maux, la religion lui fait voir dans son infortune, dans ses souffrances, dans ses douleurs, dans sa résignation, et dans sa patience, un moyen de plaire à Dieu, et de mériter des récompenses infinies dans une autre vie. La religion chrétienne rend donc l'homme heureux dans quelqu'état que la naissance, les accidens, les malheurs, les maladies ou les années le conduisent. Elle rend heureux une infinité de citoyens que la politique purement humaine ne peut rendre heureux, et même qu'elle ne peut garantir du malheur.

A ce titre seul, la religion chrétienne ne doit-elle pas être chère et précieuse à toutes les ames en qui l'humanité respire encore ? et le déclamateur qui l'attaque, n'est-il pas en effet l'ennemi de la société et du genre humain ?

Ce que je viens d'exposer des effets de la religion chrétienne, prouve que la saine politique, qui n'a pour objet que le bonheur des hommes qu'elle réunit, trouve dans la religion catholique, pour arriver à cette fin, des ressources qu'aucune politique purement civile, et fondée sur des lois purement temporelles, ne peut se procurer.

Cette même religion ne prescrit pas seulement les devoirs et les œuvres de la charité ; elle prescrit la sobriété, la tempérance, la modération, la modestie, l'humilité, le désintéressement qui rendent faciles tous les devoirs de la charité ; elle condamne comme des vices odieux et dignes des châtimens de l'autre vie, l'orgueil, l'ambition, le faste, l'avarice, l'arrogance, la volupté, qui empêchent de remplir les devoirs de la charité.

Ces mêmes vices que la religion proscrit, comme contraires à la charité et à la justice chrétienne, sont aussi le principe de l'oppression, de la dureté, de l'injustice dans le supérieur, de la désobéissance et de la rebellion dans l'inférieur, de la haine réciproque de tous les ordres de l'état, et de toutes les discordes civiles.

La religion chrétienne apprend à l'homme que ces vices seront punis par un malheur éternel après cette vie, quand même le vicieux échapperoit dans ce monde à la justice ou à la censure des hommes.

La religion inspire ces espérances, elle imprime cette crainte dans l'ame du citoyen, au moment même où il est susceptible de ces sentimens ; elle les fortifie chaque jour par le culte qu'elle prescrit, et par les instructions de ses ministres : chaque jour elle offre à l'admiration et à la vénération des citoyens, des hommes de tout état, heureux pendant cette vie, par la pratique de toutes ces vertus, et par l'éloignement de tous les vices qui leur sont contraires ; elle leur fait voir toutes ces vertus récompensées après leur mort, par un bonheur éternel : elle donne donc à tous les citoyens pour les vertus morales, civiles et patriotiques, un motif infiniment supérieur à toutes les récompenses et à tous les motifs que la société politique peut leur proposer ; elle soutient leurs efforts et leur émulation par les prières, par les sacrifices qu'elle offre pour eux.

Quelle politique, dépourvue du secours de la religion, peut procurer à la société autant et d'aussi puissans moyens pour élever les citoyens de tout état, à la perfection des vertus civiles, morales et patriotiques ? Je ne craindrai point de le dire, ces avantages de la religion catholique, par rapport à la société civile, ne peuvent être niés ou méconnus, que par ceux qui ne connoissent ni le cœur humain, ni l'histoire de la religion.

La religion prescrit les mêmes devoirs et les mêmes vertus à tous les hommes, à toutes les conditions, aux plus élevées comme aux plus abjectes; elle en rend la pratique possible et agréable à tous les états et à tous les âges : elle donne à l'homme le plus obscur, un motif capable de l'élever au plus haut degré des vertus civiles, morales et patriotiques ; et à l'homme le plus puissant, le frein le plus fort contre les passions nuisibles à la société, et contre tout ce qui peut le porter à l'abus de son pouvoir.

Si l'homme, entraîné par l'impétuosité de la passion, ou séduit par l'attrait du plaisir, se porte à des actions injustes, vicieuses, méchantes, la religion veille sur lui dans son désordre même, pour le faire rentrer dans l'ordre, et pour l'engager à réparer les maux faits.

La fougue de la passion et l'ivresse du plaisir, sont des états violens qui ne peuvent durer, et le calme qui leur succède rend aux idées, aux principes, aux motifs de la religion, toute leur force et tous leurs droits sur l'esprit et sur le cœur de l'homme religieux; il ne peut se les rappeler sans être humilié, mortifié; il se reproche sa foiblesse et son désordre.

Ce sentiment d'humiliation, ces idées mortifiantes, ces remords se réveillent et se raniment, lorsqu'une passion nouvelle commence à s'allumer, et ont souvent donné à l'homme, la force de résister à la passion et d'en triompher; ensorte qu'il est toujours possible de retirer du désordre et de rappeler à la vertu l'homme qui s'égare, mais qui conserve les principes et les sentimens donnés par la religion : la religion place, pour ainsi dire, dans le cœur de chaque homme, un magistrat, un maître, un ami, qui veille, qui épie, qui saisit tous les momens propres à corriger ceux qui s'égarent, et à les engager à réparer les maux et les torts qu'ils ont faits.

Ainsi, jamais les maux et les désordres publics ou particuliers, ne sont sans remèdes dans un état, tant que la religion y subsiste et qu'elle y est révérée : il arrive nécessairement un temps où le souverain, le grand, l'homme puissant, le particulier, rentre dans l'ordre, et s'efforce de réparer les maux qu'il a causés et où il prend des précautions pour en prévenir de nouveaux.

La politique dépourvue du secours de la religion, n'a point de ressort qui puisse agir aussi puissamment et aussi généralement sur l'esprit et sur le cœur des hommes, pour leur faire connoître, aimer et pratiquer les vertus morales, civiles et patriotiques, pour les garantir ou pour les corriger des vices contraires au bonheur de la société.

Je n'attribue point à la religion des effets chimériques ou douteux, ils sont attestés par les monumens qui concernent l'établissement du christianisme, et consignés dans les annales de tous les peuples qui l'ont embrassé : il n'y a point de nations chez lesquelles le christianisme n'ait produit de grands et de bons rois, des magistrats intègres, d'excellens ministres, des citoyens vertueux, où il n'ait dompté la férocité, adouci les mœurs, réprimé les passions contraires aux vertus morales, civiles et patriotiques.

La religion procure donc des moyens de rendre tous les citoyens heureux, de les porter aux vertus les plus nécessaires à la société, et de contenir les passions les plus dangereuses : elle seule peut procurer ces moyens; faisons voir que le luxe prive la société de ces avantages.

Chapitre III.

Le Luxe prive la société de tous les avantages que la religion lui procure.

La religion prescrit la sobriété, la tempérance, l'éloignement du faste, de la magnificence et des plaisirs; l'homme de luxe, au contraire, n'est heureux que par les sensations agréables, par le faste, par la volupté : le luxe empêche donc l'homme de suivre le mouvement que la religion lui donnoit vers la vertu, et l'effort qu'elle faisoit pour le détourner du vice: il marche, pour ainsi dire, entre les goûts, les penchans, les passions que donne le luxe, et les vertus que lui inspire la religion ; et il obéit à l'un et à l'autre, pour ainsi dire, comme un corps poussé par deux forces qui agissent selon des directions différentes, décrit une diagonale entre elles.

Ainsi, des malheureux qui étoient soulagés, consolés, secourus, heureux par les services, par les bienfaits de l'homme que la religion animoit, sont abandonnés ou foiblement secourus, lorsque le luxe pénètre dans la société politique.

Le luxe rend l'homme frivole, incapable d'attention, d'application, et de réflexion. Ainsi, à mesure que le luxe fait des progrès dans un état, les hommes de différentes conditions deviennent moins capables de s'appliquer à la connoissance des vérités et des principes de la religion, d'en bien connoître les fondemens et les preuves, d'en pénétrer l'esprit ; ils sont moins convaincus de sa vérité et de la nécessité d'en pratiquer les maximes.

L'homme de luxe moins convaincu, moins persuadé de l'importance et de la nécessité de connoître et de pratiquer la religion, néglige d'en instruire ses enfans ; il néglige les différentes parties du culte destinées à rappeler à son esprit les grandes vérités et les grands motifs par lesquels la religion porte les hommes à la vertu.

L'inapplication, l'ignorance, la dissipation, la négligence à laquelle le luxe conduit, ôte donc à l'homme, la force que la connoissance et la conviction des vérités de la religion lui donnoit pour le porter à la vertu, et pour le détourner du vice.

Les peines dont elle menace le méchant, les récompenses qu'elle promet à la vertu, n'agissent plus aussi puissamment qu'elles agissoient avant le luxe; elles n'empêchent plus le crime qu'elles auroient empêché ; elles ne font plus produire les actions vertueuses qu'elles auroient fait produire.

Le souverain, le grand, le magistrat, ne craindra plus de négliger ou de violer ses devoirs, autant qu'il le craignoit; il n'aura plus pour se dévouer au bonheur public des motifs aussi puissans : toutes ses vertus deviendront foibles et languissantes; et ses passions plus hardies, plus actives, plus fortes, dans une infinité d'occasions où la politique ne peut agir, ni par ses soins, ni par ses peines, ni par ses récompenses : toutes les vertus civiles et patriotiques éprouvent dans tous les ordres des citoyens, du relâchement, et les passions, les penchans, les vices contraires au bien public ou particulier, acquièrent un degré de force funeste à la société, à l'harmonie civile, à la concorde et à l'amitié qui doit unir les citoyens.

Le luxe donne un caractère railleur, plaisant et facétieux, qui tend à rendre ridicules les cérémonies et les pratiques religieuses destinées à rappeler à l'esprit des citoyens, les principes et les vérités de la religion, à les rendre respectables pour tous les citoyens, et sur-tout pour une multitude de citoyens à qui le malheur de leur condition ne laisse aucun autre moyen d'acquérir et de conserver la connoissance et l'amour de leurs devoirs. Cette portion infortunée des citoyens, perd donc la connoissance et l'amour des principes et des vérités de la religion, à mesure que le progrès du luxe rend les pratiques religieuses et les cérémonies du culte moins respectables et moins fréquentées.

Cette portion infortunée dont la religion seule prenoit soin d'éclairer l'esprit sur ses devoirs, tombe donc à cet égard dans la plus profonde ignorance.

Cette multitude abrutie, sans confiance et sans respect pour les ministres de la religion, qui seuls pourroient l'instruire de ses devoirs, lui en inspirer l'amour, la consoler dans ses peines, et lui rendre sa misère supportable, n'a donc plus de principes de morale, de conduite, de subordination; elle cède à tous ses desirs, à toutes ses passions, à tous les mouvemens de son intérêt, commet par conséquent une infinité de mauvaises actions et de crimes, et est disposée à suivre toutes les impressions des factieux.

Le luxe, en affoiblissant, en éteignant le respect pour la religion, pour les cérémonies de son culte, pour ses ministres, prive donc la société de la plus sûre des ressources pour y maintenir la paix et la subordination.

Ces conséquences du mépris de la religion, de son culte, et de ses ministres, sont inévitables; et l'indifférence sur cet objet, suppose au moins la plus profonde ignorance des principes de la politique et des hommes.

Le luxe ne conduit pas seulement à l'irréligion, mais encore au matérialisme, comme je l'ai prouvé: il détruit dans les hommes l'empire de la conscience, en leur persuadant que ses pensées, ses affections, toutes les idées de son esprit, tous les sentimens de son cœur, toutes les déterminations de sa volonté, sont les effets nécessaires du mouvement nécessaire de la matière, et qu'il ne doit ni s'estimer pour ses bonnes actions, ni se reprocher les mauvaises, ou plutôt, il lui persuade qu'il n'y a ni bonnes, ni mauvaises actions, et que la honte ou les remords sont des préjugés et des inepties.

Il prive donc la société du moyen que la religion lui procuroit pour retenir l'homme dans son devoir, lors même qu'il n'avoit rien à craindre de la justice ou de la vengeance des hommes : il prive la société du magistrat que la religion avoit attaché à chaque citoyen, et qu'elle avoit placé dans son cœur pour le récompenser des sacrifices secrets qu'il faisoit à la vertu, pour l'intimider et le soutenir lorsqu'il étoit tenté de commettre une mauvaise action ou un crime secret : il ôte à l'homme ce moniteur, cet ami que la religion avoit placé dans son ame pour le ramener à la vertu, lorsque les passions l'en avoient écarté.

Le luxe persuade à l'homme que la

mort est le terme de sa vie et de sa sensibilité ; qu'à ce moment tout son être est une matière brute et insensible, que les récompenses qu'il espère après la mort, sont des chimères, et les soins qu'il se donne, les sacrifices qu'il fait pour les mériter, une duperie, une bêtise. Il arrache donc, d'auprès des malheureux et des infortunés, cette multitude d'hommes religieux que l'espérance des récompenses de l'autre vie consacroit à leur consolation et à leur soulagement : il ôte à ces infortunés les espérances qui les soutenoient, qui adoucissoient leurs peines, qui les rendoient heureux au milieu de leur misère, qui les empêchoient de la sentir.

En ôtant cette espérance à l'homme religieux qui secouroit, qui consoloit le malheureux, en l'ôtant au pauvre, au misérable, au souffrant, le luxe livre donc à la douleur et à toutes les horreurs de l'infortune, des millions d'hommes que la religion rendoit heureux.

Quelle différence y a-t-il donc entre le barbare qui feroit souffrir ces maux à une infinité de ses concitoyens, et celui qui leur ôte les espérances que la religion donne à ceux qui souffrent ?

L'homme puissant, le magistrat, le riche, que la crainte des châtimens de l'autre vie empêchoit d'abuser de son pouvoir, ne sera plus contenu par cette crainte.

Cette crainte avoit porté son esprit vers la connoissance et vers l'accomplissement de ses devoirs ; le matérialisme en la détruisant, ne porte plus cette activité que vers la recherche des moyens d'abuser impunément de son pouvoir : l'autorité est donc alors dans le souverain, dans le magistrat, et dans tous ceux qui en exercent quelque portion, un principe de vexation et d'oppression.

La crainte des peines de l'autre vie, anéantie dans les ordres inférieurs par le progrès de cette doctrine, y détruit tous les principes de subordination et de soumission donnés par la religion seule, et par conséquent porte tous les citoyens à la révolte contre les supérieurs.

Le luxe, en attaquant les principes de

la religion, ôte donc à la société les moyens qu'elle lui procuroit pour en bannir les dissentions, les révoltes, et les guerres civiles.

Lorsque, par l'abus de la puissance ou par d'autres causes, le feu de la révolte ou de la guerre civile s'allume dans une société, quels moyens restent à la politique pour rétablir la paix entre des hommes qui n'ont de frein que la crainte de la puissance civile, de règle que leurs besoins, leurs desirs, leurs passions; qui n'espèrent ni ne craignent rien après cette vie, et qui n'ont ni conscience, ni remords, qui croient que le juste et l'injuste, l'honnête et le déshonnête, sont des mots inventés pour tromper?

Ainsi, le luxe qui anéantit la religion et la morale, dissout tous les liens destinés à unir les hommes : il ne peut plus se former entre eux que des ligues, et les membres de chaque ligue ne sont et ne peuvent être unis entre eux, que comme les loups qui s'attroupent pour chasser ou pour se défendre.

Que l'on compare l'état d'une société

animée par les principes de la religion, avec celui d'une société dans laquelle le luxe a détruit la religion ; et que l'on juge si, à ce titre seul, il n'est pas funeste aux sociétés humaines.

Voyons ce que l'on oppose aux principes que je viens d'établir.

CHAPITRE IV.

Des difficultés qui combattent les principes que l'on a établis sur les secours que la religion procure aux sociétés.

ARTICLE

Des moyens par lesquels on prétend suppléer les secours que la religion procure aux sociétés politiques.

Bayle a soutenu que l'athéisme ne conduit pas nécessairement à la corruption des mœurs, et qu'une société d'athées se feroit des lois de bienséance, d'honneur. Il a prétendu que l'opinion de la mortalité de l'ame n'empêche pas qu'on ne souhaite d'immortaliser son nom (1).

---

(1) Pensées sur la comète, t. 1, p. 211, 327, 349, 352, 367. Addition aux pensées, §. 142 et suiv.

Tout ce que Bayle a dit, l'auteur de la compilation connue sous le nom de Système de la Nature, l'a redit et répété en cent façons différentes, mais avec bien plus de diffusion que Bayle, et beaucoup plus en déclamateur qui prétend étonner, qu'en philosophe qui desire d'éclairer (1).

Tâchons de réduire ses déclamations à des idées précises.

1°. Le philosophe, c'est-à-dire le matérialiste, voit par l'expérience et par la raison, que les hommes avec lesquels il est associé lui sont nécessaires ; qu'ils peuvent contribuer à son bonheur, et qu'ils ne sont déterminés à y contribuer, qu'autant qu'il leur fait du bien, et qu'il ne leur fait pas de mal.

Les actions par lesquelles nous engageons les autres à contribuer à notre bonheur, ne produisent point cet effet par la convention ou par la volonté des

---

(1) On peut s'en assurer en comparant les endroits que j'ai cités de Bayle, avec les chapitres 12, 13, 14 et 15, de la première partie du Système de la Nature, et avec les chap. 12 et 13 de la seconde partie.

hommes, mais par leur essence et par leur nature : on appelle justes, bonnes, vertueuses, les actions qui portent les autres à contribuer à notre bonheur : celles au contraire qui les empêchent de contribuer à notre bonheur, sont appelées injustes, méchantes, et vicieuses : le matérialiste voit donc qu'il y a une justice et une injustice, un bien et un mal, un vice et une vertu, indépendans des opinions et des volontés des hommes et qu'il doit, pour son propre intérêt, être juste, bon, et vertueux ; en un mot, qu'il doit faire du bien aux hommes, et ne leur point faire de mal, s'il veut vivre heureux avec eux, ou dans la société (1).

2°. Le matérialiste, convaincu qu'il y a des actions qui, par elles-mêmes et par la nécessité de la nature, excitent l'amour ou la haine, l'estime ou le mépris des hommes, voit avec plaisir qu'il fait des actions qui lui méritent l'amour et l'estime ; il voit avec chagrin qu'il a fait des actions qui, par leur nature,

―――――――――――
(1) Système de la Nat. t. 1, p. 144.

sont

sont propres à lui attirer la haîne et le mépris. Il a donc une conscience qui le rend heureux lorsqu'il fait de bonnes actions, et malheureux lorsqu'il en fait de mauvaises, et qu'il s'abandonne au crime (1).

3°. L'idée d'être après sa mort enseveli dans un oubli total, de n'avoir rien de commun avec les êtres de notre espèce, est une pensée douloureuse pour tout homme ; le desir de l'immortalité est donc un sentiment naturel et essentiel à l'homme. Il se représente avec plaisir la postérité occupée de lui, et le tableau des hommes qui suivront sa mort est un motif qui agit sur le matérialiste (2).

4°. Enfin, le point d'honneur peut porter les citoyens aux actions les plus courageuses, sans aucun espoir de s'immortaliser, ou d'obtenir des récompenses dans une autre vie (3).

---

(1) Ibid. p. 255.
(2) Ibid. p. 329.
(3) Pensées sur la Comète, t. 1, §. 173, p. 352, §. 182, p. 375.

Voyons si ces principes peuvent produire les effets que Bayle et ses échos promettent.

Premièrement, je ne peux convenir que le matérialiste voie, que par les lois de la nature, le bonheur de l'homme est attaché à la pratique des vertus sociales ; car les lois de la nature, dans ce sentiment, ne sont que la liaison des évènemens qui se succèdent par une nécessité invincible. Or, les évènemens sont tels, que le bonheur n'est pas attaché aux vertus sociales : écoutons sur cela l'écrivain du Système de la Nature.

» Les hommes sont par-tout si mé-
» chans, si pervers, si corrompus, si
» rebelles à la raison, que presque nulle
» part ils ne sont gouvernés conformé-
» ment à leur nature, ni instruits de ses
» lois nécessaires. Par-tout on les repait
» d'inutiles chimères ; par-tout ils sont
» soumis à des maîtres qui négligent
» l'instruction des peuples, ou ne cher-
» chent qu'à les tromper : nous ne voyons
» sur la surface du globe, que des sou-
» verains injustes, incapables, amollis

» par le luxe, corrompus par la flatterie,
» dépravés par la licence et l'impunité,
» dépourvus de talens, de mœurs, et de
» vertus ; indifférens sur leurs devoirs,
» que souvent ils ignorent, ils ne sont
» guères occupés du bien-être de leurs
» peuples ; leur attention est absorbée
» par des guerres inutiles, ou par le dé-
» sir de trouver à chaque instant des
» moyens de satisfaire leur insatiable
» avidité : leur esprit ne se porte point
» sur les objets les plus importans au
» bonheur de leurs états ; intéressés à
» maintenir les préjugés reçus, ils n'ont
» garde de songer aux moyens de les
» guérir ; enfin, privés eux-mêmes des
» lumières qui font connoître à l'homme
» que son intérêt est d'être bon, juste,
» vertueux, ils ne récompensent, pour
» l'ordinaire, que les vices qui leur sont
» utiles, et punissent les vertus qui con-
» trarient leurs passions imprudentes (1).

» Hélas ! par le renversement que les
» erreurs des hommes ont mis dans les

---

(1) Tome 1, c. 14, p. 316.

» idées ; la vertu disgraciée, bannie, » persécutée, ne trouve aucun des avan- » tages qu'elle est en droit d'espérer « (1).

Cet état des sociétés, est une suite nécessaire du mouvement de la matière et de ses lois; ainsi, le matérialisme ne persuade point que par les lois de la nature, le bonheur de l'homme est attaché à la justice, à la bienfaisance; et loin de procurer un motif qui porte le citoyen à ces vertus, il l'en détourne, puisqu'il lui fait voir que par les lois immuables de la nature » les souverains » ne récompensent que les vices qui leur » sont utiles, et punissent les vertus qui » contrarient leurs passions «.

L'homme religieux qui croit que l'ordre de la nature est l'ouvrage d'une intelligence sage, bienfaisante, et rémunératrice de la vertu, voit entre la vertu et le bonheur de l'homme, une liaison certaine; il ne renonce point à la vertu, lors même qu'elle est punie et persécutée dans les sociétés corrompues, parce qu'il

---

(1) Chap. 15, p. 349.

sait que par les lois établies par l'Auteur de la Nature, et malgré l'injustice des hommes, sa vertu le conduira au bonheur; son calcul est bon.

Mais le matérialiste qui croit que sa vie est le terme de sa sensibilité, qui pense que tout arrive par les lois immuables d'une nature aveugle, et qui voit que la vertu est punie et persécutée, ne peut penser que par les lois de la nature, la vertu conduit au bonheur : il ne sera donc point déterminé à être juste et vertueux par les idées du juste et de la vertu.

On dit que dans le sentiment du matérialiste, le juste et l'injuste, le vice et la vertu sont distingués par leur nature : mais ce n'est pas de quoi il est question; il s'agit de savoir si dans l'opinion du matérialiste, cette différence peut déterminer l'homme à préférer la vertu au vice, dans une société où la vertu est persécutée et le vice heureux. Or, il est certain que cette différence ne peut déterminer le matérialiste en faveur de la vertu.

En supposant que le calcul des avantages attachés aux vertus sociales puisse déterminer à leur pratique, des hommes sans préjugés et sans passions; ce calcul déterminera-t-il des hommes qui ont des préjugés, des passions, des habitudes contraires à ces vertus, et qui voient leurs habitudes et leurs passions comme des lois de la nature auxquelles ils ne peuvent résister ?

Ce calcul, cette connoissance de la nécessité d'être juste et bienfaisant, est-elle à la portée du grand, du riche, de l'homme du peuple, dans un siècle où le luxe rend les esprits incapables de réflexion et d'application ? Ce moyen est donc insuffisant pour porter les hommes aux vertus civiles, et pour les détourner des actions contraires à la société, lorsque le luxe y domine.

Secondement, on prétend faussement que le matérialiste peut être déterminé par des sentimens d'honneur, par la conscience, par les remords, par la honte.

Dans ce système, toutes les pensées,

tous les jugemens, toutes les affections, tous les sentimens, toutes les déterminations de l'homme, sont des effets du mouvement aveugle et nécessaire, qui agit sans dessein et sans but ; ainsi, le matérialiste ne peut ni s'estimer, ni se condamner pour ses opinions, pour ses jugemens, pour ses affections, pour ses déterminations : le matérialisme détruit donc les sentimens d'honneur, les remords, la honte et la conscience, comme principe réprimant. La conscience du matérialiste est la conviction, la persuasion intime qu'il ne pense, qu'il ne veut, qu'il n'agit que par l'impression d'une infinité de causes nécessaires, aveugles, et absolument indépendantes de lui : est-ce là un principe réprimant ?

Troisièmement, le matérialiste pense que la mort est le terme de sa sensibilité, qu'il ne jouira point des hommages et de l'estime de la postérité ; il juge que c'est sacrifier le bien réel à une chimère, que de se priver du plaisir présent, pour se faire estimer des races futures ; et le tableau même des hommages qu'il prévoit qu'on lui rendra, ne s'offre à lui que comme une scène ridicule, et qui ne peut flatter que des ignorans et des imbécilles, et non le philosophe qui ne voit dans ce que l'on révère, que des mouvemens nécessaires de la matière, et qui n'envisage ceux qui rendent des hommages, que comme des automates. L'auteur du Systême de la Nature me paroît tomber, à cet égard, dans une absurdité dont je suis étonné que ses admirateurs n'aient pas été frappés.

Il emploie le chapitre treizième à prouver que l'immortalité de l'ame, aussi bien que le desir de s'immortaliser, est une absurdité. » Mortel égaré par la » crainte, dit-il à son disciple, après ta » mort, tes yeux ne verront plus, tes » oreilles n'entendront plus; du fond de » ton cercueil tu ne seras plus témoin » de cette scène, que ton imagination » te représente aujourd'hui sous des cou- » leurs si noires; tu ne prendras plus de » part à ce qui se fera dans le monde; tu » ne seras pas plus occupé de ce qu'on » fera de tes restes inanimés, que tu ne

» pouvois faire la veille du jour qui te
» plaça parmi les êtres de l'espèce hu-
» maine : mourir, c'est cesser de penser,
» de sentir, de jouir, de souffrir ; tes
» idées périront avec toi. « (1).

Dans le chapitre quatorzième, il veut, au contraire, prouver que le desir de l'immortalité est naturel, général, très-utile, et qu'il faut bien se garder de l'éteindre ; en conséquence, il fait aux souverains cette apostrophe :

» Les noms des rois tyrans, excitent
» l'horreur de ceux qui les entendent pro-
» noncer : frémissez donc, rois cruels, qui
» plongez vos sujets dans la misère et dans
» les larmes, qui ravagez les nations,
» qui changez la terre en un cimetière
» aride ; frémissez des traits de sang sous
» lesquels l'histoire irritée vous peindra
» pour les races futures : ni vos monu-
» mens somptueux, ni vos victoires im-
» posantes, ni vos armées innombrables,
» n'empêcheront la postérité d'insulter à

---

(1) Tome 1, c. 13, p. 285.

» vos mânes odieux, et de venger ses
» aïeux de vos éclatans forfaits « (1).

Quel effet ce déclamateur peut-il attendre de sa tirade ampoulée ? après avoir dit à ce roi tyran : » Mortel égaré
» par la crainte, apprends qu'après ta
» mort, tu ne prendras plus de part à ce
» qui se passera dans le monde, et que
» tu n'en seras pas plus occupé que de
» ce qui s'y passoit la veille du jour qui
» te plaça parmi les êtres de l'espèce
» humaine «.

Un souverain imbu de ces principes, ne doit-il pas rire de l'enthousiasme factice avec lequel le déclamateur le menace de la colère de la postérité, et des traits de sang sous lesquels elle le peindra?

Quatrièmement, on prétend que le point d'honneur peut porter les hommes aux actions les plus héroïques, sans aucune prétention à l'immortalité.

Il ne s'agit pas de savoir si le point d'honneur peut ou ne peut pas porter aux actions les plus courageuses, sans

_____

(1) Part. 1, c. 14, p. 323.

aucun dessein formel de s'immortaliser ; mais si ce point d'honneur peut exister dans le matérialiste de système, et si cette opinion ne le détruit pas, ou du moins, si elle ne tend pas à le détruire, ce qui suffit pour qu'elle soit dangereuse politiquement : or, pour juger cette question, il ne faut que réfléchir sur l'idée que l'écrivain du prétendu Système de la Nature donne de l'homme et de ses sentimens : le voici mot pour mot.

» Dans tous les phénomènes que
» l'homme nous présente depuis sa nais-
» sance jusqu'à sa fin, nous ne voyons
» qu'une suite de causes et d'effets né-
» cessaires, et conformes aux lois com-
» munes à tous les êtres de la nature.
» Toutes ses façons d'agir, ses sensations,
» ses idées, ses pensées, ses passions,
» ses volontés, ses actions, sont des sui-
» tes nécessaires de ses propriétés, et de
» celles qui se trouvent dans les êtres qui
» le remuent : tout ce qu'il fait et tout
» ce qui se passe en lui, sont des effets
» de la force d'inertie, de la gravitation
» sur soi, de la vertu attractive et ré-

» pulsive, de la tendance à se conserver;
» en un mot, de l'énergie qui lui est
» commune avec tous les êtres que nous
» voyons; elle ne fait que se montrer
» dans l'homme d'une manière particu-
» lière, par laquelle il est distingué des
» êtres d'un système ou d'un ordre dif-
» férent « (1).

Un homme qui se juge sur ces principes, et qui voit la succession de ses idées et de ses sentimens comme un effet nécessaire de la force attractive et répulsive, ne doit-il pas regarder ce que l'on appelle *le point d'honneur*, comme une chimère; et par cela même, être détourné de toutes les actions auxquelles porte l'amour de l'honneur et de la gloire?

Il n'est donc pas vrai que la politique ait des ressources indépendantes de la religion, pour porter les hommes aux actions vertueuses, et pour les détourner des vices contraires au bonheur des sociétés.

---

(1) Part. 1, c. 6, p. 79.

Mais cette religion n'est-elle pas contraire aux principes de la politique ? nous allons l'examiner.

Article II.

Des raisons qui font juger que la Religion est contraire aux principes de la politique.

La saine politique, dit Hobbes, n'admet point dans un état, deux puissances souveraines ; or, la religion chrétienne forme une puissance souveraine dans l'état qui l'admet : c'est à la religion qu'il appartient de prononcer sur ce qui est ou ce qui n'est pas un péché : le citoyen chrétien ne peut donc se permettre une action autorisée ou commandée par le prince, si les ministres de la religion déclarent qu'elle est un péché, ou contraire à la religion : la religion est donc une source de guerres civiles dans un état.

Cette même religion défend à l'homme d'agir contre sa conscience ; elle érige donc au dedans de chaque citoyen, un tribunal qui juge les lois et les ordres du souverain, et qui peut empêcher le citoyen d'obéir au souverain (1).

L'imputation que Hobbes fait à la religion chrétienne, est souverainement injuste. La religion chrétienne ordonne d'envisager toujours l'ordre de la providence dans la subordination civile; elle veut que l'on rende à César ce qui appartient à César : elle dit aux serviteurs, obéissez à ceux qui sont vos maîtres selon la chair; obéissez-leur dans la simplicité de votre cœur, comme à J. C.: elle dit à tous les citoyens, soyez soumis pour l'amour de Dieu, à tout homme établi en dignité ; soit au roi, comme souverain ; soit au gouverneur, comme à ceux qui sont envoyés de sa part pour punir ceux qui font mal, et pour traiter favorablement ceux qui font bien. La religion chrétienne donne donc à la fidélité et à la soumission des citoyens, un fondement plus solide que tous les ressorts de la politique. Les motifs de crainte, d'intérêt, d'attachement, peuvent con-

---

(1) Hobbes, Leviathan, c. 29.

tenir les sujets; mais dans mille circonstances, ces motifs cessent ou peuvent cesser d'agir, et le citoyen qu'ils attachoient, devient infidèle ou rebelle : la religion chrétienne, au contraire, donne aux citoyens des motifs perpétuels, invariables, l'amour de Dieu et le respect dû à ses ordres ; l'évangile et les épîtres des apôtres sont remplies de ces maximes.

Mais, dit Hobbes, la religion prescrit à l'homme des préceptes auxquels il est obligé d'obéir ; elle ne fait pas dépendre le juste et l'injuste, l'honnête et le déshonnête, le vice et la vertu, de la volonté du prince : ainsi, dans tout état où la religion chrétienne s'établit, il y a en effet une puissance supérieure à la puissance du souverain temporel, et les sujets peuvent résister aux souverains, aux rois, aux magistrats.

Je demande à Hobbes et à ses sectateurs, si le juste et l'injuste, l'honnête et le déshonnête, le vice et la vertu, dépendent tellement de la volonté du souverain, que le citoyen soit obligé de juger qu'une chose est juste et honnête aussitôt que le souverain l'a déclarée telle, et de conformer sa conduite au jugement du souverain?

Il faut donc alors que l'homme, en entrant en société, renonce à tout usage de sa raison, relativement à la justice, à la vertu, à l'honnêteté, et que les citoyens deviennent un troupeau de brutes : alors ils se livreront à tous leurs desirs, à toutes leurs passions, dans toutes les circonstances où la loi civile n'a pas prononcé qu'une chose est injuste ou deshonnête.

D'ailleurs, si le citoyen ne doit ni consulter la raison pour connoître ses devoirs, ni écouter sa conscience pour les observer, par quel moyen Hobbes obligera-t-il ses citoyens à suivre les lois? comment le citoyen se croira-t-il obligé à observer les conventions qu'il a faites avec le souverain, le pacte par lequel il a renoncé à la liberté que, selon Hobbes, il avoit essentiellement de faire tout ce que ses desirs lui suggéroient?

Hobbes, en bannissant de la société civile, la religion et la conscience, en bannit donc aussi la paix et la subordination, et remet tous les hommes dans ce qu'il appelle l'état de nature, qui, selon lui, est un état de guerre.

Pour éviter ces terribles conséquences, dira-t-il que l'homme ayant une fois fait un pacte, et s'étant lié par une promesse, il est obligé de l'observer et ne peut la violer?

Mais comment Hobbes pourroit-il dire qu'un pacte ou une promesse oblige ? Il faudroit pour cela, qu'antérieurement aux lois et aux pactes, il y eût un droit en vertu duquel l'homme fût tenu d'observer les promesses et les conventions qu'il a faites : or, selon Hobbes, antérieurement à la formation de la société, il n'y a point de juste et d'injuste, d'honnête et de déshonnête : c'est donc une contradiction dans les principes de Hobbes, que de prétendre que le pacte ou la convention produise une obligation.

Si Hobbes veut que la société subsiste, il faut donc qu'il reconnoisse qu'antérieurement à tout pacte, il y a une loi qui oblige indépendamment des lois et des édits du souverain, dont par conséquent le souverain même ne peut affranchir, exempter ou dispenser; il prétend donc mal-à-propos, que la religion est contraire à la politique, parce qu'elle impose des obligations dont le souverain ne peut dispenser.

Hobbes reconnoît lui-même que les citoyens ne sont point obligés d'obéir à un souverain qui leur ordonneroit de se tuer, de tuer leurs pères ou leurs mères, innocens ou coupables. Il dit que ceux qui exécutent de pareils ordres, péchent contre Dieu et contre les lois de la nature (1).

La religion chrétienne n'est pas plus contraire à la subordination civile que la loi naturelle, et la raison qui la fait connoître. Je pourrois relever bien d'autres contradictions dans le système politique et métaphysique de Hobbes, mais je supprime ce détail qui m'écarteroit de mon sujet.

---

(1) Hobbes, de homine, c. 14, p. 78; de cive, c. 6. §. 13, p. 44.

Article III.

Des maux que l'on prétend que la Religion a causés dans les sociétés.

Voici comment s'exprime, sur ce sujet, l'auteur du livre intitulé le Systéme de la Nature.

» Toutes les sociétés infectées du ve-
» nin de la religion, nous offrent des
» exemples sans nombre, d'assassinats ju-
» ridiques, que les tribunaux commet-
» tent sans scrupule et sans remords; des
» juges équitables sur toute autre ma-
» tière, ne le sont plus dès qu'il s'agit
» des chimères théologiques; en se bai-
» gnant dans le sang, ils croient se con-
» former aux vues de la divinité : presque
» par-tout, les lois subordonnées à la su-
» perstition, se rendent complices de ses
» fureurs; elles légitiment ou transforment
» en devoirs les cruautés les plus contraires
» aux droits de l'humanité.

» Tous ces vengeurs de la religion,
» qui, de gaieté de cœur, par pitié, par
» devoir, lui immolent les victimes
» qu'elle leur désigne, ne sont-ils pas

» des aveugles ? ne sont-ils pas des tyrans
» qui ont l'injustice de violer la pensée,
» qui ont la folie de croire que l'on peut
» l'enchaîner ? ne sont-ils pas des fanati-
» ques à qui la loi dictée par des préjugés
» inhumains, impose la nécessité de de-
» venir des bêtes féroces ?

» Tous ces souverains qui, pour ven-
» ger le ciel, tourmentent, persécutent
» leurs sujets, et sacrifient des victimes
» humaines à la méchanceté de leurs
» dieux anthropophages, ne sont-ils pas
» des hommes que le zèle religieux con-
» vertit en tigres ?

» Ces prêtres si soigneux du salut des
» ames, qui forcent insolemment le sanc-
» tuaire de la pensée, afin de trouver
» dans les opinions de l'homme des
» motifs pour lui nuire, ne sont-ils pas
» des fourbes odieux et des perturbateurs
» du repos des esprits, que la religion
» honore et que la raison déteste ?

» Quels scélérats plus odieux aux yeux
» de l'humanité, que ces infâmes inqui-
» siteurs, qui, par l'aveuglement des
» princes, jouissent de l'avantage de

» juger leurs propres ennemis et de les
» livrer aux flammes ? cependant la su-
» perstition des peuples les respecte, et
» la faveur des rois les comble de bien-
» faits.

» Enfin, mille exemples ne nous prou-
» vent-ils pas que la religion a produit
» et justifié les horreurs les plus étranges ?
» n'a-t-elle pas mille fois armé les mains
» des hommes, de poignards homicides,
» déchaîné des passions bien plus ter-
» ribles encore que celles qu'elle pré-
» tendoit contenir, brisé pour les mor-
» tels les nœuds les plus sacrés ? sous pré-
» texte de devoir, de foi, de piété, de
» zèle, n'a-t-elle pas favorisé la cupidité,
» l'ambition, la tyrannie ?

» La cause de Dieu n'a-t-elle pas
» mille fois légitimé le meurtre, la per-
» fidie, le parjure, la rebellion, le ré-
» gicide ? Ces princes, qui souvent se
» sont fait les vengeurs du ciel, n'en
» ont-ils pas été cent fois les victimes
» déplorables ? En un mot, le nom de
» Dieu n'a-t-il pas été le signal des plus
» tristes folies, et des attentats les plus

» affreux ? les autels de tous les dieux
» n'ont-ils point par-tout nagé dans le
» sang ? et sous quelque forme que l'on
» ait montré la divinité, ne fut-elle pas
» en tout temps la cause ou le prétexte
» de la violation la plus insolente des
» droits de l'humanité «(1) ?

Cette tirade se répète dans presque tous les chapitres de l'ouvrage, et souvent plusieurs fois dans le même chapitre, quelquefois avec quelque différence dans les tournures, mais toujours avec la même véhémence, la même amertume, le même emportement.

L'homme instruit des dogmes et de l'histoire de la religion, ne voit dans cet écrivain, qu'un frénétique sans logique et sans instruction, ou sans bonne foi ; mais il y a des personnes à qui ses assertions, la confiance et le ton dogmatique avec lequel il les avance, peuvent en imposer. Tâchons donc de réduire ce galimathias à quelques points simples, et d'en faire sentir la foiblesse

---

(1) Système de la Nature, part. 1, c. 13, p. 405.

et l'absurdité à quiconque n'est pas atteint de la frénésie de cet écrivain.

1°. On avance que toutes les sociétés infectées du venin de la religion, nous offrent des exemples sans nombre d'assassinats juridiques, et que les lois soumises à la superstition, transforment en devoirs les cruautés les plus contraires aux droits de l'humanité.

2°. Que mille exemples prouvent que la religion a armé les hommes de poignards homicides, et déchaîné les passions qu'elle prétendoit contenir.

3°. Qu'elle a légitimé le meurtre, la perfidie, la rebellion, le régicide.

Voyons si ces imputations sont fondées.

Il ne s'agit pas de savoir si les hommes passionnés ne peuvent pas abuser, et n'ont pas abusé de l'autorité que la religion leur donnoit, fait du mal par le moyen de cette autorité, et porté les autres à des actions barbares et inhumaines; mais si la religion par elle-même et par ses principes, porte aux cruautés que les hommes passionnés ont commises ou fait commettre : il faut prouver que ce sont les principes de la religion qui ont allumé ces passions, et porté les hommes à ces barbaries : il faut prouver que la religion les ordonne, les prescrit, les autorise ; or, il est impossible de trouver dans le dogme de J. C. et de ses apôtres, un dogme qui porte à ces barbaries, qui les autorise, ou qui les excuse. La doctrine de J. C. et de ses apôtres défend au contraire ces actions, les condamne, et menace ceux qui les commettent, des plus terribles châtimens, comme il est facile de s'en assurer par la lecture des livres qui contiennent cette doctrine.

L'écrivain fougueux du Système de la Nature, nous représente dans toute sa rapsodie, les chrétiens sans cesse occupés à se déchirer, à persécuter, à armer les chrétiens de poignards homicides.

C'est le comble de la folie et de l'ignorance, ou de la mauvaise foi : j'en appelle à tous les monumens historiques qui concernent l'origine de la religion, son établissement et ses effets dans les différentes sociétés politiques ; j'en appelle aux

aux monumens de l'enseignement donné aux chrétiens par ceux que la religion charge d'instruire ; car c'est ainsi que l'on peut juger sainement du caractère d'une religion ou de ses effets par rapport aux mœurs, et non par des inductions fausses ou mal déduites de quelques opinions, de quelques théologiens, bien moins encore par l'emportement et par la conduite de quelques particuliers, ou même de quelques sectes animées par des passions que la religion condamne (1).

Quant à ce que l'on impute à la religion, de diviser les citoyens, d'exciter des séditions, d'armer les sujets contre les souverains, d'enfanter des régicides; c'est une fausseté réfutée par l'inspection seule des livres sacrés du christianisme, et par l'enseignement de l'église et de ses ministres.

Voici comment s'explique sur ce sujet, un écrivain dont l'autorité ne doit pas être suspecte aux ennemis de la religion ; c'est Bayle.

---

(1) Voyez sur cela le Dictionnaire des Hérésies.

» On se commet, dit-il, lorsque l'on
» tire des conséquences d'une religion
» que l'on n'a pas examinée en détail.
» Jamais homme qui aura examiné de
» la sorte, ne tirera cette conclusion: si
» les payens avoient vécu selon leurs
» principes, ils auroient été des gens de
» bien, bons sujets, bons maîtres, etc.

» Mais à l'égard du christianisme,
» une pareille conséquence seroit très-
» certaine, et il n'y auroit point de phi-
» losophe dans les Indes, qui, sur la simple
» lecture du nouveau testament, ne pa-
» riât vingt contre un, que si les chré-
» tiens observent exactement les lois de
» leurs maîtres, ce sont les meilleures
» gens et les plus honnêtes hommes du
» monde ; que les sociétés qu'ils for-
» ment, ressemblent à l'âge d'or, qu'el-
» les sont le siége de la paix et de la
» concorde, et le règne de la vertu; qu'on
» n'y prête point à usure, qu'on n'y
» trompe point son prochain ; que la
» médisance, l'ambition, la jalousie,
» l'avarice, les cabales, les factions, n'y
» paroissent aucunement; que la charité,

» la chasteté, la modestie, et la bonne
» foi, y éclatent d'une manière merveil-
» leuse ; qu'on y est bien plus prêt à
» supporter une offense qu'à la faire ;
» que ceux qui y commandent, ne se
» proposent que le bien des peuples, et
» que les sujets ne se proposent que de
» respecter leurs souverains, et qu'ils ne
» sortiroient pas de l'obéissance, lors
» même qu'on les gouverneroit despoti-
» quement.

» Une société composée de telles gens,
» seroit la plus douce et la plus heureuse
» du monde.

» Je dis qu'encore que la principale
» intention de Dieu dans l'établissement
» de la religion chrétienne, n'ait été que
» d'ouvrir à l'homme le chemin du ciel,
» il n'a pas laissé de la munir des ins-
» tructions les plus nécessaires au bon-
» heur des sociétés civiles ; car si l'on
» suivoit ces instructions, ceux qui com-
» mandent n'abuseroient jamais de l'au-
» torité souveraine, et les sujets ne fe-
» roient jamais de tort les uns aux autres,
» et obéiroient toujours à leurs souve-

» rains : la soumission et la patience sont
» l'une des choses que l'évangile a le
» plus recommandées ; de sorte qu'un
» prince infidèle qui toléreroit les chré-
» tiens, ou qui même les vexeroit, n'au-
» roit rien à craindre, ni de leurs intri-
» gues avec l'ennemi, ni de leurs muti-
» neries, s'ils se conformoient à l'esprit
» de leur religion.

» L'empire Romain en a fait l'épreuve
» pendant quelques siècles, quoiqu'il fût
» persécuteur de la foi chrétienne.

» Soit donc que l'on considère les
» chrétiens comme répandus dans un
» pays où une autre religion est la domi-
» nante, soit qu'on les considère comme
» les seuls membres d'une société ; on
» conçoit qu'ils ne troubleront jamais le
» repos public, et qu'ils n'entreprendront
» jamais de changer le gouvernement,
» pourvu qu'ils suivent les principes de
» J. C. et de ses apôtres ; ils n'entre-
» prendront jamais en ce cas-là, ni de
» s'emparer des biens d'une autre société,
» ni d'exciter des brouilleries et des sé-
» ditions dans leur patrie ; d'où l'on peut

» conclure que jusques-là, il n'y a rien
» de plus propre à conserver les sociétés,
» que la religion chrétienne bien ob-
» servée (1). «

L'écrivain du Système de la Nature, n'est ni plus instruit, ni plus exact sur les assassinats juridiques qu'il impute à la religion.

Nous avons vu que dans tous les temps, les législateurs ont regardé la religion comme un des plus puissans motifs de la soumission des peuples et des citoyens aux lois, et un des plus sûrs garans de la fidélité et de la bonne foi des citoyens dans leurs promesses et dans le commerce de la vie. D'après ce principe, ils ont regardé tous ceux qui attaquoient la religion, comme des séditieux et comme des perturbateurs du repos public, et les ont poursuivis et punis comme tels. Ce n'est donc point la religion, mais la politique qui a commandé ces prétendus assassinats, que le déclamateur lui reproche. N'y a-t-il pas de l'extravagance

---

(1) Continuation des Pensées sur la Comète, §. 123 et 124.

à dire que l'*on viole le sanctuaire de la pensée*, parce que l'on réprime ou que l'on punit la licence des audacieux qui, en attaquant la religion avec fureur, ébranlent les fondemens de la tranquilité publique ? c'est ce qu'ont fait les politiques ou les législateurs. Au reste, la religion n'a jamais ni commandé, ni conseillé la rigueur dont on a usé contre ceux qui l'attaquoient ; et c'est injustement et par ignorance qu'on les lui impute. J'atteste encore sur ce point, tous les monumens historiques ; et ces imputations ont été réfutées dans mille ouvrages excellens.

Article IV.

Assure-t-on avec raison, que le dogme des peines et des récompenses dans une autre vie, est inutile pour porter à la vertu et pour réprimer les crimes ?

Voici l'opinion de l'auteur du Systême de la Nature sur cette question.

» Si l'on nous dit que le dogme des
» récompenses et des peines à venir,
» est le frein le plus puissant pour ré-

» primer les passions des hommes ; nous
» répondrons, en appelant à l'expérience
» journalière. Pour peu que l'on regarde
» autour de soi, l'on verra cette assertion
» démentie, et l'on trouvera que ces mer-
» veilleuses spéculations incapables de
» changer les tempéramens des hommes,
» d'anéantir les passions que les vices
» de la société même contribuent à
» faire éclore dans tous les cœurs, ne
» diminuent aucunement le nombre des
» méchans : dans les nations qui en pa-
» roissent le plus fortement convaincues,
» nous voyons des assassins, des voleurs,
» des fourbes, des oppresseurs, des adul-
» tères, des voluptueux : tous sont per-
» suadés de la réalité d'une autre vie ;
» mais dans le tourbillon de la dissipation
» et des plaisirs, dans la fougue de leurs
» passions, ils ne voient plus cet avenir
» redoutable qui n'influe nullement sur
» leur conduite présente (1). «

---

(2) Système de la Nat. part. 1, c. 13. Bayle avoit dit la même chose, Pensées sur la Comète, t. 1, §. 134.

Ce que l'on peut conclure de cette déclamation, se réduit à ceci.

Dans les sociétés où l'on croit le dogme des récompenses et des peines dans une autre vie, tous les hommes ne sont pas vertueux, et l'on y commet des crimes de toute espèce ; donc ce dogme ou cette croyance est inutile pour porter à la vertu, et pour réprimer le crime.

Voilà une étrange logique! On pourroit par le même moyen, prouver que les lois et la subordination sont inutiles, parce que dans toutes les sociétés on a vu commettre des crimes défendus et punis par les lois, et parce qu'il n'y a point de société où le supérieur n'ait abusé de son autorité, ni où le sujet ne se soit soulevé.

» Dans cette foule de scélérats, dit le
» même écrivain, qui, chacun à leur
» manière, désolent la société, vous ne
» trouverez qu'un petit nombre d'hom-
» mes assez intimidés par les craintes
» d'un avenir malheureux pour résister
» à leurs penchans; que dis-je? ces pen-
» chans sont trop foibles pour les entraî-
» ner; et sans le dogme d'une autre vie,

» la loi et la crainte du blâme, eussent été
» des motifs suffisans pour les empêcher
» de se rendre criminels.

» Il est en effet des ames craintives et
» timorées, sur lesquelles les terreurs
» d'une autre vie font une impression
» profonde; les hommes de cette espèce
» sont nés avec des passions modérées,
» une organisation frêle, une imagina-
» tion peu fougueuse; il n'est donc point
» surprenant que dans ces êtres déja at-
» ténués par leur nature, la crainte de
» l'avenir contrebalance les foibles efforts
» de leurs foibles passions : mais il n'en
» est point de même de ces scélérats dé-
» terminés, de ces vicieux habituels,
» dont rien ne peut arrêter les excès, et
» qui dans leurs emportemens, fermant
» les yeux sur la crainte des lois de ce
» monde, mépriseront encore plus celles
» de l'autre.

» Cependant, combien de personnes
» se disent et même se croient retenues
» par les craintes d'une autre vie ! Mais
» ou elles nous trompent, ou elles s'en
» imposent à elles-mêmes ; elles attri-

» buent à ces craintes, ce qui n'est que
» l'effet de motifs plus présens, tels que
» la foiblesse de leur machine, la dispo-
» tion de leur tempérament, le peu
» d'énergie de leurs ames, leur timidité
» naturelle, les idées de l'éducation, la
» crainte des conséquences immédiates
» et physiques de leurs déréglemens ou
» de leurs mauvaises actions.

» Ce sont là les vrais motifs qui les re-
» tiennent, et non pas les notions vagues
» de l'avenir, que les hommes qui en
» sont d'ailleurs les plus persuadés, ou-
» blient à chaque instant, dès qu'un in-
» térêt puissant les sollicite à pécher :
» pour peu que l'on fît attention, l'on
» verroit que l'on fait honneur à la crainte
» de son Dieu, de ce qui n'est réellement
» que l'effet de sa foiblesse, de sa pusilla-
» nimité, du peu d'intérêt que l'on trouve
» à mal faire : l'on n'agiroit point autre-
» ment, quand on n'auroit point cette
» crainte ; et si l'on réfléchissoit, l'on
» sentiroit que c'est toujours la nécessité
» qui fait agir les hommes (1). «

---

(1) Ibid. p. 304 et suiv.

Faisons quelques réflexions sur cette suite d'assertions vagues et absurdes.

1°. Après avoir dit que dans cette foule de scélérats qui désolent la société, on n'en trouvera qu'un petit nombre, qui, par la crainte d'un avenir malheureux, résistent à leurs penchans, on dit qu'ils n'ont résisté que parce que leurs penchans étoient trop foibles : on dit ensuite, qu'il est des ames foibles sur qui les terreurs d'une autre vie font une impression profonde, qui contrebalance les foibles efforts de leurs foibles passions : enfin, on assure que ces personnes s'en imposent à elles-mêmes, ou nous trompent en attribuant à ces craintes, ce qui n'est que l'effet de la foiblesse de leur tempérament.

Il suffit de rapprocher ces assertions, pour juger si l'esprit philosophique a présidé à cette déclamation ; et si c'est à juste titre que les partisans et les admirateurs de ces opinions et de cette compilation, prétendent le posséder exclusivement.

2°. Cet écrivain nous dit que les scélérats intimidés par la crainte du malheur d'une autre vie, ne résistent à leurs penchans que parce qu'ils sont trop foibles pour les entraîner.

Sur quel fondement est appuyée cette assertion? l'auteur a-t-il calculé la force des penchans des scélérats qui leur résistent? par quel moyen s'est-il assuré de ce qu'il avance comme indubitable?

Il convient lui-même que les terreurs d'une autre vie font une impression profonde sur les ames craintives et timorées : est-ce donc qu'une impression profonde de crainte, ne peut pas résister à un penchant capable d'entraîner l'âme? La crainte de l'autre vie peut donc contrebalancer et vaincre des penchans qui, sans cette crainte, entraîneroient les hommes dans le désordre.

Les hommes de ce caractère sont la classe la plus nombreuse, et les scélérats dont rien ne peut arrêter les excès, ne sont pas communs dans la société. Ainsi, le dogme d'une autre vie seroit très-utile à la société, quand même il ne contrebalanceroit pas les penchans des scélérats, dont rien ne peut arrêter les excès.

3°. Mais sur quoi cet écrivain se fonde-t-il donc, pour avancer que les terreurs de l'autre vie ne peuvent arrêter que des ames foibles, des personnes d'une organisation frêle et d'une imagination peu fougueuse ?

L'auteur dit en cent endroits de sa compilation, que l'amour du bonheur est le principe de toutes les volontés et de toutes les déterminations de l'homme : la force de la détermination de la volonté vers un objet, dépend donc du rapport que l'homme apperçoit entre cet objet et son bonheur, quelles que soient d'ailleurs son organisation et son imagination : l'idée des peines et des récompenses d'une autre vie, doit donc produire dans l'homme les déterminations et les résolutions les plus fortes, puisque aucun objet n'a autant de rapport avec le bonheur que l'homme desire, et avec le malheur qu'il craint.

Ainsi, les espérances ou les craintes de l'autre vie, sont les motifs les plus puissans sur l'homme, quelle que soit sa constitution ou son imagination : l'histoire n'offre-t-elle pas une infinité d'exemples de résolutions et de déterminations les plus fortes, les plus courageuses, et les mieux soutenues, et cependant produites par les espérances et par les craintes de l'autre vie, dans des personnes des deux sexes, de toutes sortes de constitutions et de tempéramens?

4°. Si les espérances et les craintes d'une autre vie sont sans aucune influence sur les déterminations de l'homme ; pourquoi l'écrivain qui avance cette opinion, impute-t-il à ces craintes et à ces espérances, des assassinats, des régicides, des rebellions sans nombre, et auxquels les hommes n'ont pu se porter sans s'exposer aux plus grands périls et aux plus grands maux? comment ose-t-on s'arroger exclusivement le titre de philosophe, lorsqu'on tombe dans de semblables contradictions?

Et afin qu'on ne croie pas que ce ne sont que des superstitieux ou des théologiens intéressés, qui soutiennent la nécessité du dogme des récompenses et des peines de l'autre vie, et son utilité; je citerai l'auteur de l'Esprit des Lois.

« Quand il seroit inutile que les sujets cussent une religion, il ne le seroit pas que les princes en eussent, et qu'ils blanchissent d'écume le seul frein que ceux qui ne craignent point les lois humaines puissent avoir.

« Un prince qui aime la religion et qui la craint, est un lion qui cède à la main qui le flatte, ou à la voix qui l'appaise : celui qui craint la religion et qui la hait, est comme les bêtes sauvages qui mordent la chaîne qui les empêche de se jeter sur ceux qui passent : celui qui n'a point du tout de religion, est cet animal terrible qui ne sent sa liberté que lorsqu'il déchire et qu'il dévore (1). »

Je citerai M. de Voltaire.

« Telle est, dit-il, la foiblesse du genre humain, et telle sa perversité, qu'il vaut mieux sans doute pour lui, d'être

---

(1) Esprit des Lois, l. 24, c. 2.

» subjugué par toutes les superstitions pos-
» sibles, pourvu qu'elles ne soient point
» meurtrières, que de vivre sans reli-
» gion : l'homme a toujours eu besoin
» d'un frein ; et quoiqu'il fût ridicule de
» sacrifier aux Faunes, aux Sylvains,
» aux Naïades, il étoit bien plus raison-
» nable et plus utile d'avoir ces images
» fantastiques de la divinité, que de se
» livrer à l'athéisme.

» Un athée qui seroit raisonneur,
» violent et puissant, seroit un fléau
» aussi funeste qu'un superstitieux san-
» guinaire (1).

» Il y a chez tous les peuples qui font
» usage de leur raison, des opinions uni-
» verselles qui paroissent empreintes par
» le maître de nos cœurs : telle est la
» persuasion de l'existence d'un Dieu et
» de sa justice miséricordieuse. Ces prin-
» cipes sont nécessaires à la conservation
» de l'espèce humaine.

» Otez aux hommes l'opinion d'un
» Dieu vengeur et rémunérateur, Sylla

---

(1) Mélanges, t. 8, p. 168.

» et Marius se baigneront alors avec dé-
» lices dans le sang de leurs concitoyens;
» Auguste, Antoine, Lépide, surpassent
» les fureurs de Sylla ; Néron ordonne
» de sang-froid le meurtre de sa mére.

» Il est certain que la doctrine d'un
» Dieu vengeur étoit éteinte alors chez
» les Romains. L'athéisme dominoit ;
» et il ne seroit pas difficile de prouver
» par l'histoire, que l'athéisme peut cau-
» ser quelquefois autant de mal que les
» superstitions les plus barbares.

» Il se peut et il arrive trop souvent
» que la persuasion de la justice divine,
» n'est pas un frein à l'emportement
» d'une passion; on est alors dans l'ivresse;
» les remords ne viennent que quand la
» raison a repris ses droits : mais enfin
» ils tourmentent le coupable. L'athée
» peut sentir au milieu des remords cette
» horreur secrète et sombre qui accom-
» pagne les grands crimes : la situation
» de son âme est cruelle : un homme
» souillé de sang n'est plus sensible aux
» douceurs de la société; son ame deve-
» nue atroce, est incapable de toutes

» les consolations de la vie ; il rugit en
» furieux, mais il ne se repent pas :
» il ne craint point qu'on lui demande
» compte des proies qu'il a déchirées ; il
» sera toujours méchant, il s'endurcira
» dans ses férocités : l'homme au con-
» traire qui croit en Dieu, rentre en
» lui-même : le premier est un monstre
» pour toute sa vie ; le second n'aura été
» barbare qu'un moment. Pourquoi ?
» c'est que l'un a un frein, et que l'autre
» n'a rien qui l'arrête.

» Ne nous dissimulons point qu'il y a
» eu des athées vertueux : l'instinct de
» la vertu, qui consiste dans un tempé-
» rament doux et éloigné de toute vio-
» lence, peut très-bien subsister avec
» une philosophie erronée.

» Mais mettez ces doux et tranquilles
» athées dans de grandes places, jetez-
» les dans les factions ; pensez-vous
» qu'alors ils ne deviendront pas aussi
» méchans que leurs adversaires ? Cer-
» tainement leurs principes ne s'oppo-
» seront point aux assassinats, aux em-
» poisonnemens qui leur paroîtront né-
» cessaires.

» Il est donc démontré que l'athéisme
» peut tout au plus laisser subsister les
» vertus sociales dans la tranquille apa-
» thie de la vie privée, mais qu'il doit
» porter à tous les crimes dans les orages
» de la vie publique.

» Une société particulière d'athées qui
» ne se disputent rien, et qui perdent
» doucement leurs jours dans les amuse-
» mens de la volupté, peut durer quelque
» temps sans trouble ; mais si le monde
» étoit gouverné par des athées, il vau-
» droit mieux être sous l'empire im-
» médiat de ces êtres infernaux qu'on
» nous peint acharnés contre leurs vic-
» times (1). «

C'est d'après ces principes, que M. de Voltaire parle ainsi à l'auteur même du Système de la Nature.

» Depuis Job jusqu'à nous, un très-
» grand nombre d'hommes a maudit son
» existence : nous avons donc un besoin
» perpétuel de consolation et d'espoir.
» Votre philosophie nous en prive ; la

---

(1) Homélie sur l'athéisme, mélanges, t. 9.

» fable de Pandore valoit encore mieux;
» elle nous laissoit l'espérance, et vous
» nous la ravissez : mon opinion n'a-t-
» elle pas un grand avantage sur la vôtre?
» la mienne est utile au genre humain,
» la vôtre est funeste. Elle peut, quoi que
» vous en disiez, encourager les Néron,
» les Alexandre VI et les Cartouche;
» la mienne les réprime.

» Vous avouez vous-même dans quel-
» que endroit de votre ouvrage, que la
» croyance d'un Dieu a retenu quelques
» hommes sur le bord du crime : cela
» me suffit; quand cette opinion n'auroit
» prévenu que dix assassinats, dix calom-
» nies, dix jugemens iniques sur la terre,
» je tiens que la terre entière doit l'em-
» brasser.

» La religion, dites-vous, a produit
» des milliasses de forfaits : dites la su-
» perstition. Vous craignez qu'en adorant
» Dieu, on ne devienne bientôt supersti-
» tieux et fanatique : mais n'est-il pas à
» craindre qu'en le niant, on ne s'aban-
» donne aux passions les plus atroces,
» et aux crimes les plus affreux ? Entre

» ces deux excès, n'y a-t-il pas un milieu
» très-raisonnable ? où est l'asyle entre
» ces deux écueils ? Le voici : *Dieu et
» des lois sages.*

» Vous affirmez qu'il n'y a qu'un pas
» de l'adoration à la superstition : il y a
» l'infini pour les esprits bien faits.

» L'athée de cabinet est presque tou-
» jours un philosophe tranquille ; mais
» l'athée de cour, le prince athée, pour-
» roit être le fléau du genre humain : le
» malheur des athées de cabinet, est de
» faire des athées de cour.

» L'idée d'un Dieu auquel nos ames
» peuvent se rejoindre, a fait des Titus,
» des Trajan, des Antonin, des Marc-
» Aurèle, et ces grands empereurs Chi-
» nois, dont la mémoire est si précieuse
» dans le second des plus anciens empires
» du monde : ces exemples suffisent pour
» ma cause, et ma cause est celle de
» tous les hommes (1). «

La religion est donc nécessaire au
bonheur des sociétés et des hommes,

---

(1) Mélanges, t. 13, p. 99 et suiv.

pour les consoler, pour réprimer le vice, le crime et les passions dans les particuliers et dans les princes. Le luxe qui éteint la croyance de la religion, est donc contraire à la saine politique, et funeste aux sociétés.

SECTION VI.

Lorsque le Luxe domine dans un Etat, le gouvernement ne procure point aux citoyens les moyens de satisfaire l'amour du bonheur avec lequel la nature les fait naître, et il y rend le malheur général et perpétuel.

L'HOMME veut nécessairement être heureux, et il veut l'être dans quelque état et dans quelque condition qu'il soit, à tous les âges et sous tous les climats : la vie est pour lui un fardeau insupportable, lorsqu'il n'est pas heureux.

La politique sage et humaine ne doit donc pas borner ses soins aux moyens de procurer des subsistances aux citoyens, d'assurer la tranquillité publique contre la violence et contre l'usurpation ; elle doit encore, par humanité, procurer aux citoyens les moyens de se rendre heureux, dans quelque état et dans quelque âge qu'ils soient.

En effet, si les citoyens sont privés de ces moyens, ils ne peuvent satisfaire l'amour invincible du bonheur avec lequel la nature les fait naître, et ils seront malheureux : or, réunir les hommes et les soumettre à une puissance souveraine pour les rendre malheureux, n'est pas une politique humaine, mais une politique infernale.

Lorsque le gouvernement ne procure pas aux citoyens des différentes conditions, les moyens d'être heureux, il y a dans toutes les conditions, des hommes tourmentés par le desir du bonheur qu'ils ne peuvent satisfaire ; il y a par conséquent des hommes mécontens et inquiets, qui tendent à changer un gouvernement sous lequel ils sont malheureux : ainsi, la sagesse aussi bien que l'humanité, prescrit à la politique de procurer aux citoyens les moyens d'être heureux.

On voit dans les monumens de la constitution politique des anciens Perses, de Minos, de Lycurgue, et des autres législateurs, que le bonheur des citoyens faisoit un point capital dans leur législation.

Il est donc de la dernière importance en politique, de choisir pour les sociétés qu'elle forme, un systême de bonheur qui puisse rendre tous les citoyens heureux, et qui soit tellement accommodé à la nature humaine, qu'il soit pour tous les citoyens une source de bonheur où chacun puisse, pour ainsi dire, puiser, pour satisfaire l'amour du bonheur qui agit nécessairement et continuellement sur tous les hommes.

Si le luxe est un systême de bonheur qui ne puisse pas rendre tous les citoyens heureux, si au contraire il conduit à un malheur général et perpétuel, la saine politique doit le réprouver; et quand il seroit vrai, comme le prétendent Mandeville, Hume, et leurs sectateurs, que le luxe est le principe de la richesse des états, et que sans lui une nation ne peut entretenir

entretenir des flottes, ni des armées pour faire des conquêtes ; il n'en seroit pas moins certain que la politique sage, juste, et amie de l'humanité, ne doit pas l'admettre, s'il rend les hommes malheureux, parce que la politique doit réunir les hommes pour les rendre heureux, et non pour amasser des trésors, pour équiper des flottes, pour lever des armées, et pour faire des conquêtes en les rendant malheureux : or, tel est l'effet essentiel du luxe dans une société politique ; et pour s'en convaincre, il ne faut que se rappeler ce que j'ai établi jusqu'ici.

Lorsque le luxe domine dans un état, le gouvernement porte tous les citoyens vers la passion du luxe, il l'allume de proche en proche dans toutes les conditions et dans tous les individus de chaque condition ; c'est le bonheur que le gouvernement propose à tous les citoyens, c'est vers les objets du luxe qu'il dirige leur émulation, leurs efforts, leurs désirs, depuis leur enfance, comme je l'ai prouvé en exposant les effets du luxe sur le cœur et sur l'esprit de l'homme, et en parlant des mœurs que l'on donne aux citoyens dans un état où le luxe domine.

Lorsque j'ai examiné les effets du luxe par rapport au bonheur, j'ai prouvé que l'on n'obtient les objets du luxe que par des peines infiniment plus grandes que les plaisirs qu'ils procurent, que la nature a mis des obstacles insurmontables au bonheur de l'homme de luxe, et qu'il lui ôte toutes les ressources qu'elle lui a préparées contre les maux attachés à la condition humaine.

Ainsi, le gouvernement d'un état où le luxe domine, loin de procurer aux citoyens les moyens d'être heureux, les conduit au malheur.

Lorsque j'ai examiné les effets du luxe sur le cœur humain, j'ai prouvé qu'il y allume une cupidité insatiable : or, le gouvernement ne peut satisfaire cette cupidité ; il ne peut donc rendre tous les citoyens heureux, lorsqu'il les a portés à regarder le luxe comme le principe de leur bonheur.

L'homme desire de s'estimer lui-même, il desire d'être estimé des hommes avec lesquels il vit ; lorsqu'il est dans une société sans luxe, c'est par la pratique des vertus morales, civiles et patriotiques, qu'il cherche à s'estimer et à mériter l'estime ; mais dans une société où le luxe domine, c'est par la magnificence qu'il prétend se faire estimer : il y a donc dans toutes les conditions et dans tous les individus de chaque condition, un effort continuel vers le faste, vers la magnificence, et vers les plaisirs, pour surpasser ses pareils et pour égaler ses supérieurs. Par cette funeste émulation, la dépense de chaque citoyen excède sa fortune, la dérange, la conduit à tous les désagrémens qu'entraîne ce dérangement ; et enfin à la pauvreté, qui est un état cruel pour l'homme de luxe, et qui souvent n'est pas le dernier, ni le plus grand de ses malheurs. La grenouille qui veut se faire aussi grosse que le bœuf, est l'emblême de tous les citoyens d'un état où le luxe est dominant.

> La chétive pécore
> S'enfla si bien qu'elle creva.

L'auteur de l'Esprit des Lois, après

avoir dit que le luxe produit cette émulation, ajoute : » Il résulte delà une in-
» commodité générale : ceux qui excellent
» dans une profession, mettent à leur
» art le prix qu'ils veulent ; les plus petits
» talens suivent cet exemple : il n'y a
» plus d'harmonie entre les besoins et
» les moyens : lorsque je suis forcé de
» plaider, il est nécessaire que je puisse
» payer un avocat ; lorsque je suis ma-
» lade, il faut que je puisse avoir un
» médecin « (1).

Ainsi, lorsque le luxe domine dans une société, il réduit les citoyens des différentes conditions, à un état d'indigence et de misère réelle, puisqu'il ne leur laisse pas la faculté de se procurer les choses nécessaires à la conservation de leur vie, de leur santé, et de leur fortune. Le gouvernement d'un état où le luxe domine, loin de procurer aux citoyens les moyens d'être heureux, les précipite donc dans un malheur général et perpétuel.

---

(1) Esprit des Lois, l. 7, c. 1.

Le luxe éteint dans les citoyens l'humanité, la justice, la bienfaisance, l'amitié ; et le gouvernement d'un état où il domine, ne développe point ces inclinations dans les citoyens, comme je l'ai prouvé (1).

Quel peut donc être le bonheur d'une société dont les citoyens n'ont aucune de ces inclinations ?

Non seulement le luxe éteint les inclinations sociales, mais encore il rend les hommes injustes, inhumains, et capables de tous les crimes qui peuvent leur procurer les objets de leur luxe. Voilà les citoyens que forme un gouvernement qui allume la passion du luxe dans toutes les conditions ; il les transforme en autant d'animaux féroces : est-ce donc là le bonheur auquel la nature destine l'homme ?

Quand la politique pourroit trouver le secret de tenir de pareils sujets dans la soumission, elle ne pourroit empêcher qu'ils ne fussent malheureux, et par con-

_____

(1) Part. 1, sect. 2 ; part. 2, sect. 2.

K iij

séquent elle seroit injuste, barbare, et digne de l'exécration de tous les hommes.

Mais ce seroit en vain que la politique se flatteroit de tenir de pareils hommes unis et dans la soumission; ils seroient dans un état violent, contraire à leur nature, et se disperseroient ou se souleveroient et anéantiroient la puissance barbare qui les rendroit malheureux, comme je vais le prouver.

SECTION VII.

Le Luxe conduit à un gouvernement arbitraire, oppressif et tyrannique, également funeste aux souverains et à la chose publique.

Je partagerai le sujet de cette section en trois chapitres; dans le premier, je ferai voir que le luxe conduit à un gouvernement arbitraire, oppressif, et funeste au peuple; je ferai voir dans le second, que le despotisme produit par le luxe, précipite le souverain dans les plus terribles malheurs, et cause la subversion des états; j'examinerai dans le troisième, ce que les apologistes du luxe opposent à ces principes.

CHAPITRE I.

Le Luxe conduit à un gouvernement arbitraire, oppressif, et funeste au peuple, quelle que soit la constitution de l'Etat.

On a vu dans l'examen des effets du luxe sur le cœur et sur l'esprit humain, que l'homme de luxe a un besoin continuel de varier les sensations agréables qui font l'essence de son bonheur; qu'il emploie pour cela sa puissance, son crédit, ses richesses, et qu'il n'hésite point à violer les lois naturelles, divines et humaines, lorsqu'il le faut pour se procurer les objets qui causent les sensations agréables qu'il desire, parce qu'il n'est contenu ni par les sentimens de justice et d'humanité, ni par les principes de la morale et de la religion.

Ainsi, la puissance souveraine devient

oppressive et tyrannique entre les mains de tous ceux qui l'exercent lorsqu'ils sont livrés au luxe, quels que soient leurs noms et leurs titres, quelles que soient leurs fonctions et leurs charges.

Le luxe change donc en une puissance oppressive et tyrannique, l'autorité qui devoit protéger les citoyens, et leur procurer une jouissance tranquille de leur liberté, de leurs droits, de leur honneur, de leurs biens.

Tous ces objets deviennent utiles ou même nécessaires au bonheur du monarque, du magistrat, de l'administrateur de la puissance souveraine, lorsqu'il est livré au luxe : tous ces objets sont nécessaires au bonheur de cette foule de parens, d'amis, de courtisans, de favoris dont il est environné ; ils sont nécessaires ces objets, au bonheur de tous ceux qui lui procurent les plaisirs qu'il desire.

Il n'y a donc pas, dans toute l'étendue de cet état, un homme chargé de l'exercice de quelque portion de l'autorité publique, qui ne tende à opprimer tout ce qui lui est subordonné, et à s'emparer des droits, des biens, des avantages de ceux sur lesquels il exerce la portion d'autorité qui lui est confiée.

Le luxe tend donc à rendre le gouvernement oppressif dans toutes ses parties, depuis le dépositaire de l'autorité suprême, jusqu'au dernier commis.

Sous Numa, qu'une saine philosophie avoit garanti du luxe, Rome fut libre, heureuse, et paisible pendant quarante ans : Tarquin le jeune, livré au luxe, exerce sur les Romains la plus cruelle tyrannie, fait mourir les uns, exile les autres, et confisque leurs biens pour fournir à son luxe.

Les décemvirs livrés au luxe, et à la cupidité qui en est la suite, ne firent usage de leur puissance que pour satisfaire leur luxe ; ils s'abandonnoient aux plaisirs les plus honteux, ils exerçoient leur empire sur tous les citoyens, avec la plus excessive licence : ils disposoient impunément de la vie, des biens et de l'honneur des citoyens ; leurs émissaires, leurs amis, les fauteurs de leur tyrannie, exerçoient impunément les plus horribles vexations sur tous les citoyens : le fils de Tarquin viola Lucrèce, le décemvir Appius enleva Virginie (1).

Messaline fit périr Valerius Asiaticus, pour avoir la confiscation des jardins de Lucullus, dont il étoit devenu propriétaire (2).

Le luxe a produit ces effets dans tous les états où il a dominé ; je ne crains point d'attester sur ce point, l'histoire de tous les états anciens et modernes, quelle qu'ait été la forme de leur gouvernement.

On y trouve sans doute des crimes, des vexations, et des oppressions qui n'ont point le luxe pour cause ; mais je défie que l'on cite une société politique dans laquelle le luxe n'ait pas rendu la puissance souveraine, oppressive.

Eh, n'est-ce donc pas une contradiction manifeste, que de supposer un homme puissant, passionné pour les ob-

---

(1) Tite Live, l. 1, c. 49 ; Denys d'Halicarn. l. 12, c. 13 ; Tite Live, l. 3, c. 132.
(2) Tacit. annal. l. 11, c. 1.

jets du luxe, et qui n'abuse pas de sa puissance pour se les procurer ?

Qui le soutiendra donc contre l'effort de la passion qui l'entraîne vers les objets de son luxe ? Sera-ce la justice, la bonté, l'humanité ?

J'ai fait voir que le luxe les éteint dans son cœur.

Sera-ce la prudence ?

J'ai fait voir que le luxe ôte à l'esprit la sagacité, la capacité d'attention, sans lesquelles il n'y a point de prudence.

Sera-ce la crainte des effets de l'abus de sa puissance ?

Mais la crainte des effets de l'abus de la puissance, suppose dans celui qui en est revêtu, de la prévoyance, de la réflexion ; et j'ai fait voir que l'homme puissant et livré au luxe, est incapable de réflexion, inconsidéré, téméraire, présomptueux ; qu'il ne prévoit point les effets de l'abus de sa puissance, et que par conséquent il n'est point contenu par la crainte. L'abus de la puissance est donc une suite nécessaire du luxe ; et supposer un homme livré au luxe, qui cependant n'abuse pas de sa puissance pour se procurer les objets de son luxe, c'est supposer un effet sans cause.

Mais, dira-t-on, les lois ne sont-elles pas une sauve-garde contre l'oppression ?

Non ; parce que 1°. dans un état où le luxe domine, les lois ne peuvent assurer aux citoyens la jouissance de leurs droits, de leurs biens et de leur liberté, comme je l'ai prouvé ; 2°. parce que le dépositaire, ou l'administrateur de la puissance souveraine, lorsqu'il est livré au luxe, tend sans cesse à anéantir les lois, et que le luxe favorise toutes ses entreprises contre les lois et contre la liberté.

En effet, par ce qui a été dit des effets du luxe sur le cœur humain, l'homme qui s'y livre a un besoin continuel d'augmenter ses richesses, ses revenus, et le nombre des objets qui peuvent lui procurer des sensations agréables, sans lesquelles il est malheureux. Le monarque, l'administrateur de l'autorité souveraine, fera donc usage de tout son pouvoir, il emploiera toutes les ressources que lui fournissent ses prérogatives, pour rendre inutiles ou pour anéantir des lois qui assurent aux citoyens la propriété et la jouissance tranquille de leurs biens, de leur liberté et de leurs personnes. Il tend sans cesse à acquérir sur tout ce que l'état renferme, un pouvoir absolu, et à détruire les lois qui déterminent les bornes de son autorité, ou qui en règlent l'usage.

Voilà l'objet des vœux les plus ardens du souverain, du magistrat, de l'administrateur de la plus petite portion de l'autorité souveraine, dans un état livré au luxe. C'est vers cet objet que sont dirigées toutes les opérations politiques : le souverain, le magistrat, l'administrateur se transmettent ce projet et le suivent par instinct, quelque médiocres qu'ils soient.

Il est facile de masquer ce projet aux yeux d'une nation livrée au luxe, parce qu'elle est frivole, ignorante et voluptueuse, dissipée, incapable d'attention et de prévoyance, comme je l'ai prouvé, en exposant les effets du luxe sur l'esprit et sur le caractère.

Les abus que le luxe entraîne dans un état, fournissent sans cesse au souverain des prétextes pour agrandir son pouvoir, et pour étendre son autorité sans se rendre suspect, et sans qu'il ait besoin pour cela de génie ou d'une grande habileté.

Il peut même engager tous les ordres de l'état à lui remettre la portion d'autorité dont ils jouissent.

Une nation livrée au luxe fait consister son bonheur dans la magnificence des habits, dans les commodités, dans la dissipation, dans les amusemens, dans tout ce qui flatte les sens; elle n'est occupée que de *jouissances*, ou des moyens de s'en procurer : elle révère comme une divinité bienfaisante celui qui lui procure des manufactures, des arts, des spectacles, et qui la dispense des soins que demande l'administration de la chose publique. Les citoyens de cette nation regardent comme un assujettissement, le droit de participer à cette administration; ils en regardent la cession comme une action sage, et le souverain qui s'en charge comme un bienfaiteur, ou comme une dupe.

Après la mort de Cyrus, les Perses, infectés du luxe des peuples qu'ils avoient vaincus, et jouissant des productions des différentes contrées soumises à leur puissance, regardèrent comme inutiles les lois qui mettoient des bornes à la puissance du roi, ou qui en régloient l'usage (1).

Lorsque les Lydiens, subjugués par Cyrus, voulurent se révolter, il n'eut besoin que du luxe pour les retenir sous le joug.

« Sur l'avis de Crésus, il leur or-
» donna de porter un manteau sur leurs
» habits, et de faire instruire leurs en-
» fans à jouer des instrumens de mu-
» sique, à chanter et à boire ; il les
» changea par ce moyen en femmes, et
» n'eut plus de rebellion à craindre (2). «

---

(1) Cyroped. l. 1, l. 2.
(2) Hérodot. l. 1.

Périclès, en procurant des spectacles, des fêtes, des divertissemens aux Athéniens, ruina l'autorité de l'Aréopage, et acquit dans Athènes un pouvoir absolu (1).

Le peuple Romain regretta Caligula qui lui faisoit des largesses, et qui lui donnoit des spectacles (2).

Agricola, pour dompter les peuples de la Grande Bretagne, et pour éteindre en eux l'amour de la liberté, y alluma l'amour du luxe (3).

En Ecosse, les villes, les communes, occupées à s'enrichir par le commerce; les barons, incapables de s'appliquer, et accoutumés à vivre dans la dissipation, regardèrent comme un privilège onéreux le droit d'assister le roi dans les cours de justice, où cependant ils étoient juges, législateurs, et comme dispensateurs des revenus publics : ils deman-

---

(1) Plutarq. vie de Périclès.
(2) Sueton. in Caligula.
(3) Tacit. vie d'Agricola.

dèrent comme une grace la charte qui les dispensoit de ces fonctions (1).

Lorsque Henri IV assembla les états à Rouen, ils demandèrent » de séparer » les revenus du royaume en deux par- » ties égales, dont une appartiendroit » au roi, et seroit employée pour la dé- » pense de sa personne royale; pour sa » maison, pour ses gens de guerre, ar- » tillerie, fortifications, garnisons, am- » bassades, pensions, dons, récompen- » ses, menus plaisirs, etc. L'autre partie » des revenus étoit affectée au paiement » des officiers, fiefs, annonces, rentes, » arrérages d'icelles, œuvres publiques, » et dettes du général et des particuliers. » Les états demandèrent que la dispo- » sition de cette seconde partie des re- » venus du royaume appartînt au con- » seil de raison, dont les conseillers fus- » sent nommés par les états, sans que » le roi, son conseil, ni les cours souve- » raines y eussent aucun pouvoir, ni

---

(1) Robertson, hist. d'Ecosse, l. 1.

» qu'ils en pussent rien divertir, ni chan-
» ger, ni innover (1). «

Le conseil du roi fut effrayé de ce plan d'administration. M. de Sully engagea le roi à accéder aux demandes des états; et au bout de trois mois, le conseil de raison sentit qu'il étoit incapable de l'administration dont s'il étoit chargé, et demanda au roi de vouloir bien administrer seul les revenus du royaume (2).

» Cependant, les princes, les seigneurs,
» et la nation, tant gentilshommes que
» de ville, s'occupoient à diverses sortes
» d'ébats, plaisirs, et passe-temps or-
» dinaires et bienséans à la jeunesse,
» faisant diverses parties, les uns pour
» rompre en lice, les autres pour courre
» la bague, combattre à la barrière,
» jouer au ballon, au pêle-mail, à la
» paulme, de mener l'amour aux dames,
» danser, et faire momeries et masca-
» rades (3). «

―――――――――――

(1) Economies royales, t. 1, p. 338.
(2) Ibid. p. 350.
(3) Ibid. p. 351.

L'objet le plus important pour les François, n'étoit pas de prendre des précautions pour se garantir des déprédations et des vexations qui avoient désolé la France sous Henri III, mais de se livrer à tous les amusemens du luxe ; et l'occupation du conseil de raison, étoit pour eux un assujettissement insupportable.

On s'efforceroit en vain d'éclairer une nation livrée au luxe, sur les malheurs qu'elle se prépare en élevant sur elle une puissance aussi terrible que celle du despote arbitraire; le luxe éteint sur-tout dans les grands et dans les riches, la sagacité, la capacité d'attention : il les rend par conséquent incapables de prévoir les maux et de chercher les moyens de les prévenir. Ils ne sont heureux que par les sensations agréables, par l'état d'inaction et de quiétude dans lequel le luxe les a placés ; ils haïssent comme un ennemi, ou méprisent comme un fou, celui qui veut les forcer de réfléchir, et qui ose troubler leur repos et leur sécurité, en leur annonçant des malheurs, ou en élevant des doutes sur la solidité de leur bonheur : il est traité comme l'hirondelle par les petits oiseaux auxquels elle conseilloit de manger la graine de chanvre que le manant semoit.

> Les oisillons las de l'entendre,
> Se mirent à jaser aussi confusément
> Que faisoient les Troyens, quand la pauvre Cassandre
> Ouvroit la bouche seulement.

Quand il seroit possible de leur faire voir clairement les effets de la puissance à laquelle ils se soumettent, le luxe ne leur ôte-t-il pas la fermeté, l'élévation sans laquelle il est impossible de former le projet de réprimer cette puissance ou de la contenir? le luxe ne les rend-il pas incapables des soins, des efforts, de la constance nécessaires pour l'exécuter?

Il est difficile d'ailleurs, que dans une nation livrée au luxe, le monarque, le prince, le magistrat, le riche ambitieux, ne puisse pas gagner l'homme éclairé qui peut déconcerter ses desseins contre la liberté nationale.

» Tandis que Démosthènes résistoit à

» l'or de Philippe, il se laissoit prendre » par celui d'Ecbatane (1). «

Lorsque Harpale, après avoir pillé les trésors d'Alexandre, se réfugia chez les Athéniens, tous les orateurs éblouis par l'éclat de son or, parlèrent pour lui; Démosthènes seul se déclara contre lui : quelques jours après on fit l'inventaire des effets d'Harpale, et il s'apperçut que Démosthènes contemploit avec plaisir une coupe du roi, qu'il en admiroit la forme, qu'il étoit épris de la beauté de l'ouvrage, et que l'ayant pesée des mains, son poids l'avoit étonné. Harpale lui envoya la coupe avec vingt talens : » Dé- » mosthènes, dit Plutarque, frappé de » ce présent comme s'il eût reçu gar- » nison chez lui, passa tout d'un coup » dans le parti d'Harpale (2). «

L'or ôte à l'homme de luxe, la liberté, la volonté, la force et la capacité de résister, comme la vue d'une épée.

---

(1) Plutarq. vie de Démosthènes.
(2) Ibid.

Le sauvage de Sumatra se passionne tellement pour de la verroterie ou pour un petit couteau, qu'il joue sa vie et sa liberté contre ces babioles : n'est-il donc pas l'esclave de celui qui les possède ?

Voilà l'état de tous les hommes livrés au luxe ; le monarque, le prince, le magistrat, l'ambitieux, pour les assujétir, n'a besoin que de leur procurer des coupes d'or, des étoffes, des bijoux, etc.: ils échangeront contre ces objets, ou contre l'argent qui les procure, leurs prérogatives, leur honneur, leur liberté.

Quand il y auroit des hommes éclairés et incorruptibles, capables de résister à la séduction, de défendre la liberté publique, que feroient-ils au milieu d'une nation livrée au luxe ?

Lorsque Pisistrate, couvert des blessures qu'il s'étoit faites lui-même, demanda une garde ; Solon découvrit sur le champ son imposture, et fit voir que par le moyen de cette garde, Pisistrate seroit bientôt le tyran des Athéniens : le peuple n'écouta pas seulement Solon, et ceux qui virent le danger n'osèrent s'unir à lui (1).

Lorsque Caton brigua la préture, Crassus et Pompée distribuèrent de l'argent au peuple, chassèrent du champ de Mars les plus honnêtes gens, et firent élire Vatinius : le plus vil scélérat fut préféré au citoyen le plus vertueux.

Voilà le sort du citoyen éclairé, sage et vertueux, dans les états où le luxe prévaut : ils sont remplis d'hommes passionnés pour le luxe, pour les plaisirs, et ruinés par leurs excès, qui se livrent au monarque, au prince, au magistrat, à l'ambitieux qui attaque la liberté nationale, et qui ont bien plus de zèle pour le tyran, que les bons citoyens n'en ont pour la liberté, parce que le luxe donne un caractère de pusillanimité et de foiblesse, auquel les citoyens patriotes participent toujours un peu, et qui affoiblit nécessairement en eux le courage et les vertus patriotiques; au lieu que l'homme de luxe est passionné pour

---

(1) Plutarq. vie de Solon.

l'autorité de celui qui donne de l'argent : les partisans de la liberté voient donc arriver le despotisme sans oser résister à l'oppresseur, et se contentent de louer et de révérer le citoyen vertueux qui le combat.

Lorsque Vatinius fut élu préteur, tous ceux qui lui avoient donné leur suffrage s'enfuirent, et ceux qui restèrent témoignèrent leur douleur.

» Un tribun qui se trouva présent,
» assembla le peuple ; et Caton s'avan-
» çant au milieu, et comme s'il eût été
» inspiré par quelque dieu, prédit tous
» les maux qui devoient arriver à la ville,
» et les excita contre Crassus et contre
» Pompée, en leur faisant voir qu'ils se
» sentoient tous deux coupables de tant
» de crimes, et qu'ils préparoient un
» gouvernement si injuste, qu'ils avoient
» craint d'avoir Caton pour préteur,
» parce que les éclairant, il auroit éventé
» leurs pratiques, et renversé tous leurs
» desseins.

» Quand il eut fini, et qu'il retourna
» dans sa maison, il fut suivi d'une plus
» grande

» grande foule de peuple que n'en avoient
» eu, tous ensemble, ceux qui avoient
» été élus préteurs (1). «

Cependant Crassus et Pompée ne trouvèrent pas plus d'obstacle dans tous leurs projets, qu'avant l'élection de Vatinius.

Cicéron remarque très-bien, que les applaudissemens donnés aux défenseurs de la liberté, les injures dont on accable les oppresseurs, les destructeurs des lois et les ennemis de la liberté, prouvent qu'on ne manque pas de lumières ni de bonne volonté, mais qu'on manque de courage ; et par conséquent, que l'on est résolu à la servitude (2).

» Je me sens si peu de force et de cou-
» rage, dit-il lui-même, que j'aime
» mieux vivre en repos sous une injuste
» domination, que de combattre même
» avec espérance de vaincre (3). «

Cette mollesse, cette nonchalance pour la défense de la liberté, est, comme

---

(1) Plutarq. vie de Caton.
(2) Cic. ep. ad Attic. l. 2. ep. 18.
(3) Ibid. ep. 14.

Tome II. L

on le voit, une suite nécessaire du caractère que le luxe donne aux citoyens lorsqu'il domine dans un état (1).

Ainsi, dans un état où le luxe prévaut, le monarque, le prince, le magistrat, est d'un côté sans cesse en effort pour agrandir sa puissance; tandis que de l'autre, la frivolité, l'indolence, la pusillanimité de tous les corps et de tous les citoyens, favorisent et secondent toutes ses entreprises; il doit donc arriver un temps où il s'empare de la puissance publique, où il réunit à son autorité celle de tous les magistrats et de la société; ou par conséquent, sa volonté momentanée est la seule loi.

Auguste, en partageant avec le sénat le soin des provinces de l'empire, se chargea de toutes celles où il y avoit des troupes; il s'empara ensuite, aussi-bien que ses successeurs, de toutes les dignités de la république et de toutes les magistratures; par ce moyen, les empereurs exercèrent une autorité absolue sur tous les citoyens.

---

(1) Part. 1, sect. 3.

Tous les états où le luxe a dominé, fournissent des exemples des effets que j'attribue au luxe : le règne de Richard second offre un exemple où se manifestent, de la manière la plus sensible, tous les principes que je viens d'exposer.

Sous Edouard III, l'Angleterre s'étoit élevée à un haut degré de puissance et de gloire ; ce prince, au milieu de ses plus grands succès, avoit respecté les lois, et observé avec la plus scrupuleuse attention celles qui fixent les bornes de la prérogative royale.

Le luxe cependant fit de grands progrès en Angleterre, et Richard second, petit-fils et successeur d'Edouard, s'y livra : il eut besoin de subsides ; le parlement ne les accorda qu'à condition qu'il éloigneroit ses favoris et ses ministres : il résista d'abord, et fut obligé de céder : il éloigna ses ministres et livra à la justice *le chancelier*, qui fut condamné à des restitutions immenses.

Le parlement est à peine séparé, que le roi rappelle une partie de ses favoris, qui lui inspirent le desir de se rendre absolu : on en forme le projet ; le roi trouve des jurisconsultes qui lui assurent qu'il est au-dessus des lois : mais la résistance du peuple, le soulèvement des grands qu'il veut accabler, l'obligent de renoncer à ses desseins ; il consent au bannissement de ses favoris, et les jurisconsultes qui avoient attribué au roi une autorité absolue, sont pendus.

Richard se livre de nouveau aux plaisirs, à la mollesse, au luxe : la peste et la famine désolent l'Angleterre, et cependant il ne retranche rien de son faste ni de ses dépenses : il se fait un honneur de surpasser en magnificence tous les souverains de l'Europe, et ses favoris obtiennent des dons et des largesses avec tant de facilité, qu'ils semblent plutôt recevoir une dette qu'un bienfait.

Comme les revenus de Richard ne pouvoient suffire à tant de dépenses, comme il avoit honte de demander de nouveaux secours au parlement, il eut recours à la voie des emprunts : il n'y eut seigneur, prélat, gentilhomme, ni riche bourgeois, qui ne fût obligé de lui prêter quelque somme d'argent qu'on savoit bien qu'il n'avoit pas dessein de rendre : chacun sentoit que ces emprunts étoient une infraction aux privilèges de la nation ; mais chacun étoit intimidé ; et quoiqu'on souffrît de l'injustice, on n'osoit se plaindre : ainsi, le progrès du luxe disposoit à l'esclavage.

Les courtisans et les favoris s'en apperçurent, et reprirent le projet du despotisme : le roi changea tous les schérifs, il n'en souffrit aucun qui ne lui promît de le servir dans ses desseins : il prit les mêmes moyens pour toutes les charges qui pouvoient donner du crédit dans les villes et dans les provinces.

Alors il convoqua un parlement, et fit élire pour députés des personnes dont il s'étoit assuré : le parlement étant ainsi composé, l'évêque d'Exéter ouvrit la séance par un discours dans lequel il s'efforça de prouver que la puissance royale étoit sans bornes, et que ceux qui vouloient la limiter, méritoient les plus sévères punitions. Suivant ce principe, qui fut généralement approuvé, le parlement porta la prérogative royale à un degré auquel aucun Roi d'Angleterre n'avoit jamais prétendu la pousser, et posa des maximes qui renversoient toute la constitution de l'état, et anéantissoient la liberté des sujets (1).

Richard second, devenu maître absolu de l'Angleterre, et n'ayant de loi que ses desirs et sa volonté, bannit les grands, confisqua leurs biens, et exerça sur tous les citoyens toutes les espèces de vexations que ses ministres purent imaginer pour fournir à ses dépenses et à leurs profusions (2).

Voyons si ces favoris et ces ministres promoteurs du despotisme, procurent le bonheur du souverain.

––––––––––

(1) Hist. d'Angl. par Rapin Thoiras, l. 10, t. 3, p. 261.
(2) Ibid.

CHAPITRE II.

Le despotisme produit par le Luxe, précipite le souverain dans les plus terribles malheurs, et cause la subversion des Etats.

Un état civil qui n'est pas envahi par un conquérant, ne passe pas subitement de la liberté à la servitude, et d'un gouvernement fondé sur les lois à un gouvernement arbitraire et absolu : ce n'est qu'après une longue suite d'usurpations colorées du motif du bien public, que cette énorme puissance s'établit et se manifeste hautement.

Ainsi, la révolution qui établit le despotisme chez une nation libre et livrée au luxe, ne détruit pas subitement dans tous les citoyens les idées de la justice, le souvenir des lois, et le sentiment de la liberté. Une partie des citoyens se soumet à cette puissance, parce qu'elle les corrompt : une autre, parce qu'elle la craint, ou parce qu'elle aime mieux jouir tranquillement de ce que cette puissance lui laisse, que de renoncer à son repos et à ses jouissances, pour lui faire une guerre dont le succès est douteux, et dont l'entreprise est pleine de dangers.

Telles furent les bases sur lesquelles Auguste fonda sa puissance.

» Quand il eut gagné les soldats par ses
» largesses, Rome par l'abondance qu'il
» y fit régner, tous les ordres de l'état
» par la douceur du repos, on le vit
» s'élever peu à peu, attirer à lui les
» fonctions du sénat, la juridiction des
» magistrats, le pouvoir des lois, sans
» éprouver d'opposition ; parce que la
» guerre ou les proscriptions avoient fait
» périr les plus ardens défenseurs de
» la liberté, parce que la soumission
» étoit pour la noblesse un moyen sûr
» de s'élever aux honneurs, ou d'acquérir
» des richesses, et que les plus prompts
» à se soumettre étoient les mieux ré-
» compensés ; parce que ceux qui de-
» voient leur fortune à la révolution qui
» s'étoit opérée, aimoient mieux jouir
» tranquillement des avantages que leur
» procuroit l'état présent, que de s'ex-
» poser à les perdre en tentant de réta-

» blir l'ancien gouvernement ; parce que
» les provinces vexées sous le gouverne-
» ment du sénat et du peuple, ravagées
» par les guerres des grands, et invoquant
» en vain les lois que la violence, l'intri-
» gue ou l'argent avoient rendues inu-
» tiles, se prêtèrent sans peine au chan-
» gement qu'introduisit Auguste (1). «

Ainsi, dans une nation livrée au luxe, et chez laquelle le souverain s'arroge une autorité absolue et arbitraire, on n'est point soumis par justice, par raison, par confiance ou par attachement, mais par foiblesse, par crainte, par intérêt : le courtisan, parce qu'il obtient de l'argent ; le citoyen riche et aisé, parce qu'il craint d'exposer sa fortune, de troubler son repos, d'interrompre ses jouissances ; le pauvre, parce qu'il craint d'être dépouillé de ce qui lui reste, d'être maltraité par le suppôt de la puissance absolue, de mourir de faim ou de périr dans l'horreur d'un cachot ; presque tous, par l'habitude du respect pour le souverain ; tous, par la crainte d'être encore plus mal : or, le

---

(1) Tacite, annal. l. 11. c. 2.

souverain livré au luxe, lorsqu'il exerce une puissance absolue et arbitraire, détruit tous ces principes de soumission.

Par ce qui a été dit des effets du luxe sur le cœur humain, il donne à l'homme une cupidité insatiable d'argent, pour se procurer des plaisirs qu'il est obligé de varier sans cesse.

Il faut donc que le souverain augmente sans cesse les impôts, pour fournir à ses dépenses, et pour satisfaire la cupidité de ses ministres, de cette foule d'intrigans, de courtisans, de favoris qui remplissent sa cour, de cette multitude de commis, de sous-ministres, de sous-courtisans, de sous-favoris, de sous-intrigans, qui obsèdent les ministres, les personnes en crédit ou en place.

Le souverain livré au luxe et possédant une puissance absolue, n'est contenu ni par la justice, ni par l'humanité, ni par la crainte des effets de l'abus de sa puissance ; il augmente donc sans cesse les impôts, et dépouille par-tout les citoyens de leurs richesses, de leurs droits, de leurs privilèges.

Il arrive donc un temps, où excepté le souverain, ses ministres, ses favoris, ses courtisans, et ce qui leur est attaché, toute la nation gémit sous la plus dure oppression; le riche ne jouit ni du repos, ni des plaisirs qu'il croyoit que sa soumission lui procureroit; l'homme d'une fortune médiocre est réduit à l'indigence; le pauvre manque du nécessaire.

Ainsi, excepté le souverain et sa cour, tous les citoyens sont malheureux et ennemis du gouvernement; leur esprit sort alors de l'engourdissement et de l'inaction, ils s'efforcent de découvrir les causes du mal qu'ils éprouvent, et la voient dans l'oubli, dans l'anéantissement des lois : on les cherche; elles sortent de l'oubli et se rétablissent dans tous les esprits : chacun érige, pour ainsi dire, au dedans de lui-même un tribunal où il juge le souverain, ses droits, ses prérogatives, les moyens par lesquels il s'est élevé à la puissance dont il jouit, et la manière dont il l'exerce.

Alors s'éclipse la majesté du souverain, il est dépouillé de tout ce qu'il avoit d'imposant et de vénérable; il ne s'offre plus que comme un usurpateur qui abuse du respect, de l'amour et de la confiance de ses sujets pour les opprimer; alors se déchire le voile qui couvroit toutes les opérations de sa politique: les citoyens éclairés par le malheur, instruits par l'expérience, ne voient plus dans ses édits et dans ses ordonnances, que des noms différens qu'il donne au brigandage, comme parle Tacite: les mots de vues supérieures, de secrets d'état, n'offrent plus à l'esprit que des sons inventés pour cacher l'injustice, la méchanceté, l'incapacité des administrateurs de la puissance souveraine: le mépris se joint à l'indignation et à la haine, tous les citoyens tendent au soulèvement, les principes de la révolte sont répandus dans toutes les parties de l'état, et fermentent sans cesse dans toutes les conditions.

Les citoyens qui jouissent en paix des objets du luxe, et qui les regardent comme la source de leur bonheur, sont des égoïstes qui vivent ensemble sans s'aimer et sans s'intéresser au sort des autres;

mais lorsqu'ils sont inquiétés dans la jouissance de leurs plaisirs, lorsqu'on les oblige de s'en priver, lorsqu'on leur ravit leurs ressources pour se les procurer, ils sortent de l'état d'indifférence et de désunion dans lequel ils vivoient. Le péril commun les réunit. Les hommes de luxe, animés par un motif aussi pressant que la conservation de leur fortune et des objets nécessaires à leur luxe, pénètrent facilement dans le cœur de leurs concitoyens ; ils voient leurs dispositions, la confiance que le luxe avoit éteinte se rétablit entre eux, personne ne voit alors avec indifférence les maux des autres citoyens de quelque condition qu'ils soient : il se forme dans l'état une société dont les membres sont animés de la haine la plus violente, et disposés à attaquer la puissance souveraine ; il ne leur manque qu'un chef, et le despote livré au luxe ne tarde pas à le susciter.

La haine est nécessairement jointe à un effort pour détruire l'objet qui l'excite, et cet effort est proportionné au degré de mal que l'on éprouve : la puissance souveraine ne la contient que par la crainte ; mais comme les maux qu'elle produit vont toujours en croissant, il arrive nécessairement un temps où les maux que l'on éprouve sont plus grands que ceux que l'on craint en attaquant le souverain, et il n'y a point de condition ou d'état qui ne fournisse des citoyens qui osent attaquer la puissance souveraine, et qui dès ce moment deviennent des chefs auxquels les mécontens s'unissent : celui qui attaque une puissance redoutable et odieuse, est aux yeux des malheureux un héros bienfaisant auquel on se soumet, et dont on suit toutes les impressions.

Brutus, que Tarquin regardoit comme un insensé, renversa son trône : Virginius anéantit la puissance des décemvirs : aussitôt que le duc d'Herfort, banni par Richard second, reparut sur les côtes d'Angleterre, toute la nation s'unit à lui, déposa Richard et plaça le duc d'Herfort sur le trône. Un couvreur, un pâtre, un marchand de poisson, ont été les chefs des révoltes les plus dangereuses qu'aient éprouvées l'Angleterre, la France et la Flandre.

A tous ces malheureux que la puissance souveraine opprime et soulève, ajoutez cette multitude de mécontens que le luxe a ruinés, et qui, pour réparer le désastre de leur fortune, n'ont de ressource que le changement de la constitution et du gouvernement ; et vous verrez qu'il arrive un temps où un état soumis à un souverain livré au luxe, et armé d'un pouvoir absolu, devient le théâtre des émeutes, des séditions, des révoltes, des guerres civiles, qui prennent mille formes différentes, selon les temps, les lieux, les circonstances, les mœurs et le caractère des peuples et des particuliers.

Ce que Pétrone dit des effets du luxe dans la guerre civile qui anéantit la république Romaine, est vrai dans tous les temps et dans tous les pays. » Les ar-
» mes sont la ressource des malheureux,
» et les fortunes ruinées par le luxe, ne
» se réparent que par l'effusion du sang :
» rien ne peut intimider l'audace sou-
» tenue par l'indigence (1). »

---

(1) Petron. fragm. sur la guerre civile.

Jetez les yeux sur la France, sous le roi Jean, sous Charles VI, sous Henri III; voyez les maux auxquels elle est en proie, et jugez si le luxe n'est pas la vraie cause des troubles, des séditions, des guerres civiles, qui désolèrent le royaume dans ces différentes époques.

On attribueroit mal-à-propos au fanatisme et aux disputes sur la religion, les malheurs du règne de Henri III : » l'aug-
» mentation des impôts, dit Mézerai,
» fut la cause principale de la ruine de
» ce prince : les peuples ayant vu plu-
» sieurs fois que de cet endroit d'où il
» ne devoit sortir que des lois salutaires,
» il ne sortoit plus que des édits d'op-
» pression et de rigueur, perdirent peu
» à peu le respect et l'affection qu'ils lui
» portoient : sans cette oppression, sans
» cet excès d'impôts, *tous les autres*
» *prétextes*, toutes les autres menées
» des grands eussent été de peu d'efficace
» pour émouvoir les peuples : en effet,
» les politiques et les protestans deman-
» doient la tenue des états généraux

» et le rabaissement des tailles (1). «

Et de leur côté, les ligueurs s'étoient unis non-seulement pour exterminer, l'hérésie, mais aussi pour détruire la tyrannie (2).

Au milieu de ces dangers, quelles sont les ressources du souverain ? qu'opposera-t-il aux mécontens et aux séditieux ? Les lois ? il les a toutes violées : les jugemens des tribunaux ? ils sont composés d'hommes avilis, corrompus, que le peuple hait et méprise, que le souverain lui-même a corrompus, avilis, et rendus méprisables. Appellera-t-il à son secours la religion ? il a dépouillé ses ministres de leurs biens, de leurs privilèges; il les a avilis; il a favorisé, encouragé ceux qui attaquoient la religion; il a secondé les efforts de ceux qui vouloient en éteindre les principes; il a rendu odieux et méprisables les ministres chargés de l'enseigner et de la faire respecter, comme

---

(1) Hist. de Henri III.
(2) Mém. de la ligue, par Maimbourg, traité 1, art. 3.

on a vu que cela arrive chez les nations où le luxe domine.

Il ne lui reste que sa milice : il a sur elle un empire absolu, elle obéit aveuglément à ses ordres ; c'est avec elle, c'est par elle qu'il a aboli les privilèges de la nation, déposé les magistrats intègres, renversé les tribunaux, tandis que tout étoit calme et tranquille, comme on l'a vu en Angleterre sous Richard second : que ne doit-il pas attendre de cette milice, lorsque l'on attaquera son autorité ? L'empereur Septime Sévère pensoit qu'il falloit enrichir le soldat, et se mettre peu en peine du reste (1).

Mais les largesses faites aux soldats, produisent en eux l'amour de l'argent et du plaisir, le dégoût et l'aversion des travaux militaires, et le mépris pour les commandans ; ainsi, sous Septime Sévère même, les armées Romaines devinrent lâches et désobéissantes (2).

Combien le deviennent-elles davantage

---

(1) Dion Cassius, l. 78.
(2) Ibid.

sous un souverain livré au luxe ? D'ailleurs, le despote épuisé par les dépenses qu'il fait pour ses propres plaisirs, est bientôt hors d'état de continuer ses largesses aux soldats, qui, ayant pris l'habitude du plaisir et de la dépense, ont un besoin continuel d'argent, vendent la souveraineté, déposent et massacrent le souverain.

Quand le souverain seroit sûr de trouver dans sa milice un dévouement et une fidélité à l'épreuve, n'a-t-il rien à craindre des favoris, des ministres, des compagnons de plaisir auxquels il se livre exclusivement ? ne sont-ils pas les maîtres de sa personne et de sa vie ? leur fidélité, leur zèle pour sa conservation, seront-ils à l'épreuve de toutes les séductions, de tous les intérêts ? Combien de conspirations n'ont-elles pas été formées dans l'intérieur du palais des rois de Perse, des empereurs Romains ? Le luxe n'étouffe-t-il pas toutes les vertus et tous les principes de la morale et de la religion, qui peuvent empêcher de les former et de les exécuter ?

Quand par hasard le souverain échapperoit aux dangers dont on vient de parler, quand il n'éprouveroit aucune révolution dans l'autorité qu'il s'est acquise sur ses sujets; il est certain que son état soumis à une administration militaire, en proie aux vexations de tous les hommes du fisc, à la cupidité des ministres, des favoris et des intrigans, aux déprédations des soldats, sera dépeuplé, pauvre, habité par des citoyens auxquels sa puissance sera odieuse, et qui seront disposés à s'unir, ou du moins à se rendre à l'ennemi qui attaquera ses états : or, le luxe ne fait pas régner sur la terre une paix inaltérable; au contraire, il est un principe perpétuel et général de guerre entre les nations qu'il corrompt : ainsi, le souverain livré au luxe, ne pourra éviter la guerre contre les nations ambitieuses, rivales de sa puissance ou avides de richesses pour satisfaire leur luxe : c'est ainsi que Rome et Carthage ont porté la guerre par-tout où elles ont espéré de trouver des richesses.

Par ce qui a été dit des effets du luxe

sur l'esprit et sur le cœur humain, sur le caractère et sur les mœurs des citoyens d'un état livré au luxe, ses armées seront composées de mercenaires, de soldats qui n'auront aucun amour de la patrie, qui seront sans force et sans courage ; elles seront commandées par des généraux sans lumières, sans talens, sans valeur, incapables de soutenir les fatigues de la guerre, ignorant l'art de la faire, avides de richesses, et toujours dans la disposition de trahir l'état pour de l'argent : les armes, les subsistances seront fournies par des entrepreneurs qui n'auront pour objet que de s'enrichir, et qui, partageant leur gain avec des protecteurs puissans, seront sûrs de l'impunité, quelque mal fournies que soient les armées : le soldat sera donc mal payé, mal nourri, mal armé, mal commandé, sans zèle, sans confiance, sans bravoure ; voilà les forces que le despote livré au luxe opposera à ses ennemis.

Les grands, les simples citoyens, appauvris, mais passionnés pour le luxe, et avides d'argent, se vendront à la puissance ennemie, comme on l'a vu en France sous Philippe de Valois. » Deux » choses avoient principalement éloigné » les nobles et les grands de ce prince ; » l'une, qu'il étoit d'une humeur rude et » terrible, et qu'il leur ôtoit leurs droits » et privilèges ; l'autre, que dégénérant » de la frugalité de leurs ancêtres, et » s'étant plongés dans le luxe et dans les » voluptés : comme ils trouvèrent le roi » Anglois extrêmement libéral, ils pre- » noient de l'argent de lui pour entretenir » leurs folles dépenses, et lui vendoient » lâchement leur fidélité (1).

Tous les ordres inférieurs opprimés, mécontens, malheureux, n'ayant plus ni principe de subordination, ni amour de la patrie, desirent l'anéantissement du gouvernement auquel ils sont soumis; ils n'attendent, pour ainsi dire, que le signal pour l'attaquer : au moindre revers, cet état éprouve une espèce de dissolution, et, selon les circonstances, passe sous un pouvoir étranger, se démembre

---

(1) Mézeray, règne de Philippe VI

et se partage en différentes dominations, ou change la forme de son gouvernement et sa constitution politique. Tels ont été les effets du luxe chez les Perses, chez les Grecs, chez les Romains, en un mot, dans tous les états anciens et modernes. Ces effets du luxe ont été généralement avoués et reconnus par les anciens; mais les partisans modernes du luxe, regardent cette opinion comme un préjugé, ou plutôt comme une erreur, et prétendent connoître mieux que les anciens mêmes, les vraies causes des malheurs et des révolutions qu'ils attribuent au luxe.

Comme depuis quelque temps un assez grand nombre de personnes supposent, dans la marche de la raison humaine, un progrès qui nous élève, à tous égards, infiniment au dessus des anciens; il n'est pas inutile d'examiner l'opinion des apologistes modernes du luxe, sur son influence dans la ruine des états anciens.

CHAPITRE III.

De l'opinion des apologistes modernes du Luxe, sur son influence dans la ruine des Etats anciens.

» Ce qui a le plus induit plusieurs
» moralistes à se déchaîner contre la dé-
» licatesse dans les plaisirs, dit M. Hume,
» c'est l'exemple de l'ancienne Rome,
» qui joignant à sa pauvreté et à sa rus-
» ticité la vertu et l'amour de la patrie,
» s'est élevée à un point si étonnant de
» grandeur et de liberté, et qui depuis,
» ayant pris des provinces qu'elle avoit
» conquises le luxe de la Grèce et de
» l'Asie, est tombée dans toutes les sé-
» ditions et les guerres civiles, suivies à
» la fin de la perte totale de la liberté:
» tous les auteurs classiques qu'on nous
» donne à lire dans notre enfance, sont
» pleins de ce sentiment, et attribuent
» universellement la ruine de leur état,
» aux arts et aux richesses que les Ro-
» mains tirèrent de l'orient.

» Mais il seroit aisé de prouver que
» ces

» ces écrivains se sont trompés sur la
» cause des désordres de la république
» Romaine, en attribuant aux arts et au
» luxe, ce qui vient d'un gouvernement
» mal réglé, et de l'étendue illimitée de
» leurs conquêtes (1) ».

Il est assez rare qu'un état périsse par une seule et unique cause; sa destruction est presque toujours l'effet de plusieurs principes compliqués, et il est possible que l'on s'exagère l'influence de chacune de ces causes; mais il est très-difficile que des hommes d'esprit qui étudient leur gouvernement, soient aveuglés par les préjugés, au point de ne pas voir les causes qui ont préparé et amené la destruction de leur état, et qu'ils l'attribuent à un principe qui n'y a point du tout contribué.

On ne peut donc regarder comme l'effet d'un préjugé, le sentiment unanime des Romains sur les effets du luxe par rapport à leur état; d'ailleurs, comment penser qu'ils se sont mépris au point

---

(1) Hume, discours sur le luxe.

Tome II.   M

d'attribuer la destruction des mœurs de la république et de l'empire principalement, ou même uniquement au luxe, quoiqu'il n'y eût aucune part ?

Comment M. Hume a-t-il vu si facilement et si bien ce qui a échappé à ces citoyens, si occupés de leur gouvernement et de la chose publique ? Quelles raisons M. Hume nous donne-t-il pour nous convaincre que le témoignage unanime de ces auteurs, est un préjugé ? il se contente de nous dire qu'il seroit facile de faire voir qu'ils se sont trompés, et il ne réfute le témoignage de Saluste, qu'en disant qu'il étoit lui-même un homme de luxe, et qu'il parle avec mépris de l'éloquence grecque, quoique lui-même, l'écrivain du monde le plus élégant, se permet à ce sujet des digressions et des déclamations déplacées, quoiqu'un modèle de goût et de correction (1).

L'étendue de l'empire Romain étoit trop grande, cela est certain, et les

---

(1) Ibid.

Romains ne l'ignoroient pas ; mais le luxe ne les a-t-il jamais portés à s'agrandir au-delà des bornes qu'ils devoient se prescrire ? le luxe ne les a-t-il jamais engagés à subjuguer des peuples pour s'emparer de leurs richesses ? N'a-t-on pas vu les Romains porter la guerre partout où ils espéroient trouver de l'or ? Le luxe n'a-t-il jamais altéré dans les citoyens l'amour de la patrie ? n'a-t-il jamais fourni aux ambitieux les moyens de se faire des partisans ? n'a-t-il jamais rendu les gouverneurs des provinces, oppresseurs des peuples ? n'a-t-il jamais corrompu les magistrats ou les sénateurs ? ou plutôt, n'a-t-il pas causé tous ces maux dans la république et dans l'empire, et ces désordres ne sont-ils pas la cause de la destruction de la république et de l'empire ?

Il n'est pas possible de lire l'histoire Romaine, sur-tout depuis la guerre contre Antiochus, sans voir l'influence du luxe sur toutes les parties du gouvernement, sur tous les projets des magistrats, par rapport à l'oppression des peuples, sans voir l'influence du luxe par rapport à l'extinction de toutes les vertus sociales, civiles, et patriotiques : en faut-il davantage pour être autorisé à imputer au luxe la destruction de la république et de l'empire ?

Quelque étendue que l'on donne à un état, peut-il résister à un principe qui corrompt le souverain, le magistrat, et les citoyens ? L'opinion de M. Hume est donc fausse, absurde même, et démentie par l'histoire.

Les apologistes modernes du luxe, n'hésitent point à le disculper de la destruction de l'empire des Perses.

» Les anciens Perses, dit-on, ver-
» tueux et pauvres sous Cyrus, ont con-
» quis l'Asie ; ils en ont pris le luxe, et se
» sont corrompus. Mais se sont-ils cor-
» rompus pour avoir conquis l'Asie, ou
» pour avoir pris son luxe ? N'est-ce pas
» l'étendue de leur domination qui a
» changé leurs mœurs ? n'étoit-il pas im-
» possible que dans un empire de cette
» étendue, il subsistât un bon ordre quel-
» conque ? la Perse ne devoit-elle pas

» tomber dans l'abîme du despotisme ?
» Or, par-tout où l'on trouve le despo-
» tisme, pourquoi chercher d'autres cau-
» ses de corruption (1). «

Xénophon n'attribue le changement arrivé chez les Perses, depuis Cyrus jusqu'à son temps, ni au despotisme, ni à la trop grande étendue de leur domination; et par son récit, il est évident que ces changemens ont tous été produits par le luxe.

Les Perses étoient dans cet état, lorsqu'Alexandre attaqua leur empire et le détruisit; ce ne fut donc point en tombant dans l'abîme du despotisme, mais en tombant dans l'abîme du luxe, que l'empire des Perses fut anéanti (2).

Donnez des vertus à un despote, il est le père des peuples; allumez dans son cœur la passion du luxe, il en devient le tyran.

Enfin, on prétend que le luxe n'a point causé la destruction de la république d'Athènes.

» Je trouve, dit l'auteur de l'Essai sur
» le Luxe, une cause réelle de la déca-

―――――――――――――――――――
(1) Essai sur le luxe, p. 145.
(2) Cyroped. l. 2.

» dence d'Athènes dans la puissance du
» peuple, et dans l'abaissement du sénat:
» quand je vois la puissance exécutrice
» et la puissance législative entre les
» mains d'une multitude aveugle, et
» que je vois en même temps l'Aréopage
» sans pouvoir; je juge que la république
» d'Athènes ne pouvoit conserver ni puis-
» sance, ni bon ordre : ce fut en avilis-
» sant l'Aréopage, et non en édifiant des
» théâtres, que Périclès perdit Athènes:
» quant aux mœurs de cette république,
» elle les conserva encore long-temps, et
» dans la guerre qui la détruisit, elle man-
» qua plus de prudence que de vertus, et
» moins de mœurs que de bon sens (1). «

Je veux bien accorder que le changement introduit par Périclès, soit l'époque de la décadence d'Athènes; mais je ne peux convenir que le luxe n'a point contribué à produire ce changement.

C'étoit pas ses libéralités que Cimon avoit gagné le peuple d'Athènes: Périclès moins riche prodigua à ce peuple les richesses de l'état.

---

(1) Essai sur le Luxe, p. 16.

» Ce fut lui qui mit en avant la cou-
» tume de départir au peuple les terres
» acquises, et de leur distribuer des de-
» niers communs pour voir les jeux, et
» qui leur donna salaire pour toutes ces
» choses ; qui fut une mauvaise accou-
» tumance, à cause que le menu popu-
» laire, qui auparavant se passoit à peu,
» et qui gagnoit sa vie à la peine de son
» corps, devint *superflu, somptueux*, et
» dissolu pour les choses qui lors furent
» introduites : ayant en peu de temps ga-
» gné les bonnes grâces du menu popu-
» laire, des distributions des deniers com-
» muns qu'il leur faisoit départir, tant
» pour avoir lieu à voir jouer les jeux,
» comme pour le salaire d'assister aux
» jugemens, et pour d'autres semblables
» corruptions, il s'en servoit pour après
» à l'encontre de l'aréopage (1). «

Ce fut donc le luxe qui anéantit le pouvoir de l'aréopage ; il est donc la vraie cause du bouleversement arrivé dans le gouvernement d'Athènes, que

_____

(1) Plutarq. vie de Périclès.

l'auteur de l'Essai regarde comme le principe de la destruction de la république.

Les édifices, les théâtres que Périclès éleva, les fêtes qu'il donna, allumèrent et entretinrent dans le peuple la passion du luxe, des plaisirs et de la dissipation.

Par tous ces moyens, Périclès fit ensorte que le peuple ne trouva plus son bonheur que dans les spectacles, dans les fêtes : les Athéniens devinrent encore plus frivoles et plus inappliqués qu'ils ne l'étoient ; ils furent incapables de connoître leurs vrais intérêts.

Ce fut cette disposition des esprits, qui rendit Périclès tout-puissant dans Athènes, qui ruina en effet l'aréopage, et qui ôta aux Athéniens la prudence et le bon sens.

On nous dit qu'Athènes dans la guerre qui la détruisit, manqua moins de vertu que de bon sens : ceci ne justifie pas le luxe, car je prétends que le luxe produit également ces deux effets : si Athènes a péri par un défaut de bon sens, c'est encore au luxe qu'il faut attribuer sa ruine.

Polybe reconnoît qu'Athènes est souvent tombée dans le précipice par imprudence, et parce qu'elle ne suivoit pas les lumières de la raison; mais il dit expressément que le désordre et la corruption de ses mœurs, furent la cause du changement de sa fortune (1).

C'est au luxe que Justin attribue la ruine d'Athènes, et je rapporterai son témoignage dans ses propres termes, parce qu'il contient la preuve de la vérité de son sentiment.

» Le même jour mourut avec Epa-
» minondas, capitaine Thebain, toute
» la valeur des Athéniens : la mort d'un
» ennemi qui tenoit à toute heure leur
» émulation éveillée, assoupit leur cou-
» rage, et les plongea dans la mollesse :
» on prodigua aussitôt en jeux et en fêtes
» les fonds des armemens de terre et de
» mer : tout exercice militaire cessa ; le
» peuple s'adonna aux spectacles ; le théâ-
» tre dégoûta du camp : on ne considéra
» ni estima les grands capitaines ; on
» n'applaudit, on ne déféra qu'aux bons

---

(1) Polyb. hist. l. 6.

» poëtes et aux agréables déclamateurs;
» le citoyen oisif partagea les finances
» destinées à nourrir le matelot et le sol-
» dat : ainsi, s'éleva la monarchie de Ma-
» cédoine, sur un tas de républiques
» Grecques, et le débris de leur gloire
» fit un grand nom à des barbares (1). «

C'est ainsi que Plutarque parle des Athéniens et des causes de la destruction de leur république. » Qui voudra, dit-il, » faire le compte combien leur a coûté » chaque comédie, il se trouvera que le » peuple d'Athènes a plus dépensé à faire » jouer la tragédie des Bacchantes ou des » Phénisses, ou des Œdipes, ou des An- » tigones, ou à faire représenter les actes » d'une Médée ou d'une Electre, que » non pas à faire la guerre aux barbares, » pour acquérir empire sur eux ou pour » défendre la liberté commune (2). «

Je ne sais pourquoi l'on nous vante les mœurs d'Athènes livrée au luxe : tout y

---

(1) Justin, lib. 2.
(2) Plutarque, si les Athéniens ont plus excellé en armes qu'en lettres.

cédoit à l'amour de l'argent : les littérateurs y vendoient leurs suffrages dans la distribution des prix littéraires, et les orateurs trahissoient la patrie pour de l'argent : jamais peuple ne fut plus ingrat, ni plus bassement et plus lâchement flatteur, plus orgueilleux et plus injuste. Est-ce là ce que l'on appelle avoir des mœurs et des vertus ?

Mais écoutons Démosthènes parlant au peuple même, sur les causes de l'état déplorable de la république.

» Mais vous qui parlez, me dira-t-on,
» si les choses vont mal au dehors, sa-
» chez qu'en récompense elles vont beau-
» coup mieux au dedans.

» Eh ! quelles preuves peut-on en al-
» léguer ? Des arcenaux reblanchis, des
» chemins réparés, des fontaines cons-
» truites, et d'autres bagatelles sembla-
» bles ! Jetez de grace les yeux sur les
» hommes à qui vous devez ces monu-
» mens de leur administration : les uns,
» ont passé de la misère à l'opulence ; les
» autres, de l'obscurité à la splendeur :
» quelques-uns ont bâti des maisons par-

» ticulières dont la magnificence insulte
» aux édifices publics, et plus la fortune
» de l'état a descendu, plus la fortune
» de telles gens a monté.

» A quoi donc imputer ce total ren-
» versement ; et pourquoi enfin, cet or-
» dre merveilleux qui régnoit autrefois
» en tout, se dément-il en tout de notre
» temps ?

» Parce qu'en premier lieu, le peuple
» alors assez courageux pour remplir lui-
» même les fonctions militaires, tenoit
» les magistrats dans sa dépendance, et
» disposoit souverainement de toutes les
» grâces, et que chaque citoyen s'esti-
» moit heureux de tenir du peuple, et
» honneurs, et charges, et bienfaits.

» Mais en ce jour, au contraire, les
» magistrats dispensent les faveurs, et ils
» exercent un pouvoir despotique ; tan-
» dis que vous, pauvre peuple, énervés
» et dénués, soit de finances, soit d'al-
» liance, vous ne jouez plus que le per-
» sonnage de valets, et de canaille faite
» seulement pour le nombre ; trop contens
» de votre sort, si vos magistrats ne vous

» retranchent ni les deux oboles pour le
» théâtre, ni la vile pâture dont ils vous
» régalent dans nos jours de réjouissan-
» ces; et pour comble de lâcheté encore,
» vous prodiguez le titre de bienfaiteurs
» à des gens qui ne vous donnent que du
» vôtre, et qui, après vous avoir comme
» emprisonnés dans l'enceinte de vos mu-
» railles, ne vous amorcent et ne vous
» apprivoisent de la sorte, que pour vous
» dresser au manège de la sujétion.

» Or, selon moi, quiconque, par goût,
» se rabat à des amusemens frivoles et
» indignes, ne peut jamais concevoir de
» hauts et de nobles sentimens (1). «

Ainsi, non-seulement le luxe est le principe de la ruine d'Athènes; mais encore il a conduit cette république à sa perte, par tous les moyens par lesquels j'ai prouvé que le luxe anéantit tous les états.

---

(1) Seconde Olynthienne, trad. de Tourreil, t. 1, p. 323.

SECTION VIII.

Des effets du Luxe par rapport à la richesse des Etats.

Je n'examinerai point ici quelle est la nature de la richesse à laquelle une nation doit aspirer, ni par quelle méthode l'économie politique doit la procurer : je vais seulement faire voir que quelque opinion que l'on adopte à cet égard, le luxe conduit une nation à une affreuse pauvreté.

Un état peut tirer les richesses des productions de son territoire, de ses manufactures et des arts qu'il exerce, des subsides et des tributs des peuples soumis à sa puissance, ou des mines qu'il possède.

Aucune de ces ressources n'est à l'épreuve du luxe; il les épuise toutes, et il appauvrit les états où elles sont les plus abondantes.

Chapitre I.

Le Luxe ne permet pas qu'un État tire de ses terres les productions qu'il en pourroit tirer, et les rend stériles.

Le luxe est le besoin que l'homme a de se procurer des sensations agréables, pour satisfaire le desir du bonheur qui agit en lui, lorsqu'il n'est plus pressé par les besoins primitifs ou essentiels : le luxe ne s'établit donc que dans un état qui jouit abondamment de tout ce qui est nécessaire pour subsister sainement et commodément ; et il rend les arts d'agrément nécessaires au bonheur des hommes qui l'habitent ; de sorte qu'ils sont malheureux, s'ils sont privés des productions de ces arts.

Les riches qui sont bien sûrs qu'ils ne manqueront jamais de ce qui est nécessaire pour leur subsistance, sentent bien plus vivement le besoin des arts de luxe, que celui de l'agriculture, et des manufactures qui procurent ce qui est nécessaire pour la subsistance et pour l'entretien des citoyens; ils encouragent, ils récompensent, ils considèrent même tous ceux qui réussissent dans les arts de luxe et d'agrément : ils accordent à ceux qui les perfectionnent, des privilèges et des récompenses : les impôts se lèvent principalement sur les terres et sur les cultivateurs, les arts et les manufactures de luxe deviennent un moyen de s'enrichir bien plus sûr que la culture des terres; le marchand des objets de luxe, le fabricant acquiert de grandes richesses, s'élève aux dignités et aux charges, tandis que le cultivateur est pauvre et méprisé.

Or, par-tout où l'agriculture n'est point encouragée, par-tout où elle est avilie, par-tout où les cultivateurs sont vexés, méprisés, on perd bientôt l'amour et les principes de cet art; la terre cesse d'être fertile sous la main du laboureur ignorant, avili, tyrannisé, qui ne cultive que pour ses oppresseurs; elle devient avare pour ces maîtres superbes, pour ces fils ingrats qui méconnoissent le prix de ses bienfaits, et qui regardent le soin de la cultiver comme une dégradation.

Les terres deviennent plus fertiles, et les productions plus utiles à mesure que le cultivateur connoît mieux leur nature, et l'espèce de culture qui leur est propre, les grains, les plantes, les arbres qui leur conviennent.

Pour acquérir ces connoissances, il faut de l'intelligence, de la sagacité, de l'application, un esprit observateur et même étendu : est-ce dans le cultivateur pauvre, méprisé, opprimé, que l'on peut trouver ces qualités ? La crainte que lui impriment l'intendant, le subdélégué, l'huissier des tailles, le préposé aux corvées, tous les commis du fisc, le mépris, l'avilissement dans lequel il vit, n'étouffent-ils pas toutes les facultés intellectuelles dont la nature l'avoit doué ?

Dans les premiers siècles de Rome, l'agriculture étoit le partage des familles les plus distinguées, et l'ordre des laboureurs étoit le plus considérable : c'étoit une dégradation que de passer d'une tribu champêtre dans une tribu de la ville, et c'étoit dans ces dernières que l'on incorporoit les affranchis (1).

Dans les premiers siècles de Rome, la fécondité des champs étoit très-grande; mais lorsque le luxe eut retiré les manches de la charrue des mains des sénateurs et des citoyens, pour les remettre aux esclaves, la terre resserra ses sucs dans son sein, et devint stérile (2).

Quand on pourroit éclairer et faire considérer le cultivateur dans les états où le luxe s'est introduit, il n'en deviendroit pas moins funeste à la fertilité des campagnes.

Tous les habitans ne sont pas propriétaires dans les états où le luxe s'est établi et domine : les propriétaires ne peuvent par eux-mêmes cultiver leurs possessions; ils faut qu'ils les confient à des fermiers ou à des entrepreneurs auxquels ils laissent une portion du produit de la terre: cette portion, les impôts et les rede-

---

(1) Columelle, préf. Plin. Hist. Nat. l. 18. c. 3.
(2) Plin. ibid.

vances payés, doit être suffisante pour la subsistance et pour l'entretien de sa famille, pour acheter et pour nourrir les bestiaux dont il a besoin, pour payer les artisans et les manouvriers qui travaillent à la culture de la terre, à la récolte des grains et des fruits, pour se procurer les instrumens aratoires, etc.

Si la portion du fermier ne suffisoit pas pour toutes ces dépenses, il est certain que les productions seroient moins bonnes et moins abondantes, quelque intelligent et quelque habile que fût le fermier : or, lorsque le luxe s'est établi dans une société politique, on n'y laisse point au fermier cette portion du produit de la terre.

Le souverain de cet état a besoin de varier et de multiplier sans cesse ses plaisirs ou les objets de son luxe, et ce n'est que par le moyen de l'argent, qu'il se procure ces plaisirs et les objets de son luxe. Il faut donc qu'il augmente sans cesse les impôts; et c'est sur le besoin qu'il a d'argent, qu'il règle les tributs, sans être arrêté par la nécessité de laisser au cultivateur la portion du produit de la terre, indispensable pour la mettre en valeur.

En effet, par ce qui a été dit des effets du luxe sur l'esprit humain, il ôte à ceux qui s'y livrent, la capacité d'attention, l'application, ou il ne les porte que vers des objets frivoles et de pur agrément : ainsi, dans une nation où le luxe règne, le souverain, les administrateurs de la chose publique, ceux qui président aux impositions ou qui les répartissent, ignorent la quantité du produit de la terre dont le fermier a besoin, et la nécessité absolue de la lui laisser, ou négligent le travail que demande l'application de ce principe de l'économie politique.

Par ce que l'on a dit des effets du luxe sur le cœur humain, l'homme de luxe est souverainement malheureux par la privation des objets de son luxe.

Ainsi, quand le souverain connoîtroit la nécessité de laisser au fermier une certaine portion du produit de la terre, il ne se détermineroit pourtant pas à la lui laisser, parce qu'il ne pourroit fixer ses tributs sans se retrancher, ou sans se refuser des plaisirs dont la privation le rendroit très-malheureux.

Enfin, par ce qui a été dit des effets du luxe sur le caractère, l'homme de luxe est léger et frivole, il adopte toutes les opinions et prend toutes les affections que veulent lui donner ceux qui l'environnent : or, dans un état où le luxe domine, le souverain livré au luxe, est environné de ministres, de favoris, de courtisans, de financiers qui lui disent que ses besoins sont la règle que l'on doit suivre dans l'imposition des tributs ; que l'augmentation des taxes est le seul moyen de rendre le peuple industrieux, et que la terre proportionne ses dons aux impôts que l'on exige du cultivateur ; ensorte que le ministre des finances, chaque fois qu'il augmente les taxes sur le fermier, croit enrichir le souverain, bien mériter de l'état, et prétend avoir droit à des récompenses.

Ainsi le souverain et tout ce qui participe à l'administration, regarde comme une politique surannée et fausse, le principe qui porte qu'il est indispensable de laisser au cultivateur une certaine portion du produit de la terre, et que c'est d'après cette maxime que l'on doit régler les taxes du cultivateur, et non d'après les besoins que le luxe donne au souverain.

Ces conséquences sont nécessairement liées avec les effets du luxe sur le cœur, sur l'esprit, et sur le caractère de l'homme : ainsi, dans un état où le luxe s'est établi, la masse des impositions dont le souverain charge le cultivateur, va toujours en croissant ; on n'y laisse point au cultivateur la portion du produit de la terre nécessaire pour sa subsistance et pour son entretien, pour nourrir la quantité de bestiaux dont il a besoin pour payer les domestiques, les artisans, les manouvriers qu'il est obligé d'employer, pour acheter les utenciles dont il a besoin ; les productions de la terre qu'il est chargé de cultiver, deviennent donc tous les jours moins abondantes. Ainsi, le luxe du souverain est funeste à l'agriculture, il étouffe dans le sein de la terre les productions que l'industrie du cultivateur en auroit tirées.

Dans cet état, les propriétaires des terres sont eux-mêmes livrés au luxe, et pour le satisfaire ils ont besoin de beaucoup d'argent; ils afferment donc leurs terres au plus haut prix qu'ils peuvent, sans se soucier de laisser au fermier la portion du produit nécessaire pour la culture de la terre.

Le fermier sans propriétés, et sans autre moyen de subsister que la culture de la terre, est obligé de se soumettre aux conditions que lui impose le propriétaire; ainsi, le luxe du propriétaire tarit encore la source des productions qui devoient enrichir l'état, ou plutôt la source des seules et vraies richesses; parce qu'il n'y a que les productions de la culture de la terre, qui rendent une nation capable de subsister par elle-même, et qui peuvent, par conséquent, seules lui donner une vraie indépendance.

L'augmentation du prix des denrées que le fermier vend, ne remédie point à ce désordre; il ne peut augmenter le prix que jusqu'à un certain point, parce qu'un trop haut prix en diminue la consommation, ou détermine les consommateurs à tirer les denrées des étrangers.

Puisque le souverain et le propriétaire appauvrissent sans cesse le fermier, et ne leur laissent que leur subsistance; il est certain que dans une année stérile, ils ne peuvent tirer de la terre qu'ils cultivent; ce qui est nécessaire pour leur subsistance, pour le paiement et pour la nourriture de leurs domestiques et des ouvriers, avec les impôts et la rente des propriétaires: ils n'ont ni argent, ni denrées en réserve; ils sont hors d'état d'acquitter leurs dettes.

Mais le souverain livré au luxe a toujours un besoin pressant d'argent, et le préposé à la levée des tributs imposés sur la terre, n'admet ni délai, ni diminution dans leur perception; il vend les bestiaux du fermier: et comme, dans un certain espace de temps, il y a plusieurs mauvaises années, et que les meilleures suffisent à peine pour faire subsister le fermier,

fermier, en payant les impôts, le prix de la ferme, etc.

Ce fermier, après avoir diminué successivement le nombre de ses bestiaux, de ses domestiques, et des manouvriers qu'il employoit, devient insolvable : il est chassé de sa ferme, et remplacé par un successeur que les mêmes causes appauvrissent et chasseront : le nombre des fermiers diminue donc sans cesse, et beaucoup de terres restent en friche et se couvrent de bois, de bruyères, de ronces, comme on le voit dans les provinces éloignées de la capitale, et dont le sol n'est pas excellent.

Les fermiers, leurs domestiques, les manouvriers, dans l'état auquel le luxe les réduit, ne prennent qu'une nourriture médiocre, souvent mauvaise et malsaine : cependant leurs travaux sont excessifs et continuels ; leurs forces s'épuisent, ils sont sans vigueur et presque infirmes : ainsi, dans les états où le luxe domine, les travaux de la campagne sont confiés à des hommes foibles, exténués, et pour la plupart stupides : ainsi, lors même que les terres y sont cultivées, elles ne produisent pas ce que la culture et le travail pourroient en tirer.

Ni les académies d'agriculture, ni la liberté du commerce des grains, ne remédieront à ces maux. Rien n'est plus louable que le zèle des citoyens qui se dévouent à la recherche des moyens d'augmenter la fécondité des campagnes, et qui s'efforcent de faire connoître la nécessité d'encourager le cultivateur ; mais le luxe rend tous leurs efforts inutiles : à peine l'industrie du laboureur a augmenté ses productions, que le préposé du fisc augmente sa taille et arrête son industrie : le luxe est, pour ainsi dire, en vedette au bout du champ pour s'emparer de l'augmentation de la récolte; ensorte que c'est pour le fisc seul que le cultivateur a doublé ses travaux et sa dépense : il renonce à une industrie qui lui est funeste.

Les Chinois ont apprivoisé des oiseaux plongeurs dont le bec est semblable à celui du cormoran, et dont le col est très-long et fort large : le pêcheur chinois porte cet oiseau sur les rivières poissonneuses, et à un certain signal qu'il donne, l'oiseau cingle dans l'eau et prend le poisson ; mais un anneau que le pêcheur lui a mis au bas du col, l'empêche d'avaler sa proie, que le Chinois lui arrache lorsqu'il revient sur la barque : voilà le sort du laboureur industrieux dans un état livré au luxe.

Enfin, dans un état où le luxe règne, beaucoup de particuliers ont de grandes et vastes possessions sur lesquelles ils construisent de grands édifices ; ils ont des parcs d'une prodigieuse étendue ; tous les chemins qui conduisent de la capitale aux provinces, aux châteaux, aux maisons de plaisance, sont spacieux ; on sacrifie à ces objets une grande quantité de terres qui ne produisent rien pour l'état, et qui occupent des bras destinés par la nature, à tirer des grains et des fruits de cette même terre, que l'homme de luxe les charge de rendre stérile.

Ainsi, l'Italie ancienne nourrissoit de ses productions une nombre prodigieux d'habitans ; mais lorsque le luxe y devint dominant, Rome fut obligée de tirer ses subsistances des pays étrangers.

Cette espèce de stérilité causée par le luxe, effrayoit bien plus Tibère, que les meubles précieux, le faste des maisons, la magnificence des habits, la somptuosité des tables, dont les édiles se plaignoient.

« Eh quoi, disoit-il, le désordre dont
» se plaignent les édiles, est-il le plus
» pressé de nos maux ? Que d'objets plus
» intéressans ! Toutefois, personne ne
» représente que l'Italie ne peut se passer
» de ressources étrangères ; que la vie
» du peuple Romain est exposée chaque
» jour au caprice des vents et des flots :
» si les provinces ne faisoient subsister
» et les citoyens, et les esclaves, et les
» campagnes mêmes que nous avons condamnées à la stérilité, vivrions-nous
» de nos parcs délicieux et de nos maisons de plaisance (1) ? «

L'homme de luxe a besoin de tous les plaisirs ; il veut à la campagne, jouir de celui de la chasse, mais il veut en

---
(1) Tacit. annal. l. 3, c. 49.

jouir sans fatigue, et presque sans agir, sans s'occuper, sans penser: il veut que la multitude même du gibier lui procure un spectacle agréable: les campagnes sont couvertes de perdrix, de lièvres; les forêts sont remplies de cerfs, de daims, de sangliers qui dévastent les campagnes. Ce que Pope a dit des effets de la passion de la chasse, sous Guillaume le Conquérant, n'est-il pas applicable à tous les états où le luxe domine?

» En vain, dit-il, des saisons favora-
» bles, de douces pluies, et la féconde
» chaleur du soleil, faisoient-elles enfler
» le grain confié à la terre; le laboureur,
» les yeux en larmes, voyoit ses espé-
» rances trompées, et mouroit de faim
» à la vue de ses champs couverts d'une
» riche moisson: n'en soyons pas surpris,
» tuer un cerf et un sujet, étoit un crime
» d'état aux yeux du despote; sacrifiés
» l'un et l'autre au plaisir barbare du
» tyran, leur sort ne différoit que parce
» que le gibier étoit nourri, et que l'homme
» périssoit de faim (1). «

_____
(1) La forêt de Windsor, Œuvres de Pope, t. 2

Dans un voyage que M. Harvey fit en Saxe, sous le règne du dernier électeur, roi de Pologne, » les daims que » ce prince ne permettoit pas de tuer, » pour jouir du plaisir de la chasse, » s'étoient multipliés à un tel point dans » tout son électorat, que les misérables » Saxons lui offrirent d'augmenter ses » troupes de six mille hommes, pour » réduire à moitié le nombre de ces ani- » maux destructeurs; mais on leur refusa » cette demande avec un orgueilleux » mépris (1).

» En Angleterre, les lièvres sont en si » grand nombre, que ce n'est pas sans » peine que le cultivateur y garantit ses » récoltes de leurs dents (2). «

Si l'on doute de ces derniers effets du luxe, que l'on jette les yeux sur les campagnes renfermées dans les capitaineries du roi, dans les domaines des princes, dans les seigneuries des propriétaires qui ont droit de chasse.

---

(1) Arithmétique politique, t. 1, p. 315.
(2) Ibid. p. 316.

Le luxe, comme je l'ai prouvé, diminue sans cesse l'habileté, la force et le nombre des colons; il condamne à la stérilité une partie des campagnes, et fait dévorer par le gibier et par les bêtes fauves, une partie des productions que le colon stupide et débile tire des champs; il empêche donc non-seulement que l'on ne tire du domaine de la nation toutes les richesses que l'on pourroit en tirer, mais encore il précipite dans la pauvreté et dans la misère une nation agricole; il est pour cette nation l'équivalent d'une grêle ou d'un fléau, qui tous les ans ravageroit une partie des provinces; il est aussi dangereux qu'une inondation, qui tous les ans engloutiroit une partie de ses terres, et dont les ravages croissant sans cesse, anéantiroient à la fin les subsistances de la nation.

Il n'est pas moins funeste aux richesses que produisent les manufactures et l'industrie commerçante, comme on va le voir.

CHAPITRE II.

Le Luxe tarit toutes les sources de l'industrie qui peuvent enrichir un État.

Tout ce qui sert à la vie ou aux commodités de l'homme, se tire de la terre; mais la nature laisse à l'homme le soin de l'accommoder à ses usages.

L'industrie de l'homme donne donc une valeur réelle aux productions de la terre, et elle est une source de richesses.

A la naissance des sociétés, l'industrie se porta vers la recherche des moyens de rendre utiles, commodes et salutaires, les productions destinées à la subsistance de l'homme : on érigea des autels à ceux qui enseignèrent à broyer le grain, et ensuite à faire du pain.

Lorsque l'industrie eut découvert les arts nécessaires pour employer les productions de la terre à la subsistance de l'homme, et que le luxe s'établit dans les sociétés, l'industrie se porta vers la recherche des moyens de procurer avec ces productions, des sensations agréables, ou de s'en servir pour tirer des différentes contrées les objets capables d'en produire. On vit naître dans ces sociétés les arts d'agrément ou de luxe, et le négoce ou le commerce.

Quand une nation fait à cet égard plus de progrès que les autres, celles-ci viennent se pourvoir chez elle des objets de luxe, et acheter les productions de son travail. Ainsi, l'industrie, les arts, les manufactures, sont pour cette nation une source de richesses.

Le ministre qui n'envisage les arts et le commerce que sous ce point de vue, emploie tous les ressorts de sa politique pour les faire fleurir ; il accorde une protection spéciale, des privilèges et des récompenses à ceux qui se distinguent dans cette carrière : l'émulation pour les arts, pour le commerce, se communique aux différentes classes des citoyens : le ministre, par sa politique, semble donner une nouvelle vie à la nation, ou plutôt la créer, et attirer chez elle l'or et l'argent des autres nations : le commerce, l'industrie, enrichissent un grand nombre de citoyens, et toutes les villes de cet état offrent le spectacle de l'activité, de l'opulence, et de l'abondance ; mais le luxe ne tarde pas à en tarir la source et à étouffer l'industrie qu'il avoit excitée.

Le souverain de cet état est livré au luxe, et par ce qui a été dit des effets du luxe sur le cœur humain, un de ses caractères essentiels est de ne pouvoir ni se fixer, ni se borner, et de rendre l'homme aussi malheureux par la privation des superfluités qu'il desire, qu'il le seroit par une faim extrême qu'il ne pourroit satisfaire.

Ainsi, le souverain de l'état où l'industrie et le commerce sont les plus florissans, a besoin chaque jour de nouveaux objets de plaisir, et d'argent pour se les procurer : il faut donc qu'après avoir épuisé les cultivateurs, il lève des impôts sur les arts, sur les manufactures, sur l'industrie commerçante qu'il avoit encouragés par des priviléges et par des franchises.

Il s'empare donc d'une partie des profits et du gain de l'artiste et du commerçant, de l'artisan et du manufacturier : celui-ci, en qui on a allumé la cupidité, augmente le prix de ses denrées, pour se dédommager sur l'acheteur de la portion de son gain qu'il est obligé de céder au souverain.

Le besoin qu'a le souverain d'argent augmentant sans cesse, il augmente sans cesse les taxes sur les objets du commerce et de l'industrie.

Mais le commerçant, l'artisan, l'artiste, le manufacturier, ne peuvent augmenter le prix de leurs marchandises que jusqu'à un certain point, parce qu'il faut que ce prix soit proportionné aux facultés des acheteurs, et au prix de ces mêmes denrées chez les étrangers, toujours attentifs à faire pencher de leur côté la balance du commerce, par la modération du prix de leurs marchandises.

Ainsi, dans la progression des impositions dont le souverain livré au luxe, charge l'industrie et le commerce, il arrive nécessairement un temps où le commerçant, le manufacturier, l'artiste, l'artisan, ne font que des profits médiocres et au dessous de leurs peines, et enfin un temps où le profit cesse absolument, et par conséquent où le commerce et l'industrie languissent, et enfin s'éteignent absolument.

L'augmentation progressive des impôts n'est pas la seule cause de l'extinction du commerce et de l'industrie dans un état où le luxe règne : la manière de lever les impôts ne leur est pas moins funeste que les impôts mêmes.

Comme le souverain est malheureux par la privation des nouveaux objets de plaisirs qu'il imagine, le recouvrement des impôts qu'il exige des artisans, des manufacturiers, des commerçans, est toujours trop lent pour l'ardeur de ses desirs ; l'attente des amusemens auxquels il attache son bonheur, seroit un supplice, si, pour en jouir, il falloit attendre le recouvrement de l'impôt : il abandonne donc la perception des impôts à des hommes qui possédant beaucoup d'argent, et ayant la passion d'en amasser sans cesse, retirent de celui qu'ils prêtent le plus haut intérêt possible.

Le souverain au bonheur duquel l'argent comptant est nécessaire, accorde, pour en obtenir, tous les avantages que les prêteurs desirent; il livre son peuple à leur avidité : le nombre des impôts sur les ouvrages d'industrie et sur le commerce, devient prodigieux, et les traitans, à qui la perception en est confiée ou cédée, deviennent les maîtres absolus de la manière de les percevoir; ils dictent les lois pénales contre ceux qui n'observent pas les règles qu'ils ont établies pour la perception des impôts; et ces lois, rarement connues du peuple, toujours trop compliquées pour être observées exactement, quelquefois même contradictoires, deviennent une source de procès contre les citoyens : les traitans, par ce moyen, trouvent, à leur gré, des contraventions qui les enrichissent. Ainsi, Caligula faisoit d'abord publier les impôts de vive voix ; et vaincu par les prières du peuple, il fit enfin afficher les édits bursaux, mais si haut, et en caractères si menus, que personne ne pouvoit les lire (1).

Tous les procès des traitans sont portés à des tribunaux qu'ils se choisissent eux-mêmes, qu'ils gratifient, et devant lesquels ils paroissent toujours comme les défenseurs du bien public, et le citoyen comme l'ennemi de l'état (2).

Le traitant encourage par des récompenses ses commis à découvrir des contraventions : ceux-ci, pour les multiplier, inquiètent tous les citoyens : leur présence et leurs recherches portent la terreur dans toutes les familles ; ils intentent mille accusations fausses ; tous les citoyens qui vivent de leur industrie, sont dans des alarmes continuelles : l'expérience trop générale leur apprend que l'innocence et la justice ne suffisent pas contre les ennemis qui les attaquent, et que l'accusation la moins vraisemblable peut les obliger à des dépenses excessives, déranger leur commerce et

_____

(1) Sueton. in Caligula, c. 14.
(2) Testament de Colbert, c. 9.

ruiner leur fortune : or, il n'est point d'état plus fâcheux pour l'homme, que la crainte et l'inquiétude : chaque citoyen tend alors à l'inaction, comme à un état de paix et de bonheur : plus il sera inutile, moins il aura de rapport avec les gens d'affaires : il préfère le nécessaire et le repos, à une aisance inséparable de la crainte et de l'inquiétude. Ainsi, le luxe porte les impôts à un excès qui éteint dans les citoyens l'industrie et l'activité que d'abord il avoit produites.

C'est ainsi qu'en Ethiopie on a vu des hommes réfugiés dans des marais où ils aimoient mieux vivre des racines des plantes aquatiques, que d'être sans cesse tourmentés par le sentiment de la crainte et de l'inquiétude, que leur causoient les lions et les bêtes féroces de cette contrée (1).

Lorsque le souverain cherche le bonheur dans les objets du luxe, l'état passe donc sous la puissance de ceux qui ont des amas considérables d'argent, et qui

---

(1) Diod. l. 3, trad. de Terrasson, t. 2, p. 372.

sont possédés par la passion d'en amasser encore : le souverain devient, en effet, leur soudoyé ; ses armées sont leurs armées ; ils les entretiennent, les paient, et fournissent au souverain de l'argent, pour ses plaisirs et pour ceux de ses favoris, etc. à condition qu'avec ses armées, il obligera ses peuples à leur payer les impôts qu'ils ont établis : le sort de ce peuple est celui d'un peuple conquis, qui ne travaille que pour le conquérant, qui n'a plus de patrie, et qu'aucun motif ne porte à travailler au-delà de ce qui est nécessaire pour sa subsistance : une partie consume dans l'inaction le peu de fortune qu'elle a acquis ; l'autre se dérobe, par la mendicité, aux poursuites de ceux qui exigent les impôts : cette classe de citoyens ne peut, comme le sauvage d'Éthiopie, se jeter dans les marais et y vivre, le traitant sauroit bien les y trouver ; ils se jettent dans l'asyle de la misère et de la mendicité, où le traitant n'a plus aucun intérêt de les suivre ; ils se font mendians ou s'expatrient.

Les effets que j'attribue au luxe, y

sont si essentiellement liés, que ses apologistes mêmes les avouent.

» Les taxes ainsi que la richesse d'un
» état, dit M. Hume, lorsqu'elles sont
» portées trop loin, détruisent l'industrie,
» en faisant naître le désespoir; et même
» avant que de parvenir à ce point, elles
» enchérissent les gages du laboureur et
» du manufacturier, et augmentent le
» prix de toutes les denrées : un gouver-
» nement attentif et désintéressé, observe
» le point où le gain cesse, où le dom-
» mage commence ; mais comme le ca-
» ractère contraire est beaucoup plus
» commun, il est à craindre que les taxes
» par toute l'Europe, ne se multiplient
» au point d'écraser entièrement tout art
» et toute industrie, quoique peut-être
» leur première augmentation et quel-
» ques autres circonstances, aient pu
» contribuer à l'accroissement de ces
» avantages (1). «

Si M. Hume avoit eu une idée juste du luxe et de sa nature, s'il avoit réflé-

---

(1) Discours politique, Discours 7.

chi sur ses effets essentiels, par rapport à l'esprit, au cœur, et au caractère ; il auroit vu que dans un état où le luxe domine, il est impossible qu'il y ait un gouvernement assez éclairé et assez attentif pour suivre les effets de l'augmentation des taxes, et pour voir exactement le point où elle est contraire à l'industrie, parce que le luxe ôte à l'esprit les connoissances, l'application et la sagacité nécessaires pour discerner ce point.

D'ailleurs, par ce qui a été dit des effets du luxe sur le cœur, l'homme de luxe étant souverainement malheureux par la privation des objets de son luxe, il ne peut jamais être dans cet état de désintéressement nécessaire, selon M. Hume même, pour fixer les taxes au point au-delà duquel elles seroient funestes à l'industrie.

Aucun motif, aucune raison ne peut l'empêcher de les augmenter, comme je l'ai fait voir lorsque j'ai traité des effets du luxe sur le cœur humain, et comme je l'ai prouvé plus particulièrement dans le chapitre précédent, en parlant des impositions dont le souverain, livré au luxe, charge le cultivateur.

Les taxes dont on charge l'industrie, auroient tous les effets que je viens de leur attribuer, quand même le souverain n'auroit pas le pouvoir de les augmenter arbitrairement ; car, de l'aveu de M. Hume, « il est si facile au souverain » d'ajouter un peu plus, et un peu plus » à la première somme, que ces impo- » sitions deviennent à la fois oppressives » et insupportables (1). «

Enfin, quand il pourroit exister une constitution politique où les taxes ne se- roient jamais excessives, le luxe y étein- droit encore l'industrie et le commerce.

Lorsqu'une fois le luxe s'établit dans un état, il se communique bientôt à toutes les conditions. C'est même par ce moyen que les apologistes du luxe veu- lent que l'on excite l'industrie.

Le manufacturier, le marchand, l'ar- tisan, a donc aussi ses superfluités et ses commodités ; chaque jour il en desire de

---

(1) Ibid.

nouvelles et de plus grandes ; car il est de l'essence du luxe, de ne se borner jamais : pour se les procurer, il faut que tous ceux qui travaillent augmentent le prix de leurs ouvrages. L'abondance même de l'argent que procure l'industrie, augmente le prix de toutes les denrées qui servent à la nourriture et à l'entretien de ceux qui travaillent. Ces deux causes augmentent continuellement la dépense des ouvriers, et par conséquent le prix des ouvrages.

Les arts et les manufactures s'établissent alors chez des nations plus économes, qui enlèvent plusieurs branches de commerce à la nation riche et livrée au luxe.

L'habitude du luxe ne permet ni au manufacturier, ni au marchand, ni à l'artisan, de diminuer ses dépenses ; elles ne sont plus proportionnées à ses profits, il s'appauvrit et sa manufacture tombe ; l'ouvrier est obligé de passer chez les nations étrangères pour subsister ; l'industrie s'éteint.

» Par conséquent, dit à ce sujet M.
» Cantillon, cet état commence à per-

» dre la balance, et sera obligé d'envoyer
» tous les ans une partie de son argent
» chez l'étranger, pour le paiement des
» denrées qu'il en tirera.

» Bien plus, quand même l'état en
» question pourroit conserver une ba-
» lance de commerce dans sa plus grande
» abondance d'argent, on peut raisonna-
» blement supposer que cette abondance
» n'arrivera pas sans qu'il y ait beaucoup
» de particuliers opulens qui se jetteront
» dans le luxe; ils achéteront des tableaux,
» des pierreries des étrangers; ils vou-
» dront avoir de leurs soieries; plusieurs
» raretés mettront l'état dans une telle
» habitude de luxe, que malgré les avan-
» tages de son commerce ordinaire, son
» argent s'écoulera annuellement chez
» l'étranger pour le paiement de ce même
» luxe: cela ne manquera pas d'appauvrir
» l'état par degrés, et de le faire passer
» d'une grande puissance à une grande
» foiblesse.

» Lorsqu'un état est parvenu au plus
» haut point de richesse, il ne manquera
» pas de retomber dans la pauvreté, par

» le cours ordinaire des choses : la trop
» grande abondance d'argent, qui fait,
» tandis qu'elle dure, la puissance des
» états, les rejette insensiblement, mais
» naturellement dans l'indigence.

» Ainsi, il sembleroit que lorsqu'un
» état s'étend par le commerce, et que
» l'abondance de l'argent enchérit trop
» le prix de la terre et du travail, le
» prince ou la législature devroit retirer
» de l'argent, le garder pour des cas im-
» prévus, et tâcher de retarder la circu-
» lation par toutes sortes de voies, hors
» celles de la contrainte et de la mau-
» vaise foi, afin de prévenir la trop grande
» cherté des ouvrages, et d'empêcher les
» inconvéniens du luxe.

» Mais, comme il n'est pas facile de
» s'appercevoir du temps propre pour
» cela, ni de savoir quand l'argent est
» devenu plus abondant qu'il ne doit l'être
» pour le bien et la conservation des
» avantages de l'état, les princes et les
» chefs des républiques qui ne s'embar-
» rassent guères de ces sortes de con-
» noissances, ne s'attachent qu'à se ser-

» vir de la facilité qu'ils trouvent, par » l'abondance de l'argent, à étendre leur » puissance (1). «

Le luxe du souverain et des administrateurs de la chose publique, les rendant de plus en plus incapables de connoître quand l'argent est devenu trop abondant, doit donc précipiter dans l'indigence, l'état qui tiroit ses richesses de son industrie, de son commerce et de ses manufactures.

CHAPITRE III.

Ni les tributs imposés sur les nations soumises, ni les mines les plus riches, ne peuvent garantir de la pauvreté un peuple livré au luxe.

Nous avons vu que lorsque le luxe s'établit chez un peuple, toute l'activité de l'esprit se porte vers la recherche des moyens de se procurer des sensations agréables et nouvelles, des mets exquis, des étoffes rares, des fêtes, des

---

(1) Essai sur la Nature du Commerce, part. 2, c. 7, p. 243.

spectacles, de les varier, et d'augmenter sans cesse la pompe et la magnificence; on a vu que le luxe ne manque jamais de faire naître la vanité et l'orgueil qui se complaisent dans la profusion et dans l'ostentation.

Ainsi, dans cette nation, les productions de l'état ne suffisent plus ni au souverain, ni aux grands, ni aux riches, ni même aux citoyens aisés : tout le monde veut jouir des productions des pays étrangers : l'abondance d'or et d'argent que produisent les tributs et les mines, leur donne la facilité d'acquérir tous ces objets; ils regardent les sources de leurs richesses comme inépuisables, et ne mettent point de bornes à leurs dépenses : ils veulent avoir tout ce que la nature et l'industrie produisent dans les contrées étrangères ; ils l'acquièrent à grands frais, et le prix augmenté continuellement, fait passer chez les nations étrangères plus d'or et plus d'argent que l'on n'en tire des tributs et des mines, parce que les besoins du luxe sont sans bornes, et que le produit des tributs
les

les plus excessifs et des mines les plus riches est borné.

Ainsi, le luxe appauvrit continuellement cette nation ; et comme elle a contracté l'habitude et le besoin des productions étrangères, elle se les procure jusqu'à ce qu'elle soit réduite à l'impossibilité de les acquérir, c'est-à-dire à l'extrême pauvreté.

Il est donc certain par la nature même du luxe, qu'il épuise les trésors, les tributs, et les mines les plus riches.

Le luxe a produit ces effets chez les Romains, le peuple le plus riche qui ait jamais existé : la plupart des nations connues de l'ancien monde, étoient tributaires de Rome ; elle s'étoit emparée de toutes les mines d'or et d'argent connues dans toute l'étendue de sa domination : elle jouissoit des mines d'or et d'argent d'Asie et de Macédoine, d'Aquilée et d'Espagne (1).

Toutes ces richesses furent absorbées par le luxe.

---

(1) Just. Lips. de magnitudine imperii Romani, c. 5.

Tant que Rome se contenta du produit et des ouvrages des provinces de l'empire, l'argent fut abondant; mais le luxe qui se dégoûte de tout, desira les productions des pays étrangers, elles devinrent bientôt nécessaires à toutes les conditions : il falloit que les tables fussent de bois étrangers ; on ne vouloit être habillé que des soieries des Indes : par-tout on respiroit les parfums les plus précieux de l'Arabie : les tables étoient chargées d'animaux et d'oiseaux étrangers; tous les habits étoient enrichis de diamans, de pierres précieuses, de perles; et pour acquérir toutes ces productions, on portoit tous les ans plus de cent millions dans l'Inde, dans la Sérique, et dans l'Arabie. C'étoit certainement beaucoup plus que l'on n'en tiroit des mines, et cette branche seule du luxe suffisoit pour épuiser les richesses de l'empire (1).

Ainsi, quoiqu'après la prise d'Alexan-

---

(1) Petron. de bello civili. Lucan. Plin. Hist. Nat. l. 37, c. 7, 12; l. 6, c. 23; l. 12, c. 19.

drie, l'argent fût si commun à Rome, que l'on vit tout-à-coup l'intérêt diminuer des deux tiers et les terres augmenter du double, cependant l'argent devint extrêmement rare sous Tibère (1).

Caligula dissipa dans peu de temps le trésor de Tibère, que M. Cantillon fait monter à deux milliards sept cents millions de sesterces : cette prodigieuse quantité d'argent répandue dans le public, fut absorbée par le commerce étranger. Sous Trajan, les terres étoient diminuées au moins d'un tiers (2).

Sous Septime Sévère, l'argent étoit si rare, que cet empereur, tout avide qu'il étoit, ne put enfin trouver de moyen de s'enrichir, qu'en faisant des amas immenses de bled et d'huile (3).

Caracalla, plus avide encore que son père, et moins scrupuleux sur les moyens d'avoir de l'argent, fut obligé de faire de

___

(1) Sueton. in Aug. c. 41. Dion Cas. l. 41. Tacit. Annal. l. 1, c. 17. Paul Oros.
(2) Sueton. in Calig. Bulinger de Imp. Rom. l. 3, c. 22, l. 9, c. 94. Cantillon, part. 2, c. 8.
(3) Dion Cassius, l. 76.

la fausse monnoie pour subvenir à ses dépenses (1).

Rome n'avoit encore rien perdu de ses états, comme le remarque M. Cantillon; le luxe seul l'avoit appauvrie; il lui avoit enlevé les richesses dont elle avoit dépouillé les nations qu'elle avoit conquises ; le luxe avoit transporté ces richesses dans des contrées d'où les armées Romaines ne pouvoient les tirer.

Le luxe a produit les mêmes effets chez les peuples possesseurs des mines, comme le prouve M. Cantillon.

» Si l'augmentation de l'argent effec-
» tif, dit-il, vient des mines d'or et d'ar-
» gent qui se trouvent dans l'état, le pro-
» priétaire de ces mines, les entrepre-
» neurs, les fondeurs, les affineurs, et
» généralement tous ceux qui y travail-
» lent, ne manqueront pas d'augmenter
» leur dépense à proportion de leur gain:
» ils consommeront dans leurs ménages
» plus de viande et plus de vin ou de
» bière qu'ils ne faisoient ; ils s'accoutu-

---

(1) Ibid.

» meront à porter de meilleurs habits,
» de plus beau linge, à avoir des mai-
» sons plus ornées, ou d'autres commo-
» dités plus recherchées : par conséquent
» ils donneront de l'emploi à plusieurs
» artisans qui n'avoient pas auparavant
» tant d'ouvrage, et qui, par la même
» raison, augmenteront aussi leurs dé-
» penses : toute cette augmentation de
» dépense en viande, en vin, en laine,
» diminue nécessairement la part des au-
» tres habitans de l'état, qui ne parti-
» cipent pas d'abord aux richesses des
» mines en question.

» Les altercations du marché, ou la
» demande pour les viandes, le vin,
» la laine, etc. étant plus fortes qu'à
» l'ordinaire, ne manqueront pas d'en
» hausser le prix : ces hauts prix déter-
» mineront les fermiers à employer da-
» vantage de terres pour les produire en
» une année : ces mêmes fermiers profi-
» teront de cette augmentation de prix,
» et augmenteront la dépense de leur fa-
» mille, comme les autres : ceux donc
» qui souffriront de cette cherté et de

» l'augmentation des consommations, » seront d'abord les propriétaires des ter-» res, pendant le terme de leurs baux, » puis leurs domestiques et tous les ou-» vriers et gens à gages fixes, qui entre-» tiennent leurs familles. Il faut que tous » ceux-là diminuent leur dépense à pro-» portion de la nouvelle consommation, » ce qui en obligera un grand nombre à » sortir de l'état pour aller chercher for-» tune ailleurs : les propriétaires en con-» gédieront plusieurs : il arrivera que les » autres demanderont une augmentation » de gages pour pouvoir subsister à l'or-» dinaire : voilà à peu près comment » une augmentation considérable d'ar-» gent par des mines, augmente la con-» sommation, et en diminuant le nombre » des habitans, entraîne une plus grande » dépense pour ceux qui restent.

» Si l'on continue de tirer de l'argent » des mines, le prix de toutes choses, » par cette abondance d'argent, augmen-» tera à tel point, que non-seulement les » propriétaires des terres, à l'expiration » de leurs baux, augmenteront considé-

» rablement leurs rentes, et se remet-
» tront dans leur ancien train de vivre,
» en augmentant à proportion les gages
» de ceux qui les servent ; mais que les
» artisans et les ouvriers tiendront si
» haut leurs ouvrages, qu'il y aura un
» profit considérable à les tirer de l'étran-
» ger qui les fait à bien meilleur marché :
» cela déterminera naturellement plu-
» sieurs à faire venir dans l'état quantité
» de manufactures d'ouvrages travaillés
» dans les pays étrangers, où on les trou-
» vera à grand marché, ce qui ruinera
» insensiblement les manufacturiers et
» artisans de l'état, qui ne sauroient
» subsister en travaillant à si bas prix,
» attendu la cherté.

» Lorsque la trop grande abondance
» d'argent des mines aura diminué les
» habitans d'un état, accoutumé ceux
» qui resteront à une trop grande dé-
» pense, porté le produit de la terre et
» le travail des ouvriers à des prix ex-
» cessifs, et ruiné les manufactures de
» l'état, par l'usage que font de celles des
» étrangers, les propriétaires des terres

» et ceux qui travaillent aux mines, l'ar-
» gent du produit des mines passera né-
» cessairement chez l'étranger pour payer
» ce que l'on en tire, ce qui appauvrira
» insensiblement cet état, et le rendra,
» en quelque façon, dépendant de l'é-
» tranger, auquel on est obligé d'en-
» voyer annuellement l'argent à mesure
» qu'on le tire des mines. La grande cir-
» culation d'argent, qui au commence-
» ment étoit générale, cesse ; la pauvreté
» et la misère suivent ; et le travail des
» mines paroît n'être que pour le seul
» avantage de ceux qui y sont employés,
» et pour les étrangers qui en profitent.

» Voilà à peu près ce qui est arrivé
» à l'Espagne depuis la découverte des
» Indes : pour ce qui est des Portugais,
» depuis la découverte des mines du
» Bresil, ils se sont presque toujours
» servis des ouvrages et des manufactu-
» res des étrangers ; et il semble qu'ils
» ne travaillent aux mines que pour le
» compte et l'avantage de ces mêmes
» étrangers (1). «

---

(1) Cantillon, ibid.

Ainsi, le luxe conduit nécessairement à la pauvreté, la nation chez laquelle il s'établit, quelque riche qu'elle soit, et quelque soit le principe de sa richesse. Il précipite également dans la pauvreté, le peuple qui a des mines, le peuple commerçant, le peuple conquérant et le peuple agricole.

Voyons les effets du luxe par rapport à la force des états.

SECTION IX.

Du Luxe considéré dans ses rapports avec la force des Etats.

LA force ou la puissance d'un état, dépend du nombre de ses citoyens, de leur force, ou de la bonté de leur constitution physique, de leur attachement à leur patrie, de leur courage, et de leur habileté pour la conserver et pour la défendre.

En comparant les effets du luxe avec tous ces principes, j'ai trouvé que le luxe étoit contraire à la population, qu'un état où il domine ne produit point des citoyens d'une constitution forte ; et enfin, qu'il anéantissoit le courage et l'habileté nécessaires pour conserver et pour défendre la patrie : de sorte que la politique des partisans du luxe, se réduit à prétendre qu'on rend un état plus puissant en le dépeuplant, en énervant ses citoyens et ses soldats, en leur ôtant le courage et l'habileté qui le conservent.

Chapitre I.

Le Luxe est contraire à la population.

La population d'une société dépend principalement de deux choses : 1°. des moyens qu'elle a pour nourrir des citoyens : 2°. des motifs que les citoyens ont pour former des familles nombreuses : de manière que dans une société donnée, la population sera plus ou moins considérable, selon qu'elle pourra nourrir un plus grand nombre de citoyens, et qu'elle les portera, par des motifs plus ou moins puissans, à devenir les pères d'une nombreuse famille.

A tous ces égards le luxe est contraire à la population.

Article I.

Lorsque le Luxe domine dans une nation, elle ne peut nourrir un aussi grand nombre de citoyens, que si elle étoit sans Luxe.

Une société peut nourrir et entretenir un plus grand nombre de citoyens, selon qu'elle tire de son territoire une plus grande quantité de productions propres à la subsistance de l'homme, selon qu'elle emploie moins de ces productions à la nourriture et à l'entretien de chaque citoyen, et qu'elle les met tous dans un état propre à conserver la vie et la santé. Voyons quels sont, par rapport à tous ces objets, les effets du luxe.

Lorsque j'ai examiné les effets du luxe, par rapport à la richesse des états, j'ai fait voir qu'il cause un préjudice notable à l'agriculture, par la misère et par l'ignorance dans laquelle il plonge le cultivateur, par la quantité de parcs, de jardins, de grands chemins qui absorbent une partie considérable du territoire de la nation, ou du moins une partie des productions destinées à nourrir les citoyens ; cette branche seule de luxe est donc funeste à la population.

Dans une nation où le luxe règne, les grands, les riches, tous les propriétaires de seigneuries et de fiefs, obligent le cultivateur de nourrir une quantité prodigieuse de gibier et de bêtes sauves, pour jouir du plaisir de la chasse : nous avons vu, par exemple, qu'en Saxe, pendant le règne du dernier électeur, roi de Pologne, les habitans de la campagne offrirent d'augmenter ses troupes de six mille hommes, et de payer leur solde et leur entretien, s'il vouloit faire tuer la moitié des daims qui servoient à lui procurer le plaisir de la chasse (1).

Le luxe de l'électeur de Saxe, roi de Pologne, pour le plaisir seul de la chasse

---

(1) Etat de l'agriculture des îles britanniques, t. 2 de l'Arithmétique Politique, p. 304.

du daim, étoit donc équivalent à un ennemi, qui tous les ans auroit enlevé douze mille hommes de la Saxe, ou à une maladie, qui tous les ans auroit fait périr dans le sein de leurs mères douze mille enfans.

En France, il y a plus de deux cents mille cerfs, biches, daims, sangliers, etc. conservés avec beaucoup de soin pour le plaisir de la chasse; et il n'y a pas un de ces animaux qui, pendant les deux mois qui précèdent la moisson, ne consomme ou ne dévaste la valeur d'un boisseau de grain par jour : et ce n'est pas évaluer trop haut la consommation de ces animaux, que de la faire monter à douze millions de boisseaux de blé ou de grain : ainsi, un million d'hommes vivroit de ce qui est consommé ou dévasté par ces animaux, en donnant à chaque homme douze boisseaux de blé par an.

Le luxe, dans cette partie seule, prive donc la France d'un million d'habitans.

Dans les états où le luxe domine, le souverain, les grands, les riches, les personnes aisées, ont beaucoup de chevaux: une autre partie de ces animaux est employée pour les voitures qui transportent des denrées de toute espèce, de la campagne dans les villes, et des provinces les plus éloignées dans la capitale; il faut, pour la nourriture de tous ces chevaux, employer beaucoup de terres en fourrages et en espèces de grains propres à ces animaux.

Il faut donc, pour satisfaire au luxe dans cette partie, que la nation se prive d'un grand nombre d'hommes. En Angleterre, par exemple, la consommation des avoines excède celle du froment, et l'on fait monter la consommation de ce grain à quatre millions deux cents cinquante mille quarters; c'est-à-dire, à quatre-vingt-neuf millions deux cents cinquante mille boisseaux de France (1).

Le luxe, dans cette partie, est donc aussi funeste à la population, qu'une calamité qui enlèveroit tous les ans à l'Angleterre, une quantité de grain ca-

---

(1) Ibid.

pable de nourrir une fois autant d'habitans qu'elle en nourrit; et selon l'auteur que je cite, » la multiplication des che- » vaux seule, est capable de dépeupler » une nation. Qui peut révoquer en doute, » ajoute-t-il, que la grande quantité de » chevaux entretenus dans le royaume, » ne soit un désordre? Peut-être n'y a-t-il » point d'espèce de luxe dont les consé- » quences soient plus funestes à la so- » ciété (1). «

Ainsi, dans une nation où le luxe domine, une quantité prodigieuse d'animaux vit aux dépens de l'espèce humaine; et par conséquent, le luxe est funeste à la population, puisqu'il met la société dans l'impuissance de tirer de ses terres autant de subsistances destinées à la nourriture de l'homme, qu'elle en tireroit si elle étoit sans luxe.

Quand une nation chez laquelle le luxe domine, tireroit de son territoire la plus grande quantité possible de productions destinées à la subsistance de

---

(1) Ibid.

l'homme, l'emploi que le luxe en fait est contraire à la population.

Dans l'ordre de la nature, peu d'alimens suffisent à la nourriture de l'homme; et l'on peut, d'après M. Cantillon, supposer que, » dans les terres d'une
» bonté moyenne, un homme qui vit
» de pain, d'ail, de racines, qui ne
» porte que des habits de chanvre, de
» gros linge, des sabots, et qui ne
» boit que de l'eau, peut subsister du
» produit d'un arpent et demi ; et qu'il
» en faut cinq ou six pour la subsistance
» d'un homme qui porte des souliers,
» des habits de draps, des bas de laine,
» qui habite des maisons, qui a du linge
» à changer, un lit, une table, des
» chaises, et d'autres choses nécessaires,
» qui boit modérément de la bière ou du
» vin, qui mange de la viande tous les
» jours, du beurre, du fromage, du pain,
» des légumes, etc. le tout suffisamment,
» mais modérément (1). «

---

(1) Essai sur la Nature du Commerce, part. 1, c. 15. Cette supposition n'est point arbitraire, c'est le

Ainsi, dans tout état où l'on ne permettroit que la moindre quantité possible des subsistances que la nature n'a pas rendues nécessaires à la vie ou à la santé de l'homme, il n'y auroit que le tiers des habitans qu'il pourroit nourrir, si l'on s'y réduisoit à ne vivre que de pain et de racines, à ne boire que de l'eau, à ne porter que de gros linge : ainsi, quand le luxe se borneroit au moindre superflu, il équivaudroit à une guerre dans laquelle l'état perdroit tous les ans un tiers de ses habitans.

Mais, par ce qui a été dit de la nature du luxe, il multiplie sans cesse les objets qui peuvent procurer des sensations agréables ; ainsi il rend continuellement nécessaires à la vie de l'homme, une plus grande quantité de terre, et bientôt six arpens ne suffisent plus pour la subsistance d'un citoyen ; il lui en faut dix,

---

résultat des observations que M. Cantillon avoit faites dans les campagnes et dans les villages de presque tous les états de l'Europe. Je tiens ce fait de feu M. le marquis de S. Georges, à qui le public doit l'Essai sur la Nature du Commerce.

vingt, trente ; il faut alors, à chaque citoyen aisé, la quantité de terres qui, hors l'état de luxe, suffiroit pour en faire subsister dix ou vingt.

Par une suite du progrès du luxe, lorsqu'il devient dominant dans un état, il y a nécessairement un grand nombre de personnes qui aiment la bonne chère ; il y a beaucoup de gourmands, beaucoup d'hommes fastueux qui ont des tables où règnent la profusion et la délicatesse : il s'y fait une consommation de légumes, de viandes, vingt ou trente fois plus grande pour chacun des convives, que pour un homme qui ne mange que modérément de ces choses : chaque homme riche et chacun des convives qu'il rassemble, consomme donc vingt ou trente fois la valeur de cinq ou six arpens ; c'est-à-dire, que pour une table de dix ou douze personnes, on emploie ce qui, hors l'état de luxe, nourriroit trois cents personnes, et qui en nourriroit au moins cent dans un état d'abondance ou d'aisance.

Ainsi, le luxe seroit funeste à la population, quand même on supposeroit que la nation où il domine, tire de son territoire la plus grande quantité possible de productions destinées à la subsistance des hommes.

On a vu que le luxe réduit à l'indigence la plus grande partie des habitans de la campagne ; que les cultivateurs, les artisans, les manouvriers pour subsister, sont obligés à des travaux excessifs, et qu'ils n'ont pas une nourriture suffisante, que souvent elle est mal saine : l'excès du travail et la mauvaise nourriture, causent nécessairement des maladies; et les cultivateurs, les artisans, les ouvriers réduits à la dernière misère, n'ont rien de ce qui est nécessaire pour leur guérison : d'ailleurs, leurs corps exténués, leurs organes sans vigueur, ne peuvent résister à la maladie ; un grand nombre meurt dans la jeunesse, un plus grand nombre dans l'enfance.

Une partie des cultivateurs, des manouvriers, des artisans chassés des campagnes par la misère, ou attirés par l'espérance d'un meilleur sort, se réfugie dans les villes, et sur-tout dans la capitale, où l'abondance d'argent leur fait trouver une subsistance plus sûre : une partie ne se marie point, ceux qui se marient ont peu d'enfans; la misère, la débauche, en font périr un grand nombre, parce qu'il est impossible que le luxe domine dans un état et dans les grandes villes, sans qu'il y ait beaucoup de libertinage et de misère, des maisons mal saines, des maladies funestes à la plus grande partie des pauvres.

La misère qui règne dans la capitale, enlève plus de sujets que la plus terrible épidémie.

Ainsi, lorsque le luxe domine dans un état, le gouvernement ne procure point aux citoyens les moyens de conserver leur vie.

D'un autre côté, il emploie en superfluités qui ne procurent que des sensations agréables aux riches, une étendue de terre qui pourroit nourrir une grande quantité d'hommes : le luxe est donc fatal à la population, par le mauvais emploi qu'il fait de la terre et de ses productions, et par la misère à laquelle il réduit la plus grande partie des citoyens.

ARTICLE II.

Le Luxe détruit dans les citoyens tous les motifs qui les portent à devenir pères d'une nombreuse famille.

La nature ne porte pas l'homme à se perpétuer, comme les animaux, par le seul instinct, ou par le besoin physique uniquement. Dans l'institution de la nature, l'amour conjugal l'attache constamment à l'épouse qu'il a choisie : l'enfant qu'elle met au monde, augmente son attachement et le fixe auprès d'elle ; l'enfant est un témoignage précieux de l'amour qu'elle a pour lui, et le garant de leur constance et de leur fidélité mutuelle : l'enfant, à ce double titre, devient cher à son père ; la tendresse paternelle naît dans son cœur, et lui rend agréables tous les soins dont l'enfant a besoin.

Les soins paternels inspirent à l'enfant de l'attachement, de la reconnoissance pour son père; et lorsqu'il est capable de réfléchir sur tout ce que la tendresse paternelle a fait pour lui, la piété filiale naît dans son cœur et se développe dans toute son étendue; il aime son père comme le principe de son bonheur; il le révère comme un dieu; il se dévoue pour lui, ensorte que dans l'ordre de la nature, le plus grand bonheur d'un homme est d'être le père d'une nombreuse famille (1).

La multiplication, l'accroissement de ses enfans, lui offrent le spectacle le plus agréable et le plus intéressant : il voit germer dans le cœur de ses enfans la piété filiale, la reconnoissance, le dévouement à toutes ses volontés : il voit dans ses enfans des appuis pour sa vieillesse, des secours contre tous ses maux, des consolateurs dans toutes ses peines, parce qu'il voit dans ses enfans, les amis les plus tendres, les plus attentifs, les

___

(1) On peut voir dans mon ouvrage sur la Sociabilité, tous les effets qui naissent des lois que la nature a établies pour la perpétuité du genre humain.

plus zélés; il regagne par la multiplication et par l'accroissement de ses enfans, tout ce que la succession des années lui ôte; il éprouve chaque jour un bonheur nouveau qui le dédommage de la jeunesse et de la vigueur que le temps lui enlève; son existence augmente, si je peux m'exprimer ainsi, à mesure que ses enfans deviennent plus forts, plus âgés, et plus nombreux.

Tels sont les motifs par lesquels la nature porte l'homme à devenir père d'une famille nombreuse.

Les plus sages législateurs, qui ne se regardoient que comme les ministres de la nature, ont tâché d'animer, par ces motifs, les citoyens à donner des sujets à la société : c'est dans leur législation un point fondamental, et l'objet principal de la politique chinoise, infiniment supérieure à celle de toutes les nations connues, sur-tout par rapport à la population (1).

---

(1) On peut voir sur ce sujet mes observations sur la philosophie morale et politique des Chinois, qui sert d'introduction à la lecture des livres classiques.

Le luxe est absolument contraire à ce plan ou à ce système de la nature. Il fait consister le bonheur dans les sensations agréables; il éteint par conséquent la partie la plus essentielle de l'amour conjugal, c'est-à-dire, l'attachement, l'amitié, et toutes les affections qui font, de l'union des époux, une source de bonheur continuelle et indépendante des sensations.

Par ce que l'on vient de dire, le luxe éteint tout le moral de l'union conjugale; et il ne laisse à l'homme, pour se porter à cette union, que les sensations: or, par la nature du luxe, l'homme qui le regarde comme le principe de son bonheur, a un besoin continuel de varier les objets de ses sensations : le luxe tend donc essentiellement à désunir les époux, et à les remettre dans l'état de désordre dont les législateurs ont tiré les hommes errans dans les forêts, et qu'ils ont fait cesser par l'union conjugale et par la stabilité des mariages.

Le luxe anéantit donc dans le cœur des époux, le principal motif par lequel
la

la nature et la politique les portent à devenir pères d'une nombreuse famille.

Dans l'ordre de la nature, le père heureux par la tendresse paternelle, en augmentant le nombre de ses enfans, multiplie les objets de son amour et augmente son bonheur.

Mais l'homme de luxe qui fait consister son bonheur dans les sensations agréables, n'éprouve point les douceurs de la tendresse paternelle, elle ne le porte point à se donner un grand nombre d'enfans.

Chaque enfant que l'homme de luxe fait naître, lui demande le sacrifice de quelqu'un de ses plaisirs, et ne lui procure aucun dédommagement : le luxe empêche donc que l'homme ne se livre au desir d'augmenter le nombre de ses enfans.

D'un autre côté, le luxe détruit dans les enfans tous les principes de la piété filiale, comme je l'ai prouvé, lorsque j'ai examiné les effets du luxe sur le cœur humain : le luxe ne permet donc pas au père, d'espérer de voir dans ses enfans l'attachement, le zèle, le respect, le dévouement par lequel la nature le portoit à devenir le chef d'une famille nombreuse.

Eh, quel homme ne doit pas craindre de devenir père, à la vue de l'indifférence, de l'oubli, du dédain et du mépris des enfans livrés au luxe, pour les pères et pour les mères? Quelle condition, quelle profession n'offre pas des exemples effrayans de cette indifférence, de cet oubli, de ce mépris de tous les devoirs des enfans pour leurs parens, dans une nation livrée au luxe?

L'homme de luxe est heureux par les sensations agréables; il est obligé de les varier sans cesse, et sa fortune ne suffit jamais à ce besoin; une famille nombreuse est donc une calamité pour l'homme livré au luxe, parce qu'il est obligé de lui sacrifier une partie des objets de son bonheur; il ne voit dans ses enfans, que des ennemis que l'union conjugale lui crée, et non des amis ou des sujets que la nature lui donne.

Dans l'ordre naturel et social, le père

d'une famille nombreuse est un citoyen recommandable, un bienfaiteur de la patrie, qui mérite et qui obtient de la considération.

Mais, lorsque le luxe règne chez une nation, on n'accorde l'estime et la considération qu'au faste, à la magnificence, à la profusion, que le citoyen est moins en état de se permettre, à mesure que ses enfans se multiplient ; de sorte qu'il tombe dans l'obscurité, et même dans l'avilissement, lorsqu'il sacrifie à l'éducation ou à l'établissement de sa famille, le faste et la magnificence. Le luxe imprime donc une espèce de flétrissure à la qualité de chef d'une nombreuse famille : il ôte donc aux citoyens tous les motifs favorables à la population.

Dans un état où le luxe domine, on n'accorde l'estime, la considération, qu'au faste, à la magnificence : chaque citoyen a, relativement à sa fortune, à son état, tout celui qu'il peut avoir : les enfans de tous les citoyens contractent donc, dans la maison paternelle, l'habitude d'un luxe que le partage des biens paternels ne leur permettroit pas de soutenir s'ils se marioient : ils se croiroient dégradés par le mariage, et bien davantage encore s'ils avoient beaucoup d'enfans : il préfèrent le célibat au mariage.

Ainsi, quand le luxe domine dans une nation, il y produit une grande quantité de célibataires, dans les conditions les plus riches et les plus élevées, comme dans les plus médiocres et les plus pauvres ; ainsi, dans l'espace de quelques générations, plusieurs de ces familles s'éteignent.

Sur les débris des fortunes détruites et des familles éteintes, s'élèvent des fortunes et des familles nouvelles, qui bientôt éprouvent le sort des premières ; ainsi, le luxe est une espèce de gouffre ou d'abime, dans lequel les familles vont se précipiter et s'anéantir pour jamais.

Voilà, pour le remarquer en passant, le célibat vraiment funeste aux états.

Dans les sociétés politiques, les dernières classes des citoyens contribuent le plus à la population ; mais il faut pour cela qu'elles aient une subsistance sûre et suffisante pour eux et pour leur famille : or, nous avons vu que dans un état où le luxe est dominant, le gouvernement ne connoît seulement pas la nécessité de procurer à cette classe une subsistance sûre et suffisante; nous avons vu qu'au contraire, le luxe fait monter les subsistances à un prix qui ne permet pas aux salariés, de se procurer les choses les plus nécessaires ; il éteint donc dans ces classes la cause reproductive ; où s'il y naît des enfans, la misère et l'indigence sous laquelle le luxe les accable, fait périr ces enfans pour la plus grande partie.

D'ailleurs, la naissance d'un enfant n'est-elle pas dans cette classe de citoyens, un vrai fléau, une calamité? Le père et la mère qui ne subsistent qu'avec une peine extrême, en travaillant à l'excès, peuvent-ils prévoir sans effroi, qu'ils auront des enfans avec lesquels ils seront obligés de partager ce qui suffit à peine pour les empêcher de mourir de faim ?

J'ai examiné les différentes causes,

soit physiques, soit morales, dont le concours augmente la population; j'ai prouvé que le luxe les anéantit toutes: j'ai recherché les causes physiques et morales de la dépopulation, et j'ai vu que le luxe les réunissoit toutes dans un état où il règne. Le luxe est donc le fléau le plus funeste à la population.

Cependant ses partisans prétendent qu'il lui est favorable, et se vantent de justifier leur opinion par l'expérience: il faut faire voir combien leur prétention est peu fondée.

Article III.

L'histoire confirme tout ce que l'on vient d'établir sur les effets du Luxe, par rapport à la population.

Pour bien juger des effets du luxe sur la population, et de la vérité des principes que j'ai établis dans les articles précédens, il faut nous transporter aux premiers siècles de chaque nation; nous les voyons toutes se multiplier et s'étendre sur le globe, franchir les montagnes, traverser les fleuves et même les mers, pour former des établissemens aux citoyens que la terre natale ne peut plus nourrir.

Cet accroissement de population commence à la première formation des sociétés, et c'est dans ce temps qu'elle est plus considérable, c'est-à-dire avant la naissance du luxe et des arts de luxe ; dans un temps où la nation regarde comme le plus grand bonheur, la subsistance et la sécurité, ce qui se prouve, parce que dans ces temps, on voit la politique tendre à la population ou à la multiplication des citoyens, et que les sociétés ne cultivent que ce qui est nécessaire pour subsister.

Aussitôt que les premiers législateurs de la Grèce ont réuni les hommes dispersés, ils leur enseignent à cultiver la terre ; et depuis ce moment on voit les sociétés qu'ils ont formées, envoyer des colonies dans l'intérieur de la Grèce, y fonder un grand nombre de républiques, faire passer d'autres colonies en Sicile, en Italie et en Asie.

Mais lorsque le luxe est devenu dominant, aucune société n'est surchargée d'habitant ; on fait des conquêtes ; et l'on n'envoie plus de colonies depuis Périclès (1).

Dans les premiers siècles de la république Romaine, chaque chef de famille possédoit sept arpens, et l'on regardoit comme un citoyen dangereux, celui qui en desiroit davantage (2).

L'amour conjugal unissoit les époux, et une famille nombreuse étoit la gloire et la félicité des parens ; on ne desiroit laisser à ses enfans, que l'honneur et la pauvreté (3).

On voit alors le nombre des citoyens croître prodigieusement à Rome, et même dans l'Italie, malgré les guerres continuelles des Romains et des autres peuples : mais à mesure que le luxe fait du progrès à Rome, le nombre des citoyens y diminue, et la dépopulation

---

(1) Hérodot. Thucydid. Diod. de Sicile.
(2) Plin. Hist. nat. l. 18, c. 5.
(3) Val. Max. l. 4.

devient prodigieuse lorsque le luxe est porté au comble, et qu'il s'est communiqué à toutes les conditions. Nous avons sur cet objet, des points de comparaison qui ne permettent pas d'en douter.

L'an quatre cent sept de Rome, dans ces temps où sept arpens suffisoient à une famille patricienne, les Gaulois pillèrent l'Italie, et les pirates en infestèrent les côtes : les Latins se séparèrent alors des Romains, et pour réparer cette désertion, on lève des troupes : la jeunesse de la ville et de la campagne, fournit sur le champ dix légions de quatre mille hommes d'infanterie, et de trois cents cavaliers : aujourd'hui, ajoute Tite Live, on auroit de la peine à trouver un pareil secours dans tout l'empire, si nous étions attaqués par quelque puissance étrangère : tant il est vrai qu'en étendant notre domination, nous n'avons augmenté que nos richesses et notre luxe, objets uniques de nos desirs et de notre ambition (1).

---

(1) Tit. Liv. l. 7, c. 25.

L'an cinq cent vingt-cinq, les Gaulois menacèrent l'Italie, et l'on leva une armée de huit cent-mille hommes, dont Rome et la Campanie fournirent près de la moitié (1).

Mais dans la guerre de César et de Pompée, les armées infiniment moins nombreuses, étoient composées d'auxiliaires; et sous les empereurs, l'Italie fut dépeuplée, et l'empire défendu par des étrangers soudoyés.

Si nous recherchons les causes de cette prodigieuse dépopulation, nous verrons qu'il n'y en a point d'autres que celles que j'ai assignées dans les articles précédens.

Dans les premiers temps de la république, sept arpens suffisoient à une famille; il y avoit donc dans le territoire de Rome, autant de familles qu'il y avoit de fois sept arpens : mais à mesure que le luxe s'introduit et fait du progrès, il ravit au pauvre ses sept arpens, le chasse de son patrimoine ; et enfin, ces

---

(1) Plin. l. 3, c. 2. Polyb. l. 2.

campagnes couvertes de colons dans les premiers siècles de la république, sont changées en parcs et en jardins stériles, même avant l'extinction de la république; et ce désordre s'étend dans toute l'Italie, sous les empereurs, comme on le voit par la lettre de Tibère, que j'ai rapportée.

Tandis que d'une main le luxe ravit aux citoyens leurs domaines, et convertit les campagnes fertiles en jardins stériles; de l'autre, il éteint dans le cœur des citoyens, l'amour conjugal et paternel : on est obligé de faire des lois contre les célibataires, et contre ceux qui, étant mariés, ne donnent point d'enfans à l'état (1).

Le luxe multiplie les célibataires, malgré la sévérité des lois qu'Auguste s'efforce en vain de faire exécuter : il est obligé de les adoucir : on ne cesse d'en solliciter l'abolition ; et quelque dangereuse que devienne la condition des célibataires, par l'abus que la cupi-

---

(1) Aulu-Gelle, l. 1, c. 6.

dité fait des lois pénales portées contre eux, on n'a pas plus d'empressement pous se marier et pour élever des enfans, dit Tacite, parce que l'on craint encore plus d'avoir des héritiers (1).

M. Hume convient que les états anciens avoient une grande supériorité de puissance sur les états modernes, et que cette supériorité avoit pour cause la supériorité du nombre des habitans; car il avoue que c'étoit uniquement dans le nombre des habitans que les états anciens faisoient consister leur sécurité (2).

L'affoiblissement de la puissance des états anciens, a donc été produite par la dépopulation des états, et leur dépopulation par le luxe; puisque, selon M. Hume, il n'y a point d'autre cause de cette supériorité de puissance, que l'absence du luxe (3).

Le luxe produit les mêmes effets dans

_____

(1) Sueton. in August. Tacit. annal. l. 2, c. 25.
(2) Hume, Discours sur le Commerce et sur la population des Nations anciennes.
(3) Ibid.

les états modernes : dans le choix des exemples, je me borne à celui de la France et de l'Angleterre.

» Au commencement du règne de Phi-
» lippe de Valois, on comptoit deux mil-
» lions cinq-cent-mille feux dans les seules
» terres de la couronne, à l'imposition de
» l'aide : ces terres ne faisoient pas à beau-
» coup près le tiers de l'étendue que ren-
» ferme aujourd'hui le royaume. On n'y
» comprenoit pas alors les provinces pos-
» sédées en France par les rois d'Angle-
» terre et de Navarre ; les grandes seigneu-
» ries de Guyenne, telles que le comté
» de Foix, d'Auvergne, Bayonne, ses dé-
» pendances ; le Roussillon, la Bourgo-
» gne, la Franche-Comté, la Flandre,
» le Hainaut, le Cambresis, l'Artois,
» la Bretagne, l'Alsace, la Lorraine, le
» Barrois, le Dauphiné, la Provence.

» On peut affirmer que la France ren-
» fermoit alors dans son sein huit mil-
» lions de feux, ce qui forme, en comp-
» tant trois personnes par feu, un total
» de vingt-quatre millions d'habitans, sans
» compter les seigneuries ecclésiastiques

» et séculières, qui ne furent pas assu-
» jéties au dénombrement que l'on fit
» alors. Que l'on ajoute à ce calcul, les
» célibataires, les serfs; car malgré les
» affranchissemens, il y avoit encore
» beaucoup de villes qui n'avoient pas
» acquis la liberté, et qui ne furent pas
» comptées : un clergé composé d'une
» multitude immense d'ecclésiastiques et
» de personnes religieuses des deux sexes,
» les universités et le corps entier de la
» noblesse, tous exempts de servitude;
» on sera effrayé du dépérissement de
» l'espèce humaine, depuis quatre cents
» ans (1). «

Comment a-t-on ignoré cette dépopulation en France ? ou si elle a été connue, comment n'y a-t-on pas cherché un remède ? C'est un problème dont j'abandonne la solution aux admirateurs de notre politique moderne : je vais faire voir que le luxe est, sinon l'unique, du moins la principale cause de cette prodigieuse

---

(1) Villaret, hist. de Fr. t. 14, p. 23. Le dénombrement qu'il cite, est tiré d'un manuscrit de la bibliothèque du roi, de l'an 1328.

diminution dans l'espèce humaine, sur cette partie de l'Europe.

Les peuples qui s'emparèrent de la France avoient une espèce de luxe, et ils en trouvèrent dans les provinces où ils s'établirent : le luxe fut chez eux uni à la bravoure, à la férocité ; mais ils conservèrent une partie de leur antique simplicité, même lorsque le gouvernement féodal s'établit.

Mais au commencement de la troisième race, Constance, femme du roi Robert, et fille du comte de Provence, porta les premières atteintes à la simplicité et à la modération dans laquelle la nation vivoit.

» Elle amena de son pays une grande
» suite de gens sans foi, sans société,
» danseurs, farceurs, gens de plaisirs,
» déréglés, volages et présomptueux,
» qui, par leurs manières trop gaillardes
» et dissolues, mirent le luxe et le dé-
» sordre dans la cour de France, et en
» chassèrent la gravité, la simplicité et
» la modestie (1). «

---

(1) Mézerai, règne de Robert.

Les germes du luxe se développèrent sous Philippe I; et si l'on en excepte saint Louis et Philippe III, tous les rois en furent infectés : mais la nation avoit conservé sa simplicité, et résisté pendant trois siècles à la contagion du luxe, lorsqu'il commença à la corrompre et à se communiquer hors de la cour. Ce fut sous le règne de Philippe de Valois.

« Les gentilshommes qui, jusqu'à Philippe de Valois, avoient toujours été fort modestes en leurs habits, commencèrent à se parer de pierres, de perles, de découpures et de papillotes et autres babioles, comme des femmes; à porter sur le bonnet des bouquets de plumes, marque de leur légèreté, à s'adonner au jeu, à celui des dez toute la nuit, à celui de la paulme tout le jour, à rançonner leurs sujets, et à ravir insolemment le bien des paysans.

« Les plus mauvaises actions étoient avouées sans honte, toujours impunies, souvent récompensées : jamais on ne vit ensemble tant de misère et tant de folles dépenses : l'ambition, le luxe,

» la prodigalité, étoient les vertus du
» temps; on ne songeoit qu'à amasser de
» l'argent par toutes sortes de voies, pour
» contenter les passions les plus crimi-
» nelles (1). «

Le luxe s'accroît sous le roi Jean ; et Charles V, sans s'y livrer, ne l'arrête pas. Il prend de nouvelles forces sous Charles VI, sous Charles VII, sous Louis XI, et devient extrême sous Charles VIII, comme on le voit par le discours de l'orateur des états tenus à Tours sous ce prince.

» Chacun est maintenant vêtu de ve-
» lours et de draps de soie, qui est une
» chose bien dommageable à la richesse
» et aux mœurs de ce royaume ; car il
» n'y a maintenant ménétrier, varlet-
» de-chambre, barbier ou gens d'armes,
» qui ne soient vêtus de velours, et qui
» n'aient collier et signets d'or ès doigts
» comme les princes; et n'est mal ni tra-
» hison qu'ils ne fassent pour continuer
» leur états (2). «

---

(1) Mézerai, règne de Philippe de Valois, Choisi.
(2) Etats tenus à Tours, p. 59, 61.

Voilà certainement le luxe avec tous les effets que je lui ai attribués par rapport au cœur : voici ce qu'il produisit par rapport à la population.

» Les aucuns se sont fuis et retraits
» en Engleterre, Bretaigne et ailleurs;
» et les autres, par désespoir, ont tué
» femmes et enfans, et eux-mêmes,
» voyant qu'ils n'avoient pas de quoi vi-
» vre : et plusieurs femmes, hommes et
» enfans, pour faute de bêtes, sont con-
» traints de labourer la charre au col;
» et les autres labouroient de nuit, par
» crainte qu'ils ne fussent de jour pris
» et appréhendés pour tailles; au moyen
» de quoi, partie des terres sont demeu-
» rées à labourer, et tout par ce qu'ils
» étoient soumis à la volonté de ceux qui
» vouloient eux enrichir de la substance
» du peuple, et sans le consentement et
» délibération des trois états (3). «

Depuis cette époque le luxe s'est perpétué, s'est étendu sans cesse : les plus habiles administrateurs des finances ont animé, encouragé l'industrie, et l'ont

---

(2) Ibid. p. 90, 93.

tournée vers les arts d'agrément, vers les manufactures; et toutes leurs opérations nous ont réduits à une population beaucoup moins considérable qu'elle n'étoit avant Philippe de Valois.

Les Anglois qui ont fait des recherches sur la population en Angleterre, donnent des résultats très-différens; deux font monter la population à huit millions d'habitans; trois, à sept; un, à six; quatre, à cinq millions et même à quatre. On dit que le nombre de huit millions est beaucoup trop fort; mais quand il seroit exact, il n'en seroit pas moins vrai que le luxe cause un préjudice notable à la population de l'Angleterre; car huit millions d'habitans sont certainement un nombre de beaucoup inférieur à celui que l'Angleterre pourroit nourrir et entretenir dans un état d'aisance, comme le prouve l'auteur d'un ouvrage sur l'état de l'agriculture dans les îles Britanniques, qui fait monter ce nombre à vingt-quatre millions d'hommes (1).

---

(1) Arithmétique polit. t. 1, c. 8, t. 2, p. 276.

M. Hume reconnoît lui-même que Londres, sans beaucoup augmenter, a besoin annuellement d'une recrue des provinces, de cinq mille hommes (1).

Si le luxe étoit aussi favorable à la population que M. Hume le prétend, Londres, au lieu d'avoir besoin de tirer cinq mille hommes des provinces, ne seroit-elle pas en état d'envoyer des colonies ?

Enfin, si le luxe ne dépeuple pas l'Angleterre, pourquoi ses flottes et ses armées étoient-elles remplies d'étrangers dans la guerre qu'ils ont faite aux états unis d'Amérique ?

La France et l'Angleterre offrent donc une preuve sensible des funestes effets du luxe, par rapport à la population.

Chapitre II.

Les citoyens d'un Etat où le Luxe domine, n'ont point une constitution robuste.

Tous les besoins physiques de l'homme naissent d'un dérangement causé dans

---

(1) Discours sur le luxe.

l'économie animale, et supposent un commencement d'altération dans la santé. Il seroit dans un état de maladie continuelle, s'il étoit privé des objets nécessaires pour les satisfaire, ou s'il n'en pouvoit proportionner l'usage à ses besoins.

Le besoin de manger, par exemple, naît d'un dérangement causé dans le corps, par la dissipation des sucs qui le nourrissent; et l'homme seroit dans un état de langueur et de foiblesse continuelle, si les productions de la terre contenoient des sucs trop légers, si son estomac n'en pouvoit pas digérer assez pour entretenir la vie et le mouvement des viscères et des organes; ou si les alimens contenoient des sucs trop abondans, et si son estomac en tiroit plus de nourriture qu'il n'en faut pour conserver l'ordre dans l'économie animale.

Tel est l'état auquel le luxe réduit les citoyens d'une nation.

L'homme riche livré au luxe, desirant toujours d'être heureux, et ne l'étant que par des sensations, il veut toujours en éprouver d'agréables; et comme la nature leur donne une durée très-courte, et aux organes de qui elles dépendent une force très-bornée, les objets destinés à satisfaire les besoins physiques sont encore nécessaires à son bonheur, lorsqu'ils sont devenus inutiles à sa santé : ainsi, il dérange sans cesse sa santé, il affoiblit et mine perpétuellement son organisation, et sacrifie la constitution et la vigueur de ses organes et de son corps, au desir d'éprouver des sensations agréables, comme je l'ai prouvé (1).

Lorsque l'on réfléchit sur la constitution physique de l'homme, on voit qu'il n'est destiné ni à un repos perpétuel, ni à une agitation continuelle, et que son corps et sa santé se fortifient par le travail et par l'exercice modéré : le luxe, au contraire, tient l'homme dans l'inaction, lui fait contracter l'habitude du repos, et lui rend l'exercice du corps ou le travail pénible, ou même insupportable.

---

(1) Part. 1, sect. 4.

» Sous Charles VI, on ne vouloit jouer
» qu'aux dez et aux jeux de hasard ; on
» négligeoit tous les exercices du corps;
» rien ne pouvoit réveiller dans les jeu-
» nes seigneurs l'amour de la gloire ; ils
» n'aimoient pas la fatigue, et craignoient
» jusqu'au soleil : le désordre alla si loin,
» que l'on fut obligé d'y remédier par
» une ordonnance qui portoit défense de
» jouer aux jeux de hasard, ne permet-
» tant que l'arc et l'arbalète. On y obéit
» dans les provinces, mais on vécut à
» l'ordinaire à Paris ; les règlemens ne
» s'exécutant à la cour, que quand il
» plait au roi de commencer par lui-même
» à les exécuter (1). «

L'effet que le luxe produit sur les grands et sur les riches, par la mollesse, par la gourmandise, par la volupté, par les excès, il les produit sur le cultivateur, sur l'artisan, sur le manouvrier, par l'indigence à laquelle il les réduit, et par l'excès du travail auquel il les assujétit.

---

(1) Hist. de Charles VI, par Choisi, p. 186 et 294.

Si les malheureux de cette classe desirent de se perpétuer, ce n'est que dans des momens d'ivresse, causés par les liqueurs fortes : des pères ainsi constitués, ne donnent que des enfans foibles, débiles, que la misère et l'indigence affoiblissent encore plus que leurs pères.

CHAPITRE III.

Le Luxe détruit dans les citoyens le courage nécessaire pour la défense et pour le soutien de la patrie.

Le courage nécessaire dans le citoyen, pour la défense et pour le soutien de la patrie, n'est pas cette férocité qui cherche les dangers par oisiveté ou par vanité, qui les affronte pour de l'argent, ou en vue de quelque intérêt personnel ; c'est cette intrépidité qui le rend capable de résister à l'ennemi, lors même qu'il est sûr de périr, comme les braves qui défendirent le passage de Thermopyles.

C'est cet amour généreux pour les concitoyens, qui porte l'homme à se dévouer

dévouer pour eux, comme Codrus et comme Decius.

C'est cette magnanimité qui l'engage à donner un conseil qu'il croit utile à la patrie et qui doit le faire périr, comme Regulus.

C'est cette fermeté d'âme qui, comme on le voit dans Socrate, préfère la mort à l'infraction des lois.

C'est cette humanité intrépide, qui fait que le citoyen aime mieux mourir, que de devenir fauteur de la vexation, comme le président de la Vaquerie et tout le parlement de Paris sous Louis XI (1).

C'est ce désintéressement qui rend le citoyen inaccessible à la corruption, comme Manius Curius, et comme Fabricius, qui, dans un état de pauvreté, refusèrent avec mépris l'or des Samnites, et celui de Pyrrhus.

C'est cet amour du bien public, qui sacrifie tous ses ressentimens et tous ses intérêts personnels, au succès d'un ennemi juré qui sert la patrie, comme

(1) Bayle, Diction. art. Vaquerie.

Aristide, lorsque Thémistocle commandoit les Athéniens contre les Perses.

C'est cet empire de la conscience, qui rend l'homme heureux lorsqu'il meurt pour sa patrie, pour ses concitoyens, pour sauver l'innocence, et sans en retirer aucune gloire, comme Phocion.

C'est cette espérance d'une immortalité bienheureuse qui soutenoit et qui animoit Scipion l'Africain, qui anime et qui soutient tous les citoyens pénétrés de la connoissance d'un Dieu rénumérateur de la vertu.

Chacun des caractères de ce courage a sa source dans quelqu'un des principes de la sociabilité : or, j'ai fait voir que le luxe les détruit tous, qu'il les étouffe tous dans le cœur de l'homme.

Il est impossible que ces différentes sortes de courage animent les citoyens dans un état où chacun éprouve un besoin qui tend à détruire l'humanité, la bienfaisance, le désir de l'estime qui s'acquiert par la vertu ; or, tous les citoyens livrés au luxe éprouvent ce besoin, comme je l'ai prouvé lorsque j'ai examiné les effets du luxe sur le cœur humain.

Pour que le citoyen acquière ce courage, il faut qu'il soit éclairé sur ses devoirs, sur la nécessité d'être juste et vertueux : or, j'ai fait voir que le luxe conduit à l'ignorance, qu'il ne permet point de connoître ses devoirs et la nécessité de les remplir pour son propre bonheur ; j'ai prouvé qu'il fait envisager tous les principes de la morale comme des préjugés ridicules, qu'il n'inspire que du mépris pour la vertu et pour ceux qui la regardent comme le principe de leur bonheur.

Dans une nation livrée au luxe, on n'estime les citoyens que pour leur faste, pour leur magnificence ; le luxe anéantit donc le desir de l'estime, qui rend le citoyen capable de tout entreprendre et de tout sacrifier pour le bien public.

L'homme livré au luxe ne s'estime que par les moyens qu'il a pour exceller dans tous les genres de magnificence, de délicatesse, de volupté ; il ne peut donc avoir cette conscience qui fait envisager comme le plus grand des malheurs une vie ou une fortune conservée par une lâcheté ou par une foiblesse. Un homme qui n'a pas cette conscience, peut-il avoir aucune des espèces de courage nécessaire pour la défense et pour la conservation de la patrie?

Enfin, le luxe éteint dans l'homme les espérances et les craintes de l'autre vie, qui animent et qui soutiennent le courage du citoyen pour la défense et pour le salut de la patrie.

Ainsi, tout ce que j'ai dit des effets du luxe sur le cœur et sur l'esprit humain, prouve que l'homme qui s'y livre, n'a en lui aucune des causes qui donnent les différentes espèces de courage nécessaire pour la défense de la patrie contre ses ennemis, soit étrangers, soit domestiques : ainsi, supposer ce courage dans l'homme livré au luxe, c'est supposer un effet sans cause, et, pour me servir d'une expression de Leibnitz, c'est supposer qu'une chose existe sans une raison suffisante de son existence.

Les effets du luxe sur le caractère, ne sont pas moins contraires à ce courage. Le luxe, comme je l'ai fait voir, donne un caractère de frivolité, de légéreté, d'inconstance qui rend insupportables toutes les fonctions civiles; l'homme de luxe n'a plus la force de les remplir constamment et persévéramment.

Par le caractère que le luxe donne à l'homme, il n'estime que les objets de son amusement; il voit comme un ridicule et comme une sottise l'attachement aux lois, aux bienséances, à l'intérêt public, aux devoirs de citoyen et de son état, et n'attache d'importance qu'à la jouissance de ses amusemens; il ne peut donc avoir le courage nécessaire pour la défense des lois, de ses concitoyens, de sa patrie; car le courage a sa source dans l'importance que l'on attache à la chose que l'on est chargé de défendre.

L'homme qui a contracté l'habitude du luxe, a un caractère de cupidité qui le dispose à faire tout ce qui lui procure de l'argent, et un caractère de foiblesse qui ne lui permet de résister à rien :

comment auroit-il le courage de résister à la séduction? L'ennemi de l'état, des lois, de l'innocence, de la vertu, le trouvera donc toujours sans force pour résister à la corruption.

Ainsi, Léonidas défendant le passage des Thermopyles, rejette avec une invincible fermeté les richesses et les avantages prodigieux que lui offre le roi de Perse, et meurt pour conserver la liberté de la Grèce.

Mais, après la bataille de Platée, Pausanias s'abandonnant au luxe des Perses, s'engage à livrer sa patrie pour se procurer les *jouissances* de la Perse.

Ainsi, après la bataille de Salamine, Mardonius offre aux Athéniens de rebâtir leur ville, de grandes sommes d'argent et un territoire beaucoup plus étendu, s'ils veulent se détacher des intérêts de la Grèce; et les Athéniens rejettent ses offres avec indignation.

Mais lorsque Périclès a rendu le luxe la passion dominante d'Athènes, tous les orateurs se vendent au roi de Perse ou à Philippe.

Ainsi, Aristide, banni d'Athènes, adresse des prières aux dieux pour la prospérité de sa patrie, et s'expose aux plus grands périls pour la servir contre les Perses pendant son bannissement.

Mais Thémistocle, banni d'Athènes, se réfugie chez le roi de Perse, et se vend à lui pour faire la guerre aux Athéniens.

Ainsi, Socrate, injustement condamné à la mort, ne veut pas se soustraire, par la fuite, à l'exécution de l'arrêt, de peur de porter atteinte au respect que l'on doit aux lois.

Mais Alcibiade, cité devant le peuple, refuse de comparoître, se réfugie chez les Lacédémoniens, les excite à faire la guerre aux Athéniens, et leur donne des projets pour les attaquer avec succès.

Ainsi, dans toutes les histoires, ceux qui se sont illustrés par leur courage patriotique, par leur résistance aux ennemis des lois, par leur zèle contre les méchans, sont des hommes préservés du luxe.

Ainsi, dans tous les temps, le luxe est la passion de presque tous les lâches qui abandonnent les intérêts de l'état, ou des perfides qui le trahissent.

Quelques actions de courage que l'on trouve par fois dans les hommes de luxe n'empêchent pas la vérité de ce que j'avance, comme quelques actions de probité ou de bonté faites par les méchans, ou par les hommes injustes, ne prouvent pas que l'injustice et la méchanceté portent à la justice et à la bienfaisance.

Il faut dans un citoyen un courage constant, permanent, et non pas un courage momentané ; il faut un courage donné par des principes et fondé sur le caractère, et non pas un courage de hasard, d'accident et de circonstances, si je peux m'exprimer ainsi.

M. Hume dit que le luxe donne une supériorité de génie et de discipline militaire.

Est-ce donc qu'il y avoit des armées mieux disciplinées que celles de Sparte ?

D'ailleurs, est-ce que la discipline suffit pour faire des soldats courageux ? Ce ne sont pas les soldats les mieux disciplinés, qui ont le plus de courage et de bravoure, dit un des plus grands politiques de l'antiquité, et qui avoit approfondi l'histoire et la constitution des anciens gouvernemens (1).

Rien n'est, en effet, plus brave que l'homme libre et vertueux, qui aime sa patrie et ses concitoyens : on peut détruire une nation composée de ces hommes, mais on ne la subjugue pas, et par conséquent elle est la plus brave.

Lorsque Harpage, général du roi de Perse, voulut subjuguer les Grecs de l'Asie mineure ; les Lyciens qui avoient banni le luxe, attaquèrent le général Persan, qui commandoit une armée formidable ; n'ayant pu l'arrêter, ils se retirèrent dans leur ville, firent passer dans leur citadelle leurs femmes, leurs enfans et leurs domestiques, y transportèrent tous leurs effets, et mirent le feu au château : ils firent alors serment de mourir libres, retournèrent à l'ennemi, l'attaquèrent, et moururent tous en combattant. Les

---

(1) Aristot. polit. l. 8, c. 4.

Canniens et tous les peuples de la basse Asie, chez lesquels le luxe ne s'étoit point établi, suivirent leur exemple (1).

Au contraire, les Grecs établis sur les côtes de l'Asie mineure, chez lesquels le luxe et les arts qu'il enfante fleurissoient, se soumirent au général Persan (2).

A la bataille de Marathon, les Athéniens, au nombre de dix mille, attaquèrent et défirent cent mille Mèdes, qui étoient alors la terreur de toutes les nations belligérantes (3).

Mais, dans la guerre du Péloponèse, dans le temps où les arts de luxe étoient portés dans Athènes au plus haut degré, dans le temps où cette ville renfermoit un nombre prodigieux d'ouvriers et d'artistes de toute espèce, les Lacédémoniens pillent le territoire d'Athènes et en forment le blocus, sans que les Athéniens osent s'opposer à la dévastation de leurs champs et de leurs maisons de

---

(1) Hérodot, l. 1.
(2) Ibid.
(3) Hérodot. l. 6, c. 109.

campagne, sans qu'ils aient le courage de sortir de leurs murailles (1).

CHAPITRE IV.

Fausseté des principes des apologistes du Luxe, sur son influence par rapport à la force des États.

» Toute chose s'achète par le travail,
» dit M. Hume, et nos passions sont
» les seules causes du travail : lorsque les
» arts et les manufactures abondent dans
» une nation, les propriétaires des ter-
» res, aussi-bien que les fermiers, étu-
» dient l'agriculture comme une science,
» et redoublent leur industrie et leur
» attention : le superflu qui provient de
» leur travail n'est pas perdu ; il s'échange
» avec les manufacturiers, pour ces com-
» modités que le luxe des hommes leur
» fait desirer. Par ce moyen, la terre
» fournit beaucoup plus des nécessités de
» la vie, que ce qui suffit à ceux qui la

---

(1) Thucydid. de Bello Pelopon.

» cultivent. Dans des temps de paix et
» de tranquillité, ce superflu est employé
» à l'entretien des manufacturiers et de
» ceux qui perfectionnent les arts libé-
» raux ; mais il est aisé pour le public
» de faire des soldats de plusieurs de ces
» manufacturiers, et de les entretenir de
» ce même superflu, qui provient de
» l'industrie des fermiers : aussi trouvons-
» nous que cela arrive dans tous les gou-
» vernemens civilisés. Lorsque le souve-
» rain lève une armée, qu'arrive-t-il ?
» il impose une taxe. Cette taxe oblige
» tous les gens de se retrancher ce qui
» est le moins nécessaire à leur subsis-
» tance ; ceux qui travaillent à ce genre
» de commodités dont on se prive, sont
» obligés, ou à s'enrôler dans les trou-
» pes, ou à se tourner eux-mêmes du
» côté de l'agriculture, et par la force,
» quelques laboureurs à s'engager faute
» d'emploi.

» En approfondissant cette matière,
» on reconnoîtra que si les manufactures
» augmentent la puissance de l'état, c'est
» seulement en ce que, par ce moyen,

» on met en réserve beaucoup de travail
» d'une espèce, que l'on peut faire servir
» à l'utilité publique, sans priver aucun
» particulier des nécessités de la vie;
» ainsi, plus il y a de travail employé
» au-delà des nécessités de la vie, plus
» un état est puissant, puisque les per-
» sonnes engagées à ce travail, peuvent
» aisément en être distraites pour le ser-
» vice public.

» Il faut avouer que des greniers pu-
» blics de blé, des magasins de drap
» et des arsenaux bien fournis, sont les
» véritables richesses et la force de tout
» état. Le commerce et l'industrie ne
» sont vraiment qu'un fonds de travail,
» qui, dans les temps de paix et de tran-
» quillité, est employé aux aisances et
» aux commodités des particuliers, mais
» qui, dans les besoins de l'état, peut en
» partie être converti à l'utilité publique.

» La même manière de raisonner,
» nous fera voir l'avantage du commerce
» étranger qui rend à la fois l'état plus
» puissant et les sujets plus riches et plus
» heureux; il augmente le fonds de travail

» dans la nation, et le souverain peut
» en convertir la portion qu'il juge né-
» cessaire au service du public : le com-
» merce étranger par les marchandises
» qu'il introduit dans un pays, fournit
» des matières pour de nouvelles manu-
» factures ; et par ce qu'il en fait sortir,
» il produit un travail dans des commo-
» dités particulières, qui ne pouvoient
» pas être consommées au-dedans de
» l'état. Enfin, un royaume qui reçoit et
» qui fournit beaucoup, abonde néces-
» sairement plus en travail, dont les cho-
» ses de délicatesse et de luxe sont sus-
» ceptibles, qu'un royaume qui demeure
» content de ses productions naturelles.
» Il est par conséquent plus puissant,
» aussi bien que plus heureux (1). «

Je réponds à M. Hume, que l'agriculture et l'industrie peuvent se perfectionner sans le luxe, et produire une
quantité de subsistances plus grande que
ce qui est nécessaire pour les laboureurs
et pour les ouvriers employés aux ma-

---

(1) Discours sur le Commerce.

nufactures de nécessité, comme je l'ai prouvé, lorsque j'ai fait voir que le luxe n'est point le principe ou la cause de la découverte des arts nécessaires ou utiles (1).

Une nation sans luxe, pourroit donc avoir des magasins, des arsenaux, comme la nation chez laquelle le luxe règne, et pourroit, avec son superflu, avoir ses magasins bien fournis, un fonds de subsistance pour une armée : par le moyen de ses magasins et de ses approvisionnemens, elle pourroit détacher des campagnes une partie des cultivateurs, et en faire des soldats infiniment meilleurs que les hommes tirés des manufactures de luxe. Les fruits du travail d'une nation sans luxe, pourroient même produire un fonds de subsistances et de richesses beaucoup plus considérable que chez la nation livrée au luxe ; puisque cette dernière, sans retirer davantage de la terre ou de l'industrie, consommeroit beaucoup plus que la nation sans luxe.

---

(1) Part. 1, sect. 3.

M. Hume reconnoît la vérité des principes que j'établis ici.

« Il est certain, dit-il, que moins les
» propriétaires et les laboureurs de terre
» ont de desirs et de besoins, moins ils
» emploient de mains ; et par conséquent,
» ce qui reste de terre, au lieu d'être des-
» tiné au soutien des marchands et des
» manufacturiers, peut entretenir des
» flottes et des armées, bien plus facile-
» ment que dans les pays où beaucoup
» d'arts sont nécessaires pour fournir au
» luxe de quelques particuliers.

» Ici donc il paroît une espèce d'op-
» position entre la grandeur de l'état et
» le bonheur des sujets ; un état n'est
» jamais plus grand, que lorsque toutes
» les mains superflues dont nous avons
» parlé, sont employées au service du
» public : l'aisance et les commodités des
» particuliers, demandent que ces mêmes
» mains soient employées pour leur pro-
» pre utilité : on ne peut satisfaire à l'un
» qu'aux dépens de l'autre. Comme l'am-
» bition du souverain doit prendre sur le
» luxe des particuliers, aussi le luxe des

» particuliers doit diminuer la force et
» arrêter l'ambition du souverain.

» Ce raisonnement n'est pas chiméri-
» que, il est fondé sur l'histoire et sur
» l'expérience.

» Enfin, on ne peut donner aucune
» raison probable de la grande supério-
» rité de puissance qu'avoient les anciens
» états sur les modernes, que leur man-
» que de commerce et de luxe (1). «

M. Hume avoit sans doute oublié ce qu'il établit dans son Discours sur le Commerce, lorsqu'il a dit dans son Discours sur le Luxe : » L'augmentation et la
» consommation des denrées et de tout
» ce qui sert à l'ornement, au plaisir de
» la vie, sont extrêmement utiles à la
» société, parce qu'en même-temps
» qu'elles multiplient ces agrémens in-
» nocens pour les particuliers, elles
» sont une espèce de magasin de travail,
» qui, dans les besoins de l'état, peut
» être employé au service public. Dans
» une nation où personne ne cherche ces

---

(1) Discours sur le Commerce.

» superfluités, les hommes tombent dans
» l'indolence, perdent tout goût pour la
» vie, et sont inutiles au public ; qui
» ne peut soutenir ses flottes et ses ar-
» mées du produit de l'industrie de mem-
» bres aussi paresseux (1). «

Si, dans un état où l'on ne recherche point les superfluités, le public ne peut soutenir ses flottes et ses armées, comme M. Hume le dit dans son Discours sur le Luxe, comment reconnoît-il une supériorité de puissance dans les états où l'on ne recherche point ces superfluités ? Comment dit-il qu'on ne peut attribuer qu'à la privation ou à l'absence du luxe, la supériorité reconnue des anciennes républiques sur les états modernes ? Comment M. Hume assure-t-il qu'on ne se livre à la recherche de ces superfluités, qu'aux dépens de la puissance publique, et qu'il y a une opposition entre la puissance du souverain et le bonheur des sujets, comme il le déclare dans son Discours sur le Commerce ?

---

(1) Discours sur le Luxe, t. 1, p. 65.

» Mais, dit M. Hume, quoique le
» manque de commerce et de manu-
» factures, parmi un peuple libre et
» guerrier, puisse quelquefois n'avoir
» d'autre effet que de rendre le public
» plus puissant, il est certain que dans
» le cours ordinaire des affaires hu-
» maines, il en résulte des conséquen-
» ces toutes contraires : aujourd'hui,
» suivant le cours le plus naturel des
» choses, l'industrie, les arts et le com-
» merce, augmentent le pouvoir du sou-
» verain, aussi bien que le bonheur des
» sujets (1). «

Il est prouvé par la nature du luxe, et M. Hume lui-même le reconnoît, que dans tout état où le luxe n'a pas lieu, on peut nourrir plus d'habitans que dans une nation chez laquelle il s'est établi. Ce n'est donc pas dans quelques circonstances particulières, mais dans toutes les circonstances, que le luxe est contraire à la puissance des états.

---

(1) Discours sur le Commerce, p. 21 et 23.

M. Hume dit formellement, page 12, qu'un état n'est jamais plus grand et plus puissant que lorsque toutes les mains superflues sont employées au service public, et que l'aisance et les commodités des particuliers, demandent que ces mêmes mains soient employées pour leur utilité : il dit qu'on ne peut satisfaire à l'un qu'aux dépens de l'autre, et que le luxe des particuliers doit diminuer la force du souverain.

Comment peut-il dire, pages 22 et 23, que suivant le cours ordinaire des affaires humaines, il en résulte des conséquences contraires; et qu'aujourd'hui, suivant le cours le plus naturel des choses, l'industrie, les arts et le commerce, augmentent le pouvoir du souverain, aussi bien que le bonheur des sujets?

Si, suivant le cours ordinaire, le luxe, le commerce et l'industrie, augmentent aujourd'hui la puissance du souverain et le bonheur des sujets, comment M. Hume, dans son Discours

sur les taxes, dit-il » qu'il est à crain-
» dre que les taxes par toute l'Europe,
» ne se multiplient au point d'écraser
» entièrement tout art et toute indus-
» trie, quoique peut-être leur augmen-
» tation et quelques circonstances aient
» pu contribuer à l'accroissement de ces
» avantages (1)? «

Le gouvernement qui, par le moyen
des taxes, écrase toute industrie, est,
selon M. Hume, beaucoup plus commun que celui qui, attentif et désintéressé, fixe les taxes au point où elles
ne détruisent pas l'industrie.

Il n'est donc pas vrai que, suivant le
cours ordinaire des choses, le luxe et
l'industrie augmentent la puissance du
souverain.

La force, la puissance des états, ont
des causes certaines, générales, invariables. Ces causes sont le nombre des
sujets, leur constitution forte et robuste,

---

(1) Tome 1, p. 273.

leur courage pour le bien public, leur habileté pour employer leurs forces. Le luxe étant contraire à toutes ces causes, il est impossible qu'il ne détruise pas la force et la puissance des états.

Fin de la seconde Partie.

TRAITÉ PHILOSOPHIQUE ET POLITIQUE SUR LE LUXE.

TROISIÈME PARTIE.
De l'extinction du Luxe.

SECTION I.
De la possibilité d'éteindre le Luxe.

CHAPITRE I.
Le Luxe n'est ni essentiel à l'homme, ni son état naturel.

IL n'y a point d'objets de luxe que l'habitude ne rende fastidieux, incommodes ; leur variété même, quelque recherchés et quelque précieux qu'ils soient, fatigue les organes, ennuie et tourmente. La nature inspire donc de l'éloignement pour ces objets, comme pour les fruits nuisibles et pour tout ce qui est contraire à la santé : elle apprend à l'homme que le luxe ou la volupté ne sont pas la source de son bonheur, comme elle lui apprend qu'il ne doit pas se nourrir de pierres, de terre, ou d'alimens mal sains.

Si, malgré ces avertissemens, il s'opiniâtre à chercher le bonheur dans les sensations agréables, la nature appelle l'ennui, les infirmités, les chagrins, le malheur; et s'il ne se corrige pas, elle lui rend la vie pénible et odieuse, comme je l'ai fait voir en examinant les effets du luxe par rapport au bonheur.

Ainsi, non-seulement la nature inspire du dégoût pour le luxe, mais encore elle apprend qu'il conduit au malheur; elle corrige par la raison et par l'expérience, toutes les illusions des sens; elle fait voir que le luxe cache un malheur réel sous une fausse apparence de bonheur : la raison fait disparoître tous les prestiges du luxe ; c'est un talisman qui

qui anéantit tous les lieux enchantés qu'il crée, qui dissipe tous les monstres, tous les phantômes effrayans dont il environne la vie simple et la tempérance.

L'homme peut donc éviter le luxe et s'en préserver, comme il peut se détourner à l'approche d'un précipice.

Mais comment un être sensible qui veut nécessairement être heureux, et qui veut l'être toujours et à chaque instant, peut-il résister à l'attrait des objets du luxe ? Comment pourra-t-il résister à ce desir d'être mieux, qui le porte vers tout ce qui a l'apparence du bien, et qui fait sur lui des impressions agréables ?

Ceux qui font cette difficulté, ne pensent pas sans doute que les impressions des objets du luxe, entraînent nécessairement l'homme : ce seroit une absurdité ; l'homme à qui l'on présente une liqueur agréable, n'en boit point, s'il sait qu'elle est empoisonnée ; et l'on a vu mille fois des hommes qui ont résisté aux charmes de la volupté, parce qu'ils regardoient comme une foiblesse honteuse d'y succomber, comme une vraie gloire d'en triompher, ou comme un devoir de lui résister. La raison éclairée sur les effets du luxe, peut donc résister à l'attrait des objets qu'il offre ; et l'impression qu'ils font, n'est invincible que pour celui qui, n'ayant jamais fait usage de sa raison, est incapable de prévoir, de lier les effets aux causes, et de voir dans l'idée et dans la connoissance de la nature du luxe tous les maux qu'il entraîne, ou qui ne connoît point d'autre moyen d'être heureux, ou de satisfaire l'amour du bonheur, que les sensations agréables.

Cet homme n'est point dans son état naturel ; la nature lui avoit préparé d'autres plaisirs pour satisfaire le desir du bonheur.

Pour bien connoître, à cet égard, tout le système de la nature, observons l'homme dans ses différens âges et dans ses différens états.

A sa naissance, on n'apperçoit en lui que le sentiment de sa foiblesse et la crainte qu'elle lui inspire : tout l'effraie, tout le fait trembler, tout l'inquiète ; mais la nature qui ne l'a point fait naître pour être malheureux, inspire à la mère et au père une tendresse qui veille sur lui; et la continuité des soins qu'ils lui prodiguent, lui fait voir dans ses parens, les amis les plus tendres et les plus capables de lui procurer la sécurité qui, dans l'état de foiblesse où il se voit, est la partie la plus essentielle de son bonheur : il desire de plaire à ses parens, il se conforme à leurs mœurs, à leurs goûts; à leurs volontés, il est heureux par le témoignage de leur tendresse, par l'approbation qu'ils donnent à ses actions : la longueur de l'enfance lui fait donc contracter l'habitude d'être heureux, par les sentimens de la piété filiale et par les actions qu'elle inspire.

Le père qui voit la piété filiale germer et se développer dans l'enfant, éprouve pour lui un redoublement de tendresse qui lui rend son existence plus agréable de jour en jour, et qui suffit pour son bonheur, parce qu'à chaque instant il éprouve la satisfaction que, par les lois de la nature un père goûte, lorsqu'il reçoit quelque témoignage de la tendresse, du respect et du zèle de ses enfans.

La nature n'a pas attaché moins de plaisir à l'accomplissement des devoirs de la piété filiale ; car il est dans la nature de l'homme d'éprouver du plaisir, lorsqu'il contribue au bonheur d'un bienfaiteur qu'il chérit, et auquel il doit son existence et son bonheur : l'homme qui n'éprouve pas ce sentiment ou qui n'y croit pas, est sorti de l'ordre de la nature; il n'est plus dans l'état naturel de l'homme.

Selon les lois de la nature, l'enfant par sa foiblesse seule, intéresse tous ceux qui le voient; il en reçoit des secours, des témoignages d'affection qui le portent à les aimer; il est donc l'ami de tous les hommes, il éprouve du plaisir, lorsqu'il les voit, il desire de contribuer à leur bonheur, il est heureux lorsqu'il y contribue : tous ces sentimens sont des suites naturelles de la bienveillance, que la foiblesse de l'enfant inspire aux autres hommes pour lui, et de l'amitié qu'il est dans la nature de l'enfant d'éprouver pour ses bienfaiteurs.

Ainsi, la foiblesse et la longueur de

l'enfance, est dans l'ordre de la nature, destinée à développer dans son cœur la piété filiale, l'amour fraternel, l'amitié pour tous les hommes, et à lui faire contracter l'habitude d'être heureux, par le plaisir qu'elle attache à l'accomplissement des devoirs de la tendresse paternelle, de la piété filiale, de l'amour fraternel, de l'amitié, de l'humanité.

L'homme qui a contracté l'habitude d'être heureux par l'accomplissement de ces devoirs, trouve dans la société des occasions continuelles de les remplir, et d'être heureux par les plaisirs que la nature attache à leur accomplissement.

Le luxe ne paroît entrer pour rien dans le système de la nature, pour le bonheur de l'homme.

Sa première nourriture est l'aliment le plus simple, et il n'en use que pour satisfaire le besoin de se nourrir : c'est avec le lait que son corps prend ses premiers accroissemens; des sucs plus actifs que ceux de la nourriture qu'il tire du sein de sa mère, blesseroient ses organes : voilà la première leçon de sobriété que la nature donne à l'homme ; voilà la première habitude qu'elle lui fait contracter : elle l'accoutume à trouver une nourriture agréable dans les alimens les plus simples, et qu'il lui est le plus facile de se procurer ; elle conserve long-temps à son palais une délicatesse et une sensibilité qui lui rend désagréables toutes les saveurs fortes ; elle l'élève dans la même répugnance pour les mets de luxe, que pour les fruits amers et dangereux ; elle répand dans tous les alimens destinés à nourrir l'homme, une douceur et une suavité analogues à la douceur du lait qui nourrit l'enfant. On trouve encore dans la plupart des nations simples et sans arts, cette répugnance pour les mets dont font usage les nations chez lesquels le luxe s'est établi.

L'accroissement de l'enfant ne change rien dans le systême ou dans les lois de la nature pour son bonheur : elle ne prive point l'enfant, devenu grand et fort, du plaisir qu'elle avoit attaché aux devoirs de la tendresse paternelle, de la piété filiale, de l'amour fraternel, de l'amitié, de l'humanité : au contraire, dans l'ordre de la nature, le développement de la raison accompagne l'accroissement du corps, et la raison lui fait connoître la nécessité de remplir tous ces devoirs pour son bonheur, et qu'il sera injuste, ingrat, méchant et malheureux, s'il ne les remplit pas.

Ainsi, l'accroissement de l'homme et le développement de sa raison, forment en lui une conscience qui le rend heureux, parce qu'il est content de lui-même lorsqu'il remplit tous ces devoirs, qui le force de se condamner, et qui par conséquent le rend malheureux lorsqu'il les viole ou qu'il les néglige.

Pendant l'accroissement de l'homme, la nature ne change rien dans les lois qu'elle a établies et prescrites pour les besoins qui naissent de son organisation : par exemple, elle ne fait naître dans l'homme le plus fort, le besoin de manger, que lorsque la nourriture est nécessaire pour l'économie animale; et elle fait cesser ce besoin, aussitôt que les alimens cessent d'être utiles à la conservation de l'économie animale; elle attache à tous les alimens qui peuvent le nourrir, une sensation agréable qui suffit pour le porter à prendre la nourriture utile à sa vie ou à sa santé, et elle fait cesser cette sensation lorsqu'il n'a plus besoin de nourriture : elle n'a donc, pendant l'accroissement de l'homme, rendu nécessaire à son bonheur aucun des objets du luxe de la table.

Ce que je dis du besoin de se nourrir, s'applique de lui-même à tous les besoins qui naissent de l'organisation ; et par conséquent en aucun temps, la nature ne rend nécessaires au bonheur de l'homme, aucun des objets du luxe. L'homme au bonheur duquel les objets du luxe sont nécessaires, n'est donc pas dans son état naturel; il est dans un état contraire à sa nature, puisqu'il ne fait consister son bonheur dans la jouissance des objets qui produisent des sensations agréables, que parce qu'il a étouffé toutes les inclinations sociales avec lesquelles la nature l'avoit fait naître, et qu'il a donné à tous les besoins qui naissoient de son organisation, une durée que la nature ne leur avoit point donnée.

L'homme de luxe, je le répète, n'est donc pas dans son état naturel; il est sorti de l'ordre que la nature a établi pour le conduire au bonheur; il n'occupe plus dans le système social la place que la nature lui avoit marquée: c'est pour cela que les anciens ont donné à cet état le nom de *luxe*, nom qui, dans son acception littérale et propre, signifie luxation ou déboîtement.

M. Hume dit que « c'est une condition si dure que de vivre sans luxe, que pour engager les hommes à s'y soumettre, il faut un concours si extraordinaire de circonstances, que c'est un prodige pour quiconque considère la nature humaine comme elle s'est montrée dans les autres âges (1). »

Mais, quel est donc ce concours si extraordinaire de circonstances? A-t-il été produit par quelques causes occultes

---

(1) Hume, Discours sur le Commerce.

et mystérieuses qui ne reviendront plus? Dépend-il d'une position unique, des constellations, ou d'une comète qui ne paroîtra plus pour la terre?

Il faut bien que ce concours ne soit pas un prodige aussi rare que M. Hume le prétend, puisque l'on a vu dans tous les temps et sous tous les gouvernemens des hommes qui se sont préservés du luxe, et qui ne se croyoient pas soumis à une condition dure.

Tandis que la Grèce étoit livrée au luxe, Pythagore et un grand nombre de ses disciples, Epaminondas, Socrate, Aristide, Timoléon, Phocion et tant d'autres, s'étoient préservés du luxe, et ont été contens de leur sort, refusé et méprisé les richesses qui procurent les objets du luxe, et n'ont point éprouvé ce mécontentement ou ce desir d'être mieux, que l'on regarde comme le principe productif du luxe.

L'établissement de la république de Lacédémone, n'est point l'époque où les hommes aient commencé à vivre et à être heureux sans luxe. Lycurgue trouva chez les nations étrangères les institutions qu'il donna aux Lacédémoniens ; Minos les avoit établis en Crète ; plusieurs républiques les avoient adoptées ; Pelasge les avoit établies dans l'Arcadie ; Rome les avoit observées sous Numa, et elle offre dans tous les temps, et surtout dans les premiers siècles, un nombre prodigieux de citoyens que le luxe n'infecta point, et qui furent heureux.

On trouve même de notre temps, l'exemple d'un peuple qui s'est préservé ou affranchi du luxe, sous un climat où il semble que la nature en inspire le goût.

» Mascate est une grande ville de
» l'Arabie heureuse, que l'on peut re-
» garder, même dans ce pays, comme
» un paradis terrestre : les habitans sont
» mahométans ; mais ils ont retranché
» de l'alcoran, ce qui sent la sensualité,
» et en ont tellement épuré la morale,
» que les auteurs chrétiens des nations
» différentes, les représentent comme le
» peuple de l'Orient le plus pur dans
» dans ses mœurs, et le plus civilisé en

» même temps. Ils s'abstiennent, non-
» seulement de vin et des autres liqueurs
» fortes, mais encore de thé et de café,
» comme de boissons qui servent plus à
» satisfaire le goût, qu'aux besoins de la
» nature, se contentant pour cela d'eau
» pure et de sorbet : ils ne sont pas moins
» sobres et tempérans pour le manger et
» pour d'autres articles : l'impudicité et
» la débauche n'y sont point punies,
» parce qu'elles sont inconnues parmi
» eux : on n'entend jamais parler de vols,
» et la police est si grande, que jamais
» personne ne se trouve réduit à une
» nécessité qui le porte à dérober : ils
» ont toujours l'esprit si tranquille et si
» serein, que les étrangers peuvent con-
» verser avec eux sans rien craindre : la
» justice s'exerce exactement sans rigueur,
» et leur charité envers les malheureux
» n'a pas d'autres bornes que leurs be-
» soins. Ces qualités les font respecter
» et aimer, et inspirent en même temps
» cette parfaite confiance, qui est l'ame
» du commerce. Tout cela peut paroître
» incroyable, et est cependant fondé sur

» de bonnes autorités, ni n'a jamais été
» contredit (1). «

Cette multitude d'hommes heureux sans luxe, dans tous les temps, dans tous les pays, sous tous les gouvernemens, n'ont point reçu de la nature d'autres ames, d'autres facultés, d'autres organes, d'autres besoins, d'autres inclinations que les hommes au milieu desquels ils vivoient : ainsi, non-seulement l'amour du luxe n'est point tellement essentiel à l'homme, qu'il lui soit impossible de s'en garantir ; mais encore il ne faut pas pour s'en garantir, un concours de circonstances si rares, qu'un homme ou un peuple sans luxe soit un prodige, et doive être regardé comme un caprice philosophique: Il ne faut pas qu'il y ait dans la nature humaine une si grande opposition avec une vie sans luxe, qu'il faille une combinaison de circonstances presque impossible, pour voir des hommes sans luxe et pour les en préserver.

---

(1) Hist. univers. par une société de gens de Lettres, t. 2, p. 59.

CHAPITRE II.

On peut corriger le Luxe dans les particuliers, et l'éteindre dans les Etats.

Il est plus facile de garantir du luxe que d'en corriger : on n'a rien à combattre dans l'homme pour l'en garantir; mais pour l'en corriger, on a ses habitudes à vaincre, ses goûts à détruire, ses penchans à surmonter.

Il ne faut ni s'exagérer, ni se dissimuler les difficultés de cette entreprise : elles sont grandes, mais elles ne sont pas insurmontables.

Le luxe tend à détruire la sagacité, il ôte la facilité de l'application et de l'attention ; mais il ne rend pas tous les hommes insensés ou stupides ; ils peuvent comprendre les vérités dont l'intelligence ne demande pas une longue discussion, ni une forte contention d'esprit : tous les principes qui prouvent les dangers du luxe, et ses funestes effets par rapport au bonheur de l'homme, sont de ce genre ; il y a très-peu de personnes que leur propre expérience n'ait disposées à connoître ces vérités, et qui ne puissent par conséquent se convaincre que rien n'est plus funeste que le luxe : or, il est difficile que l'on se livre à un goût, à un plaisir que l'on voit évidemment qui deviendra funeste.

On peut, d'après cette conviction, renoncer au luxe, comme on renonce à l'usage d'un mets agréable, et qui est suivi de douleurs et d'infirmités; comme on se réduit à des alimens insipides et dégoûtans, pour recouvrer la santé, lorsque l'on est bien convaincu de la nécessité du régime que le médecin prescrit.

Le philosophe a même, à cet égard, plus d'avantage que le médecin : celui-ci, en retranchant les alimens auxquels le malade est accoutumé, lui en prescrit d'insipides ou désagréables : au contraire, le philosophe, en privant l'homme de luxe de ses superfluités, lui offre en dédommagement tous les plaisirs que procurent les inclinations sociales.

Quoique le luxe attaque tous les principes de la sociabilité, il ne les anéantit cependant pas toujours absolument, surtout chez les nations qui cultivent les lettres et les sciences : on y voit encore de l'humanité, de la bienfaisance, même dans les personnes livrées au luxe. Les actions barbares et atroces les soulèvent, le spectacle de l'indigence les touche encore, elles sont capables de sacrifier quelques superfluités au soulagement des malheureux : pour les engager à faire de plus grands sacrifices, il suffira peut-être de les éclairer sur les effets du luxe par rapport au sort des autres hommes.

Toutes les personnes qui aiment les objets du luxe, n'égorgeroient point un homme, ou ne le feroient point égorger à leurs yeux, pour se procurer une fleur, une pastille, ou quelqu'un des objets qui servent à leur parure; ce sont cependant les effets que le luxe produit.

Un grand nombre d'hommes, par exemple, périt dans la pêche des perles : » cette pêche, dit Schouten, ne se » fait point qu'il n'en coûte la vie à plu- » sieurs hommes. Les uns sont dévorés

» par les serpens, d'autres étouffent
» dans l'eau, ou meurent après en être
» sortis, à cause de la mauvaise odeur
» des mères perles et de l'ordure qui les
» environne, qu'ils ont trop flairée.
» Ainsi, ce vain ornement dont les fem-
» mes de l'Europe aiment tant à se pa-
» rer, et pour lequel elles n'épargnent
» pas l'argent, est souvent cause de la
» mort des hommes ; et l'argent qu'on
» prodigue, est le funeste appât qui les
» attire dans le tombeau (1). «

Parmi les personnes qui aiment à se parer de perles, n'y en auroit-il aucune qui renonçât à cet ornement, si toutes savoient ce qu'il en coûte à l'humanité pour leur procurer cette jouissance ? Une assemblée qui sauroit ce que le commerce et l'ornement des perles coûte au genre humain, pourroit-elle ne pas voir avec horreur, la personne qui paroîtroit devant elle chargée de perles, et qui, à ce titre, prétendroit attirer son attention et obtenir de la considération ?

---

(1) Voyage de Schouten, t. 1, p. 374.

Le guerrier sauvage qui, pour se concilier l'estime et le respect de sa nation, paroît dans les assemblées orné des chevelures ou des oreilles des ennemis qu'il a tués, est moins barbare que la femme qui paroît dans les assemblées et dans les fêtes avec des colliers et des brasselets de perles.

Il en est ainsi des productions que le luxe tire de l'Amérique.

» Si l'on suppute le nombre d'hommes
» qui périt, tant par les guerres que
» dans la traversée d'Afrique en Améri-
» que; que l'on y ajoute celui des nègres
» qui, arrivés à leur destination, devien-
» nent la victime du caprice, de la cu-
» pidité et du pouvoir arbitraire de leurs
» maîtres; et qu'on joigne à ce nombre
» celui des citoyens qui périssent par le
» feu, par les naufrages ou le scorbut;
» qu'enfin, on y ajoute celui des mate-
» lots qui meurent pendant leur séjour
» à Saint-Domingue, ou par les mala-
» dies affectées à la température parti-
» culière du climat, ou par les suites
» d'un libertinage toujours si dangereux

» en ce pays; on conviendra qu'il n'ar-
» rive point de barrique de sucre en Eu-
» rope, qui ne soit teinte de sang
» humain.

» Or, quel homme, à la vue des mal-
» heurs qu'occasionnent la culture et
» l'importation de cette denrée, refuse-
» roit de s'en priver, et ne renonceroit
» pas à un plaisir acheté par les larmes
» et par la mort de tant de malheureux?

» Détournons nos regards d'un spec-
» tacle si funeste, et qui fait tant de
» tort, de honte et d'horreur à l'huma-
» nité (1). «

Mais pourquoi donc détourner nos regards de ce spectacle, s'il peut engager
les hommes à se priver d'un objet qui
cause tant de maux?

S'il n'y a point d'homme qui ne renonce au luxe à la vue des maux qu'il
produit, ne faut-il pas, au contraire,
rendre inséparable de l'usage de ces superfluités, l'image des malheurs qu'elles
causent; ensorte, que jamais on ne se

---

(1) De l'Esprit, Discours 1, art. 2.

les permette sans se voir comme auteur de la mort et de la désolation d'un nombre infini d'hommes et de familles ?

Au lieu de détourner les yeux de ce spectacle, ne faudroit-il pas au contraire fixer tous les regards sur ces contrées où le luxe des Européens allume la guerre pour en tirer des esclaves, où il arme les souverains contre les sujets, les pères contre les enfans, les enfans contre les pères, où il arrache les enfans des bras des mères, où les ravisseurs égorgent tout ce qui s'oppose à leur fureur ?

Ne faudroit-il pas évoquer, pour ainsi dire, les ames de ces victimes infortunées du luxe, pour redemander leur sang au milieu des repas et des fêtes ?

Si tous les hommes étoient éclairés sur ces effets du luxe, ils entendroient, en effet, ces voix et ces reproches ; toutes les victimes immolées pour leur procurer ces superfluités se présenteroient à leur esprit, et chacun d'eux seroit forcé de dire au fond de son cœur, *c'est moi qui cause ces maux.*

Y a-t-il quelqu'un pour qui des superfluités achetées à ce prix ne devinssent odieuses, s'il conservoit quelques sentimens d'humanité ?

Le luxe produit chez nous les effets qu'il produit par rapport aux nègres.

Le courtisan, le favori, le grand, l'homme en place, obtient pour satisfaire son amour pour le luxe, des pensions, des gratifications, des dons qui augmentent sans cesse la masse des impositions : chaque année, pour les payer, le fermier du fisc réduit dans toute l'étendue du royaume, un certain nombre de propriétaires, de cultivateurs, de marchands, à vivre du salaire de leur travail, et ce salaire est insuffisant pour les faire subsister, eux et leurs familles : la faim, l'inanition, les maladies causées par l'excès du travail, par les mauvaises nourritures, par l'infection des habitations, par la mal-propreté, par l'intempérie des saisons dont ils ne peuvent se garantir, font périr une partie des pères, des mères, des enfans, des vieillards.

Le courtisan, le favori, le grand, l'homme en place, s'il conservoit quelque sentiment d'humanité, ne renonceroit-il pas à son luxe, s'il connoissoit les maux qu'il cause ? Pourroit-il ne pas avoir horreur de sa magnificence, en voyant que pour se la procurer il a fait périr de faim, de soif, de froid, de chagrin, de misère, de maladie, trente pères et mères de famille, rendu cent enfans orphelins, plongé dans la désolation, des familles de citoyens, dont, par sa naissance et par ses dignités, il devoit être le protecteur et le père ?

La raison éclairée rendroit le tableau de ces maux inséparable des objets de son luxe : au moment où la somptuosité de sa table offriroit à sa vanité et à sa sensualité tout ce qui peut la flatter, la raison et l'humanité le représenteroient à lui-même, arrachant le pain des mains de deux cents malheureux, et le vendant pour se procurer la magnificence et la délicatesse de sa table. A chaque pas qu'il feroit dans ses superbes appartemens, ou dans ses beaux et vastes jardins, la raison et l'humanité le représenteroient à lui-même, chassant de leurs possessions cent malheureux, pour se procurer ces appartemens et ces jardins; la raison et l'humanité lui feroient voir ces malheureux réfugiés dans des antres, comme les animaux, ou dans des chaumières ruinées, où ils éprouvent toute la rigueur des saisons, et où il les tient comme emprisonnés pour se procurer ces meubles et cet amas de superfluités dont il se dégoûte aussitôt qu'il les possède.

La raison et l'humanité lui diroient: ces infortunés ne sont point des nègres, des sauvages, ou les habitans d'un autre hémisphère ; ce sont des compatriotes, des concitoyens qui vivent dans la soumission au souverain et aux lois, qui révèrent et servent le grand, le riche, l'homme en place, et qui prodiguent leur sang pour conserver ses possessions.

Un courtisan, un favori, un grand, qui sauroit, qui verroit clairement que ce n'est qu'à ces conditions qu'il entretient son luxe, pourroit-il n'y pas renoncer, s'il conservoit encore quelques sentimens de justice et d'humanité?

En effet, le sentiment de la justice,

de l'humanité, de la bienfaisance, est nécessairement joint à un sentiment de haine, de mépris et d'indignation pour celui qui satisfait à ce prix, et par de semblables moyens, son amour pour le luxe.

Le courtisan, le favori, le grand, qui connoîtroit par quels moyens et à quel prix il satisfait son amour pour le luxe, éprouveroit donc ces sentimens de haine, de mépris et d'indignation pour lui-même, s'il conservoit encore quelque sentiment de justice et d'humanité. Ces sentimens de haine et de mépris pour lui-même, seroient inséparables des objets de son luxe : la honte, le chagrin, la haine et le mépris de lui-même, se mêleroient à toutes ses jouissances, et il trouveroit le malheur dans ce qu'il avoit recherché comme la source de son bonheur.

Enfin, le public éclairé sur les effets des moyens par lesquels le courtisan, le favori, le grand, entretient sa magnificence, ne la verroit qu'avec horreur; et au lieu de la considération que l'homme
de

de luxe en espéroit, il ne recueilleroit que la haine, le mépris et l'indignation. Pourroit-il conserver du goût et de l'attachement pour son luxe, s'il lui restoit encore une conscience, quelque sentiment d'honneur, quelque pudeur?

Les lumières, l'habileté, la sagesse, la fermeté des philosophes, des législateurs, des souverains, ont plusieurs fois produit ce renoncement au luxe.

Les Crotoniates s'étoient acquis par leur vie simple et laborieuse, par leur force et par leur courage, une si grande réputation, que l'on disoit en proverbe que le dernier des Crotoniates étoit le premier des Grecs (1).

Une guerre malheureuse contre les Locriens, altéra leurs mœurs; ils négligèrent toutes les institutions qui les formoient à la vertu, et s'abandonnèrent au luxe. Pythagore entreprit de les rappeler à la vertu : il leur en exposoit tous les jours les avantages, la beauté ; il leur peignoit les vices, les désordres,

---

(1) Strab. l. 6, p. 220.

les malheurs que le luxe entraîne; il leur racontoit le sort des états qui s'y étoient abandonnés; et il fit naître un amour si vif et si constant pour la vie simple et frugale, qu'un Crotoniate voluptueux ou passionné pour le luxe, étoit devenu un prodige et une chose incroyable.

Pythagore entreprit d'inspirer la même aversion pour le luxe, aux dames et aux jeunes citoyens; il leur donnoit des instructions particulières et convenables à leur état. Ses entretiens avec les dames, avoient pour objet le prix et la nécessité de la pudeur, le bonheur que procure l'union des époux, l'amour de la condescendance qu'elles devoient à leurs maris.

Sa persévérance, sa douceur, son éloquence, triomphèrent de l'amour des dames pour la parure, pour la magnificence des habits : les ornemens même qui distinguoient les rangs, ne furent à leurs yeux que l'attirail de la vanité; elles consacrèrent tous ces objets dans le temple de Junon, comme des trophées de la victoire que la sagesse avoit remportée sur le luxe. Elles firent voir qu'elles n'aspiroient qu'à la gloire qui naît de la vertu, et qu'elles méprisoient la considération qui n'a pour base que le faste.

Tel est le récit que Justin fait du changement opéré chez les Crotoniates, par Pythagore. On peut, ajoute-t-il, juger par le changement qu'il produisit dans les dames, des effets de sa doctrine sur les jeunes citoyens (1).

Lycurgue produisit le même changement à Sparte, et pendant plus de six siècles, les Lacédémoniens ont conservé les mœurs qu'il avoit établies (2).

» En Egypte, le premier successeur
» des dieux, a été Menès; et c'est lui
» qui a enseigné aux hommes à les adorer et à leur faire des sacrifices; mais
» d'ailleurs il introduisit les tables, les
» lits, les étoffes précieuses, en un mot,
» tous les instrumens du luxe et de la
» volupté.

---

(1) Justin, l. 20, c. 3 et 4.
(2) Plutarq. vie de Lycurgue. Craig. de repub. Laced.

» Plusieurs siècles après lui, Gnéphac-
» tes, père de Bocchoris le sage, étant
» allé faire la guerre en Arabie, et étant
» obligé de laisser derrière lui une grande
» partie de ses provisions de bouche, à
» cause de la longueur et de la difficulté
» des chemins, fut contraint de passer une
» journée chez un paysan, dans une ex-
» trême frugalité : il y trouva du plaisir,
» et condamna la somptuosité et la mol-
» lesse : il maudit celui qui en avoit
» donné l'exemple aux rois : il prit même
» tellement à cœur de réformer et ses
» ameublemens et sa table, qu'il fit écrire
» en caractères sacrés dans le temple de
» Jupiter à Thèbes, la malédiction dont
» il avoit chargé le nom de Menès (1). «

Aussitôt le luxe s'anéantit en Egypte, on cessa de rendre à la mémoire de Menès les honneurs accoutumés, et son nom excita l'indignation (2).

Sous les premiers rois, les Egyptiens

---

(1) Diod. de Sicile, traduct. de Terrasson, l. 1, sect. 2. Plutarq. d'Isis et d'Osiris.

(2) Ibid.

vivent sans luxe, et sont si heureux, qu'ils révèrent comme des dieux, les princes qui leur ont procuré une vie paisible, simple, sans richesses et sans luxe: ils n'éprouvent point ce mécontentement de soi-même, ce desir d'être mieux, que l'on prétend essentiel à l'homme, et qui le porte à s'enrichir pour se procurer des objets de luxe : c'est un prince orgueilleux et vain, qui éprouve ce mécontentement, et qui introduit en Egypte les délicatesses du luxe.

Long-temps après ce roi corrompu et corrupteur de son peuple, Gnéphactes reconnoît, par son expérience, l'inutilité, les dangers, et les funestes effets de la somptuosité inventée par ce mauvais prince ; il renonce au luxe, et en éteint la passion dans toute la nation.

Ainsi, nous voyons dans ce seul fait un peuple heureux et préservé du luxe par la sagesse des législateurs, puis entraîné dans la corruption du luxe par l'exemple d'un mauvais roi ; enfin, un roi sage qui renonce au luxe, et dont l'exemple rétablit dans la nation l'amour de la vie simple, et l'horreur pour le luxe.

J'ai prouvé que le luxe n'est ni un vice essentiel à l'homme, ni son état naturel, et qu'on peut non-seulement en éteindre la passion dans le cœur des particuliers, mais encore l'anéantir dans les sociétés politiques : voyons par quels moyens on pourroit aujourd'hui produire cette importante révolution.

SECTION II.

Des moyens de combattre et d'éteindre le Luxe.

Tous les hommes veulent être heureux ; et chacun se fait un système de bonheur auquel il est plus ou moins attaché, selon qu'il le croit plus ou moins propre à le rendre heureux, selon qu'il a plus ou moins de ressources pour remplacer ce qu'il perdroit en renonçant à ce système.

Pour engager un homme à renoncer à son système de bonheur, il faut donc lui faire voir qu'il est faux et trompeur.

Il ne suffit pas de le détromper: comme il veut nécessairement être heureux, il faut, en lui ôtant son illusion, lui découvrir un moyen d'arriver au bonheur qu'il avoit inutilement cherché dans son système; il faut lui procurer des plaisirs plus grands que ceux auxquels il renonce.

Ce n'est qu'à ces conditions qu'on peut le détacher de son système, et l'engager à y renoncer sincèrement et sans retour : developpons l'efficacité de ces moyens par rapport à l'extinction du luxe.

CHAPITRE I.

Des moyens de détromper les hommes sur les avantages que l'on attribue au Luxe par rapport au bonheur.

Le luxe est un système de bonheur faux et illusoire; loin de conduire à la félicité, il livre l'homme à l'ennui, et le précipite dans les malheurs les plus affreux.

Pour détromper les hommes sur les

avantages que l'on attribue au luxe par rapport au bonheur, il suffit de leur faire connoître ces vérités ; car il n'y a personne qui puisse croire que le luxe est un système de bonheur qu'il doit suivre, lorsqu'il verra clairement que le chagrin, l'inquiétude, l'ennui et le malheur en sont inséparables, et que celui qui s'y abandonne est réservé au malheur.

Mais comment parvenir à faire connoître ces vérités à des nations livrées au luxe ? On a vu des philosophes produire cet effet dans une ville, chez un peuple peu nombreux ; mais peut-on l'espérer, et comment l'entreprendre dans l'état où sont aujourd'hui les sociétés de l'Europe ?

Les différences que l'on observe entre les sociétés présentes, et les états où les philosophes et les législateurs ont éclairé les hommes sur le luxe, prouvent qu'aujourd'hui l'entreprise est peut-être plus difficile, et non pas qu'elle est impossible, ni qu'il ne reste aucun moyen de tirer les hommes de leurs erreurs sur le luxe.

On peut partager tous les citoyens qui

composent les sociétés politiques en trois classes : la première est composée de ceux qui ont un état civil, qui cultivent leur esprit, qui lisent, et sont capables d'entendre une vérité dont l'intelligence n'exige, ni une longue discussion, ni beaucoup de connoissances acquises : la seconde renferme tous les jeunes citoyens dont on confie le soin à des maîtres chargés de les instruire : dans la troisième classe, sont tous les citoyens que l'éducation, une habitude invétérée de dissipation et de frivolité, rend incapables d'application, ou que l'état malheureux de leur fortune assujettit à des travaux continuels, et qui ne leur permettent ni de lire, ni de réfléchir, ou même en qui la misère et l'abaissement semblent avoir étouffé les facultés intellectuelles, comme le luxe et la dissipation semble les anéantir dans une grande partie des riches et des grands.

D'excellens ouvrages sur la nature du luxe, peuvent détromper tous les hommes de la première classe : les philosophes, les orateurs, les poëtes, les littérateurs, produiroient cet heureux changement, s'ils réunissoient leurs efforts pour faire connoître la nature et les effets du luxe.

Le philosophe les démontreroit pour tous les hommes capables de suivre un raisonnement ; le poëte rendroit ces vérités sensibles ; l'orateur les rendroit intéressantes ; l'historien les confirmeroit par les faits, et y mettroit le sceau de l'expérience.

Par ce concert de tous les écrivains, toutes les vérités qui font connoître la nature et les effets du luxe, seroient à la portée de tous les lecteurs, et s'offriroient à eux sous toutes les formes, avec tous les degrés de clarté et les différens genres de preuves nécessaires pour convaincre tous les lecteurs ; elles seroient proportionnées à l'esprit de chacun, et intéressantes pour tous.

Les sophismes des défenseurs du luxe disparoîtroient, et ne seroient plus regardés que comme des préjugés absurdes et dangereux. Il n'y a point d'erreur ou de préjugé qui puisse résister à la vérité annoncée par les hommes éclairés, et soutenue par leurs écrits : c'est ainsi que l'on a vu Confucius et ses disciples, rétablir dans l'empire de la Chine, la connoissance et l'amour des institutions des premiers législateurs de cet empire, même malgré les efforts des courtisans et des eunuques, ennemis jurés de la doctrine et des institutions des premiers législateurs.

Voilà par quels moyens il me semble que l'on pourroit détromper sur le luxe, tous les citoyens qui cultivent leur esprit et qui lisent.

On pourroit suivre la même méthode dans l'instruction des jeunes citoyens, et elle n'auroit pas un moindre succès : les préjugés en faveur du luxe, ne sont pas encore enracinés dans leur esprit ; ils desirent de s'éclairer, et ils ont pour la vérité une espèce d'enthousiasme qui les met dans la disposition la plus favorable, pour entreprendre de la chercher, pour l'embrasser lorsqu'ils l'ont trouvée ou lorsqu'on la leur offre : il seroit donc facile de prémunir cette classe de citoyens contre les erreurs des partisans du luxe.

On pourroit, pour cet effet, faire entrer dans leurs thêmes les idées et les faits relatifs aux dangers du luxe, leur faire remarquer ses funestes effets dans les auteurs et dans les historiens qu'on leur feroit traduire pendant le cours de leurs humanités : on leur expliqueroit en philosophie les principes de la morale, leur liaison essentielle avec la politique, et les rapports de l'une et de l'autre avec la prospérité des états ; on leur feroit alors examiner en philosophes, la nature du luxe et ses effets, et l'on produiroit en eux la conviction la plus entière sur la fausseté du sentiment des partisans du luxe : ils ne verroient alors le luxe que comme un fléau, comme une source de malheurs et de calamités, comme le plus terrible ennemi des sociétés et des hommes : ils porteroient dans la société cette conviction, et dissiperoient les vaines déclamations des partisans du luxe.

Tous les hommes de lettres élevés dans ces idées, imbus et pénétrés de ces principes en rempliroient leurs écrits; et dans peu de temps, le sentiment qui condamne le luxe seroit une vérité commune, et l'opinion de ses apologistes, une absurdité reconnue par tous les hommes qui lisent, qui cultivent leur esprit, et qui raisonnent.

Il seroit plus difficile de détromper ceux à qui l'habitude du luxe, de la dissipation et de la frivolité, a rendu l'application et l'attention de l'esprit très-difficile et très-pénible; mais il seroit impossible que l'exemple du souverain, le suffrage des personnes considérables, la réunion de tous les écrivains contre le luxe, ne fissent pas, sur leur esprit, une impression assez forte pour les porter à examiner, et ne leur donnassent pas le degré d'attention nécessaire pour sentir la force des raisons qui prouvent combien le luxe est funeste; puisque les efforts et les ouvrages des écrivains, auroient donné à cette vérité tous les degrés de clarté possible; et que par les différens genres de preuves qu'ils en offriroient, ils la mettroient à la portée de tout esprit capable d'attention.

Il peut, il est vrai, se trouver dans cette classe, des personnes qu'une habitude invétérée de dissipation, de paresse et de légéreté, rend incapables de suivre toute espèce de discussion ou de raisonnement, et que par conséquent il ne faut pas espérer d'éclairer ; mais, incapables de voir la vérité par leurs propres yeux, et d'avoir un sentiment à eux, ils prennent l'opinion commune, ou s'ils résistent au sentiment général, c'est par un degré d'ignorance, d'étourderie, d'incapacité ou de dépravation qui est notoire, et qui leur ôte toute influence sur les sentimens du public.

Quant à la classe des citoyens incapables, par le malheur de leur éducation ou de leur condition, de découvrir et de connoître par la voie de l'examen et de la réflexion, les principes qui doivent la diriger, elle reçoit ses idées de ceux en qui elle suppose des lumières ou de l'instruction ; elle reçoit ou rejette ce qu'ils croient ou ce qu'ils rejettent, et pense qu'une chose est bonne ou mauvaise, selon qu'elle est jugée telle par ceux qu'elle croit capables de l'examiner.

Cette classe d'hommes ne juge que les objets du luxe contribuent au bonheur, que parce qu'elle les voit recherchés par les grands et par les riches, qui, ne manquant de rien de ce qui est nécessaire pour leur subsistance, ne rechercheroient point ces objets avec tant d'empressement, si, pour être heureux, il suffisoit d'avoir tout ce qui est nécessaire pour vivre commodément. Cette classe malheureuse voit révérer le faste et la pompe dans l'homme riche; elle voit que le grand et le riche ne cherchent à se rendre recommandables que par ce moyen; elle suppose dans tous les objets du luxe, quelque excellence, quelque propriété qui élève celui qui les possède au-dessus des autres, et qui lui procure un bonheur intérieur dont l'homme ne peut jouir sans ces avantages.

Mais cette même classe mépriseroit

le luxe, si les personnes riches et considérables par leur naissance, par leur dignité, par leur générosité, dédaignoient le faste, la magnificence et les recherches du luxe.

Dans un état où le souverain voudroit éteindre le luxe, on pourroit former des établissemens pour apprendre à tous les citoyens, sans exception, les élémens de la morale, et leur procurer une connoissance raisonnée des dangers du luxe par rapport au bonheur de l'homme : Lycurgue, Pythagore, élevèrent à cette connoissance tous les citoyens de Sparte et de Crotone ; Numa y éleva les Romains : l'éducation nationale et l'étude des livres classiques de l'empire de la Chine, y élève encore aujourd'hui un nombre de citoyens assez considérable pour empêcher que le luxe n'y anéantisse la vertu et les institutions des premiers législateurs.

CHAPITRE II.

Des moyens de remplacer les plaisirs dont l'homme se prive en renonçant au Luxe.

La nature n'a pas borné les plaisirs de l'homme aux sensasions agréables : il éprouve du plaisir lorsqu'il éclaire son esprit et qu'il étend ses connoissances, lorsqu'il est utile à ses parens ; lorsqu'il rend service à ses semblables ; il en éprouve dans la conversation, dans le commerce de ses amis, lorsqu'il en reçoit des témoignages d'amitié et d'estime, lorsqu'il fait des actions qui la méritent : il goûte du plaisir lorsqu'il réfléchit sur ses actions, et qu'il se rend témoignage d'avoir rempli ses devoirs : il est heureux, lorsqu'il pense qu'après cette vie, il jouira de l'estime de la postérité, et qu'un Dieu juste et rémunérateur de la bienfaisance, lui a préparé une félicité qui ne finira jamais.

Un homme en qui l'on auroit développé ces différentes inclinations, éprouveroit à chaque instant une satisfaction vive, il seroit toujours content de son existence, les objets qui produisent des sensations agréables ne lui seroient point nécessaires pour satisfaire l'amour du bonheur et pour être heureux; il ne les desireroit point comme nécessaires à son bonheur.

Ainsi, pour remplacer les plaisirs dont l'homme se priveroit en renonçant au luxe, il ne faut que développer en lui les inclinations sociales.

La nature tend sans cesse à produire ce développement, et depuis le moment de sa naissance jusqu'à sa mort, elle le porte à rechercher le bonheur dans ses sources. Je crois avoir prouvé cette vérité dans mon ouvrage sur la sociabilité.

Ce sont les passions, les erreurs, les mauvaises institutions politiques, la mauvaise éducation qui dérangent le système de la nature, qui contrarient ses opérations, et qui changent la direction qu'elle donne au desir du bonheur avec lequel elle fait naître l'homme.

N'étant plus heureux par les inclinations sociales, il cherche le bonheur au hasard : voilà la cause de cette foule de systêmes de bonheur qui partagent les hommes : voilà le principe productif du luxe, comme je l'ai prouvé.

Il faut donc, pour développer les inclinations sociales, détruire les préjugés et les erreurs qui, tirant l'homme de son état naturel, ne lui permettent plus de goûter le plaisir que la nature attache à la pratique des actions qu'inspirent les inclinations sociales.

Le souverain, par exemple, qui se croit d'une nature différente de ses sujets, qui ne reconnoît aucune différence entre le vice et la vertu, qui ne craint ni n'espère rien après cette vie, qui confond l'homme avec la brute, et qui ne regarde la nature entière que comme une masse de matière agitée nécessairement sans intelligence et sans dessein, ne trouve plus de plaisir dans la grandeur, dans l'importance de ses fonctions, dans l'amour de ses sujets, dans la vénération de la postérité, dans le témoignage de sa conscience, dans l'espérance d'une autre vie : tels furent Sardanapale et tant de souverains.

Dissipez ces erreurs dans le souverain, et vous allez ranimer en lui toutes les inclinations sociales; faites lui connoître sa condition naturelle et celle de ses sujets, dès-lors il les envisagera comme des êtres semblables à lui : il va les aimer, parce que l'homme aime naturellement ses semblables : ce souverain ne pensera jamais à ses sujets, sans desirer leur bonheur, sans desirer de mériter leur estime, sans être touché des témoignages de leur amour et de leur reconnoissance.

Faites lui connoître que sa durée n'est pas renfermée dans les bornes de cette vie, et il ambitionnera l'estime de la postérité, il craindra ses jugemens : faites-lui connoître que le juste et l'injuste, le vice et la vertu, sont séparés par des différences essentielles, qu'il a des devoirs et des obligations; vous formerez en lui une conscience qui le condamnera lorsqu'il ne suivra pas les inclinations sociales; faites-lui connoître qu'une intelligence suprême et juste a formé le monde, et qu'elle destine des récompenses à la vertu, et vous lui donnerez un motif qui le portera sans cesse à la pratique de toutes les vertus sociales.

Eclairé par ces vérités, soutenu par ces vues, animé par ces motifs, il trouvera du plaisir dans toutes les fonctions de la souveraineté : il ne fera pas un acte de son autorité, qui ne lui procure le plaisir que goûte un père tendre, qui rend heureuse une famille chérie. A quel titre plus glorieux un souverain peut-il aspirer, qu'à celui de père de son peuple ? en est-il de plus touchant, de plus capable de le remplir de satisfaction ? » Il n'y a rien » de si grand ni de si vénérable que la » qualité de père, disoit un des plus » grands et des plus sages philosophes : » Homère a bien connu cette vérité, » ajoutoit-il ; car, après avoir appelé Jupiter le roi des dieux, il a cru enchérir infiniment sur ce magnifique titre, » en l'appelant père des dieux et des » hommes (1). »

---

(1) Vie de Pythagore, par Dacier, t. 1, p. 29.

Lorsqu'un souverain est imbu de ces principes, lorsqu'il en fait la règle de sa conduite, chaque pas qu'il fait lui découvre des hommes heureux par ses soins, qui publient sa bonté, sa sagesse, sa justice, qui sacrifieroient pour lui leur fortune, et qui répandroient leur sang pour sa conservation, pour sa satisfaction : dans tous les instans de sa vie, il voit la postérité rendre hommage à ses vertus : dans tous les temps, la récompense destinée à ses soins, à sa justice, à sa charité, s'offre à lui pour le soutenir dans ses fatigues, pour le consoler dans ses peines, pour échauffer, pour animer son zèle contre les obstacles que sa vertu ou sa bonté rencontre.

Tels les monumens anciens nous représentent les fondateurs des premières sociétés, préférant aux plaisirs que produisent les sensations, la satisfaction d'arracher à la vie sauvage, à la barbarie, les hommes féroces, et de procurer leur bonheur, sans être rebutés ni par les difficultés, ni même par l'ingratitude et par l'indocilité des hommes au bonheur desquels ils se dévouoient (1).

Tels ont été tant d'empereurs de la Chine, depuis la fondation de cet empire, jusqu'à ces jours.

Tels l'histoire de tous les états formés en Europe, depuis la destruction de l'empire Romain, nous offre plusieurs de leurs rois.

Ces mêmes vérités imprimées dans l'esprit du grand et du riche, vont changer, pour lui, la face de la société : les malheureux qu'il envisageoit comme des espèces de brutes à deux pieds, reprennent à ses yeux leur état naturel, et redeviennent des hommes : il voit en eux ses semblables, il s'attendrit sur leur sort, il les soulage, il éprouve du plaisir en les soulageant, il est touché du témoignage de leur reconnoissance, il ambitionne leur estime et leur amour : la faculté de soulager leurs maux, de contribuer à leur bonheur, lui paroît la prérogative la plus précieuse de son élévation

_____

(1) Cic. de Senect. Horat. L. 1, ep. 1.

et de sa fortune : tous les instans de sa vie vont être marqués par quelque trait d'humanité, de bienfaisance et de charité, et chacune de ses actions lui procurera un plaisir : son bonheur s'accroît à mesure que les effets de sa bonté se multiplient : la reconnoissance, le dévouement du malheureux défendu, soulagé, secouru par lui, le témoignage de la vénération publique, sa conscience lui en rappellent le souvenir, et en renouvellent le plaisir à tous les instans.

Ces vérités, en développant les inclinations sociales, procurent donc, nonseulement des plaisirs qui remplacent et qui surpassent ceux du luxe, mais encore un accroissement continuel de plaisir qui remplit et satisfait à chaque instant ce desir d'être mieux, ce mécontentement de notre état, que l'on prétend être le principe productif du luxe.

Eclairé par ces vérités, le magistrat voit dans toutes ses fonctions une source de plaisirs : il n'en est pas une qui ne lui procure une satisfaction particulière, parce que chacune d'elles est utile à des hommes

hommes qu'il aime, et dont il est aimé et révéré : il aime toutes ses fonctions, parce qu'il n'y en a pas une qui n'accroisse le tribut de reconnoissance et de respect que le public rend à son intégrité, à son application, à son zèle : cette image s'offre à son esprit, aussitôt qu'il sort pour remplir ses fonctions, et répand sur les plus fatigantes un charme qui ne permet pas de regarder le luxe comme un bonheur, parce qu'il le détourneroit de ses fonctions.

Ce que je dis du souverain, du grand, du riche, du magistrat, s'applique facilement à toutes les conditions.

Le simple citoyen qui connoît l'état naturel de l'homme et ses rapports essentiels avec ses parens, avec ses enfans, avec ses concitoyens, avec tous les hommes, éprouve tous les charmes de la piété filiale, de la tendresse paternelle, de l'amitié, de l'humanité : aimant ses parens, ses concitoyens, tous les hommes, il desire de contribuer à leur bonheur ; il goûte un plaisir délicieux lorsqu'il y contribue, lorsqu'il leur donne des témoignages de son amitié, de son zèle, de son estime, ou qu'il reçoit d'eux quelqu'un de ces témoignages. Or, les rapports que la société civile met entre les citoyens et entre tous les hommes, procure au plus simple citoyen des occasions continuelles d'éprouver quelqu'un de ces plaisirs dans une société sans luxe. Ainsi, le simple citoyen aussi bien que le souverain, le grand, le magistrat, le riche, trouve dans les actions inspirées par les inclinations sociales, des plaisirs qui remplacent abondamment les plaisirs que le luxe lui procuroit.

De quel œil croyez-vous que l'homme éclairé par ces vérités, verroit les soins et les occupations de l'homme de luxe, la gloire qu'il attache à être porteur d'un riche habit, d'un beau diamant, d'une plume de héron; le prix auquel il achète l'honneur et l'avantage d'être chargé de ces superfluités?

Un souverain éclairé par ces vérités, connoît sa destination, ses rapports essentiels avec les autres hommes, la fin à laquelle il doit tendre: pourroit-il s'ensevelir dans la mollesse, ou se livrer à la dissipation et à la frivolité, pourroit-il jouir, avec plaisir, d'un luxe qu'il ne se procureroit que par le malheur d'une infinité d'hommes semblables à lui, d'enfans dont il est le père, de pupilles dont il est le défenseur? car c'est sous tous ces rapports que le souverain s'envisage, lorsqu'il est pénétré des vérités qui dissipent les erreurs auxquelles le luxe doit sa naissance.

Un grand, un riche, pénétré de ces vérités, regarderoit son élévation et sa fortune, comme un poste qui lui est confié pour éclairer le souverain, pour le soutenir contre les assauts des passions, pour lui représenter ses obligations, pour être auprès de lui le défenseur du foible: pourroit-il, sans remords et sans honte, faire consister sa gloire et son bonheur dans les puérilités du luxe, dans un faste auquel il ne peut se livrer qu'en violant tous ses devoirs, et qu'il ne peut soutenir que par des pensions et par des gratifications qu'il n'obtient qu'en s'avilissant, et en privant de sa subsistance le pauvre et le foible dont il devoit être le père ?

Un magistrat pénétré de ces vérités, pourroit-il faire dépendre son bonheur des jouissances du luxe, et pour se les procurer, faire de ses fonctions augustes un métier de mercenaire, et de sa dignité un poste de brigand, d'où il rançonne le riche, pille le foible, la veuve, l'orphelin et l'état ?

Un simple citoyen pénétré de ces vérités, ne regarderoit-il pas comme une occupation avilissante, d'employer à se procurer les objets du luxe, un temps, des soins, un travail qu'il pourroit employer à la consolation, au soulagement d'un parent, d'un ami, d'un vieillard, d'un concitoyen malheureux ?

Ces vérités imprimées profondément dans l'esprit, répandroient donc du dégoût et de l'amertume sur tous les objets du luxe, et augmenteroient, par conséquent, la force des inclinations sociales, et le plaisir que la nature attache à toutes les actions qu'elles inspirent.

Aussitôt que l'instruction et l'exemple

auront répandu ces vérités dans le public, le luxe et le faste n'attireront plus la considération ; ils exciteront au contraire le mépris et même l'indignation, parce que le public éclairé par ces vérités, en voyant le riche et le grand fastueux et magnifique, diroit : ce grand ou ce riche est au moins sans humanité, sans bienfaisance et sans jugement.

Mais ce même public offriroit son amour, sa vénération, sa reconnoissance au riche et au grand sans faste, parce qu'il verroit en lui un homme que la raison, l'humanité, la bienfaisance, ont affranchi du luxe, et consacré aux actions grandes et utiles au bonheur des hommes.

Il en seroit de même de toutes les conditions et de toutes les professions.

Ainsi, à mesure que ces vérités éclaireront les esprits, le luxe disparoîtra, et les plaisirs qu'il procuroit seront remplacés par des plaisirs infiniment plus grands.

Les effets que j'attribue à la connoissance de ces vérités, et la possibilité d'y élever les hommes, ne sont point imaginaires : des philosophes anciens les ont souvent produits, en imprimant ces vérités dans l'esprit des peuples : les empereurs de la Chine ont produit ces effets dans leur vaste empire, par le moyen de ces vérités qu'ils ont rendues communes et perpétuelles par le beau système d'éducation qu'ils ont établi.

Il n'y a point de souverain qui ne puisse produire ces effets dans ses états.

SECTION III.

Des difficultés par lesquelles on combat le projet de l'extinction du luxe.

CHAPITRE I.

Des raisons par lesquelles on prétend prouver que la morale et la politique sont sans ressources contre le torrent du Luxe.

LE luxe est une passion, et il donne à l'homme un caractère particulier; or, dit-on, on ne peut ni détruire ni arrêter les passions, ni changer les caractères.

C'est principalement par la raison et par l'instruction que l'on prétend que l'on peut anéantir le luxe ; or, c'est, dit-on, par le sentiment, et jamais par la réflexion que l'homme se conduit ; enfin, les passions seules peuvent combattre les passions (1).

Il n'y a personne qui n'ait entendu répéter cent fois ces propositions, comme des axiomes ; et elles doivent, en effet, paroître telles aux hommes de luxe, dans un état où il règne depuis long-temps : la plupart n'ont jamais réfléchi, ils ont toujours cédé aux premières impressions des objets sur leurs sens ; c'est donc pour eux une vérité d'expérience, et par conséquent un axiome, que l'homme se conduit toujours par sentiment, et jamais par réflexion : ils n'ont fait, pour se corriger, aucun effort, ou ils n'en ont fait que de foibles ; ils jugent que l'homme est incorrigible, et que rien ne peut changer son caractère; ils voient dans eux-mêmes tout le genre humain,

---

(1) De l'Esprit, discours 4, c. 15.

T iv

et décident qu'on ne peut ni éteindre le luxe, ni le corriger.

S'il étoit possible d'obtenir de ceux qui enseignent cette doctrine, qu'ils doutassent, et de leurs disciples, qu'ils réfléchissent, je leur dirois : lorsque vous prétendez que l'on ne peut changer les caractères, entendez-vous bien ce que vous dites ?

Qu'est-ce que le caractère ? c'est une certaine manière de penser, de sentir, de voir, d'agir, de vivre et d'être : or, il n'est pas impossible de changer la manière de penser, de vivre et d'être, d'un homme, quoiqu'il y soit confirmé par l'habitude. Il suffit pour cela de lui faire voir clairement la vérité, et de lui faire trouver de grands avantages dans le changement qu'on lui propose, en échange des maux attachés à la manière de vivre et de penser qu'il a embrassée ; car, qui peut douter que l'homme ne puisse préférer le bien au mal, et un plus grand avantage à un moindre ? Il est donc possible de changer le caractère.

» Oui, dit un défenseur de l'opinion
» que je combats, je sais qu'un concours
» singulier de circonstances peut nous
» plier à des habitudes opposées ; mais
» c'est un miracle, et l'on ne doit pas
» compter sur les miracles (1). «

Qu'entend-on donc par *un concours singulier de circonstances*, qui peut seul nous faire passer à des habitudes opposées ? et pourquoi ce concours est-il un miracle ? On ne l'explique point, on se contente de le dire ; et l'expérience dit le contraire.

Les sages qui ont formé les sociétés, n'ont-ils pas arraché les hommes à la vie sauvage et féroce ? Ne leur ont-ils pas inspiré l'amour de la paix et de la justice ? ne les ont-ils pas fait passer de la barbarie à l'humanité, de la passion de la liberté effrénée et de l'indépendance la plus absolue, à l'état de société, à l'amour de la subordination ? Ne leur ont-ils pas fait faire le sacrifice de cette liberté qu'ils idolâtroient ? Ne leur ont-ils

---

(1) De l'Esprit, p. 620.

pas donné des mœurs et un caractère absolument opposé aux mœurs et au caractère que l'habitude, les préjugés, l'éducation leur avoient communiqué, et dans lequel ils avoient vieilli?

On ne juge donc qu'il est impossible de changer, que parce que l'on ne connoît ni la nature de l'homme, ni l'art d'éclairer, de toucher, de persuader les hommes.

On nous dit que l'homme est toujours conduit par sentiment, et jamais par la réflexion, sans en excepter les hommes les moins vifs, et que l'on nomme froids.

» Pour s'en convaincre, dit-on, que
» l'on suppose qu'un d'eux soit mordu
» d'un chien enragé : on l'envoie à la
» mer ; il se met dans une barque, on
» va le plonger : il ne court aucun ris-
» que, il en est sûr ; il sait que dans
» ce cas, la peur est tout-à-fait déraison-
» nable ; il se le dit, on le plonge : la
» réflexion n'agit plus sur lui, le senti-
» ment de la crainte s'empare de son
» ame ; et c'est à cette crainte ridicule
» qu'il doit sa guérison : la réflexion est

« donc, dans les gens froids comme dans les autres hommes, soumise au sentiment (1). »

Comment a-t-on vu une difficulté dans ce sophisme? L'homme en qui l'on veut exciter le sentiment de la peur en le précipitant dans la mer, ne réfléchit point pour se convaincre que cette peur est déraisonnable: lorsqu'on le plonge, il ne réfléchit point sur l'intention de ceux qui le précipitent: on le précipite dans le moment où il s'y attend le moins; on fait ensorte de le surprendre; il éprouve alors une crainte machinale, que la réflexion ne combat point, et qu'elle ne s'efforçoit pas de prévenir. Cet exemple ne prouve donc pas que la réflexion ne peut rien sur l'ame, sur ses affections et sur son caractère.

La réflexion qui dirige l'homme, n'est que la prévision ou la prévoyance des avantages ou des désavantages qui accompagnent ou qui suivent une action. Peut-on dire que la connoissance des

_____
(1) Ibid. p. 626.

avantages ou des désavantages qui accompagnent ou qui suivent une action, n'ait aucune force pour déterminer un homme à faire cette action ou pour l'en détourner ? Peut-on nier que cette connoissance n'ait déterminé et ne détermine encore tous les jours une infinité de personnes ? N'est-il pas évident que c'est cette connoissance qui a formé et qui entretient les états et les sociétés dans l'ordre ?

Niera-t-on que hors de la vraie religion, et par conséquent sans les secours surnaturels qu'elle procure, il n'y ait des hommes qui se dévouent à la mortification, par l'espérance et par la crainte de l'avenir ? Or, cette espérance et cette crainte de l'avenir, n'a-t-elle pas sa source dans la réflexion de l'esprit ? la réflexion fait-elle autre chose que de rendre présens à l'esprit, les biens ou les maux auxquels conduisent les actions qu'ils se prescrivent ou qu'ils s'interdisent ?

La réflexion n'est qu'un sentiment anticipé des biens ou des maux attachés aux actions ; elle peut donc nous porter à une action ou nous en détourner, nous porter vers un objet ou nous en éloigner, comme le sentiment agréable ou désagréable que l'objet produiroit lui-même : ce sentiment est plus ou moins vif, selon que l'esprit se représente plus ou moins fortement, selon qu'il voit plus ou moins clairement la liaison de ces biens ou de ces maux avec une action ou avec un objet : la réflexion peut donc affoiblir, contrebalancer, ou même surmonter l'impression que font les objets sur les sens, et changer les habitudes.

Tous ces principes sur le pouvoir de la réflexion et de la raison, s'appliquent d'eux-mêmes à la possibilité de détruire le luxe. Les effets que le luxe produit sont si funestes aux sociétés, si contraires au bonheur des hommes, qu'il n'en est aucun qui balançât entre les plaisirs qu'il procure et les maux qu'il entraîne, si les uns et les autres étoient présens en même temps : ces effets sont d'ailleurs si essentiellement et si clairement liés avec le luxe, qu'il n'y a point d'homme capable de réfléchir, qui ne puisse appercevoir cette liaison, et par conséquent voir en même temps les maux et les plaisirs attachés au luxe.

Ainsi, en supposant que le luxe soit une passion, et qu'une passion ne peut être combattue que par une autre passion, il ne seroit pas impossible de détruire le luxe, puisqu'on pourroit le combattre par la crainte de la douleur et du mal, qui est une passion plus puissante encore que l'amour du plaisir.

Ce fut ainsi que vers le règne de Galba, les dangers et les malheurs auxquels le luxe exposoit, ramenèrent l'économie et la simplicité à Rome.

» Les folles dépenses dont la bataille
» d'Actium étoit l'époque, dit Tacite,
» se soutinrent l'espace de cent ans, jus-
» qu'à la guerre qui mit Galba en pos-
» session de l'empire : ce fut alors que
» le luxe commença de tomber insensi-
» blement. Qu'il me soit permis d'en
» chercher la cause. Autrefois les an-
» ciennes maisons, lorsqu'elles étoient
» opulentes, et les familles nouvellement
» illustrées, se livroient au goût de la

» magnificence jusqu'à s'abîmer. Cultiver
» le peuple de Rome, les provinces, les
» rois, en recevoir, à son tour, des
» marques d'attachement et de respect,
» ne passoit pas encore pour un crime :
» plus on étoit somptueux, plus on avoit
» de considération et de cliens ; mais
» lorsqu'on vit une barbare politique im-
» moler ce qui lui faisoit ombrage, et
» la célébrité devenir un arrêt de mort,
» chacun se resserra prudemment (1). »

CHAPITRE II.

L'étendue de l'empire du Luxe et sa perpétuité, ne prouvent pas qu'il soit inévitable et irremédiable.

L'étendue et la perpétuité du luxe, forment contre la possiblité de l'éteindre une difficulté des plus imposantes pour l'imagination, et des plus embarrassantes pour les esprits qui ne remontent pas aux

---

(1) Tacit. annal. l. 3, c. 35. trad. de la Bléterie, t. 2, p. 82.

causes : on le voit se répandre sur toute la surface du globe, régner sous tous les climats, pénétrer dans tous les gouvernemens, franchir toutes les barrières que la religion, la morale et la politique lui opposent, tromper la vigilance des législateurs, échapper aux recherches des censeurs, corrompre la vertu des sages, et renaître au milieu des sociétés où il sembloit éteint pour toujours. Les exemples des législateurs, des philosophes qui ont éteint le luxe, ne s'offrent à l'esprit que comme des faits romanesques, ou du moins comme des faits incertains et obscurs, qui ne peuvent contrebalancer une multitude de faits dont on ne peut ni ébranler la certitude, ni obscurcir l'évidence.

Pour dissiper cette espèce de phantôme, il ne faut que porter sur l'histoire un coup-d'œil philosophique, et remonter aux causes des faits.

Rappelons-nous, pour cet effet, l'origine du luxe : il a sa source dans le desir que l'homme a d'être heureux : ce desir agit dans l'homme, lors même qu'il n'éprouve aucun besoin physique, aucun des besoins qui naissent de l'organisation.

Dans ce temps même, il est pressé aussi vivement par ce desir, que par la faim ou par la soif extrême; et il faut, comme je l'ai dit, satisfaire ce desir, ou par des sentimens agréables qui naissent de la pratique des vertus sociales, ou par les sensations que procurent les objets du luxe; et ce fut à ce dernier moyen qu'eurent recours ceux en qui les inclinations sociales ne s'étoient point développées.

Ainsi, les premiers conquérans, qui, loin de s'occuper à cultiver les vertus sociales, en avoient étouffé presque tous les germes, durent, pendant leurs victoires et à la paix, chercher le bonheur dans le luxe : les peuples vaincus et soumis, les cultivateurs, les artisans, les négocians, ne s'occupèrent que des moyens de se garantir de l'oppression et de la tyrannie de ces maîtres, en flattant leurs goûts, en leur procurant des richesses : tous les principes des vertus sociales, devinrent donc stériles dans toute l'étendue de la domination de ces conquérans. Enfin, le despotisme militaire et terrible qu'ils établirent, les anéantit et les fit disparoître par-tout où ils étendirent leur puissance, lors même que leur administration ne fut pas cruelle et vexatoire, parce qu'alors même la crainte fut le ressort de leur gouvernement, et que la crainte étouffe toutes les inclinations sociales.

Comme les objets du luxe ne peuvent satisfaire l'amour que l'homme a pour le bonheur, et que d'ailleurs le besoin de les varier et de les multiplier, épuise bientôt les plus riches trésors, les guerriers livrés au luxe pour se dérober à l'ennui qui les poursuit, et pour amasser des richesses, forment sans cesse des projets et des entreprises pour étendre leur empire, et portent la guerre et le luxe dans toutes les contrées où ils peuvent pénétrer : on n'y connoît bientôt de moyens de satisfaire l'amour du bonheur, que les plaisirs du luxe : les pères ne connoissent plus la nécessité de cultiver dans leurs enfans les inclinations sociales ; elles s'éteignent ou s'affoiblissent si prodigieusement, qu'elles paroissent n'avoir d'influence ni sur la conduite, ni sur le bonheur des hommes.

Nous voyons dans l'Orient les premiers conquérans connus, former de grands empires et y faire régner le luxe qui les détruisit bientôt : ces vastes états furent conquis par des peuples simples ou féroces, en qui la guerre éteignit aussi la bienfaisance, l'humanité, la justice, et qui, pour satisfaire le desir continuel du bonheur, eurent recours au luxe qu'ils trouvèrent établi chez les peuples qu'ils soumettoient : ce fut ainsi que les rois d'Assyrie et de Babylone firent régner le luxe dans leurs états et dans toute l'étendue de leurs conquêtes ; ce fut ainsi que les Mèdes furent corrompus par le luxe des Assyriens, et qu'ils le communiquèrent aux Perses.

Les conquérans occupés à étendre ou à conserver leur puissance, ne songèrent point à régner par les lois et sur des peuples vertueux ; ils n'inspirèrent point ce desir à leurs successeurs, que l'éducation amollit, qui prirent la passion du luxe et tous les vices qui l'accompagnent. Ainsi, les successeurs de Cyrus, livrés au luxe, éteignirent dans toute leur domination les vertus sociales ; le luxe devint nécessaire pour remplir le desir d'être heureux, et ils communiquèrent l'amour du luxe même aux peuples qui résistèrent à leurs armes : tel fut l'effet du luxe des Perses dans la Grèce, et même à Sparte, où les guerres continuelles avoient altéré les institutions de Lycurgue.

Alexandre ne vécut pas assez pour ressusciter les inclinations sociales dans ses immenses conquêtes, et pour y faire régner la paix qui les féconde : après sa mort, le desir de régner s'alluma dans le cœur d'une foule d'ambitieux, qui, pour satisfaire leurs passions, eurent recours aux vexations, aux meurtres, aux perfidies, à tous les crimes : et si l'on excepte Ptolomée, aucun des successeurs d'Alexandre ne voulut régner par les lois.

Mais Ptolomée lui-même ne connoissoit pas assez tous les dangers du luxe; il voulut faire fleurir dans ses états les arts et le commerce, que ses successeurs regardèrent comme le fondement de leur grandeur, et comme la source de leur bonheur : les Egyptiens communiquèrent l'amour du luxe à presque toutes les nations, du moins ils le portèrent chez beaucoup de peuples de l'Orient et de l'Occident (1).

Les Romains étoient sobres, tempérans; ils avoient contracté l'habitude de ces vertus, ils y trouvèrent une source de bonheur pendant long-temps : mais l'habitude de la guerre et leurs conquêtes, affoiblirent ces vertus comme dans tous les peuples conquérans et guerriers; ils prirent le luxe et les mœurs des peuples qu'ils soumirent, et le luxe devint enfin dominant à Rome. Le faste, la magnificence, les richesses, concilièrent de la considération, et gagnèrent les

---

(1) Hist. du Commerce, par M. Huet. Dissertation de M. Smith sur les Egyptiens.

suffrages : on regarda le luxe comme le seul moyen d'être heureux, d'acquérir du crédit, de parvenir aux charges ; les vertus sociales disparurent et ne subsistèrent plus que dans quelques particuliers que la philosophie ou l'éducation garantirent de la corruption générale, et qui ne furent pas capables d'arrêter le torrent : les ambitieux profitèrent de ces dispositions pour faire réussir leurs projets : on exclut de toutes les charges les citoyens recommandables par leurs vertus et par leur intégrité : toute l'autorité fut confiée à des hommes voluptueux et passionnés pour le luxe. Voilà quels furent les maîtres du monde, vers la fin de la république.

Sous les empereurs, le luxe ne fit qu'augmenter ; et comme il entraîne toujours avec lui l'épuisement des peuples, les conjurations, les séditions, il remplit toutes les contrées soumises à l'empire, de troubles, de guerres civiles : les empereurs, les guerriers qui ne connoissoient de moyen d'être heureux que le luxe, en conservèrent la passion au milieu des désordres et des révolutions de l'empire, parce que dans tous les projets que l'on formoit, on ne se proposoit que la puissance et les richesses, et non le rétablissement des vertus sociales, qui pouvoient seules suppléer les plaisirs que l'on cherchoit dans le luxe, et satisfaire l'amour du bonheur.

On ne voit donc dans cette longue et mémorable époque, aucun projet sérieux et bien formé d'éteindre le luxe; on y fait tout au plus quelques réglemens; on y porte quelques lois somptuaires, mais sans les précautions nécessaires pour en assurer le succès : on interdit l'usage de quelques objets de luxe, et l'on ne s'occupe point à développer les germes des inclinations sociales, qui peuvent seules remplacer les plaisirs que procuroient les objets dont on interdit l'usage; on n'applique point au luxe les vrais remèdes. Sa durée pendant cette époque, ne prouve donc point qu'il soit impossible d'en préserver ou de l'éteindre, comme on ne prouveroit pas qu'une maladie est incurable ou inévitable, par l'exemple de ceux qui en sont attaqués et qui en meurent sans avoir pris les moyens de s'en garantir, ou les remèdes qui la guérissent.

Ce furent des peuples ignorans, guerriers et presque féroces pour la plupart, qui conquirent l'empire Romain, et dont le courage et l'habitude de la guerre étoient les principales vertus et le seul mérite : ils furent les tyrans des peuples qu'ils soumirent : ils prirent d'eux l'amour du luxe ; et tout ce qui obéissoit à leur puissance, travailla pour les satisfaire.

Ce fut sur ces principes que les mœurs générales se formèrent, et que s'établirent les usages, les coutumes et les obligations des inférieurs envers les supérieurs : le luxe devint le partage des grands, l'apanage et le caractère distinctif de la puissance, l'objet vers lequel tous les états et toutes les conditions tendirent ; il produisit dans chaque nation des séditions, des conjurations, des révoltes, et entre les souverains des guerres presque continuelles.

Pendant cette époque, un désordre affreux

affreux règne dans tous les états formés des débris de l'empire Romain, l'ignorance, la barbarie, les passions, anéantissent les sciences et la connoissance des principes de la morale et de la politique. On vit au hasard, où l'on ne raisonne que sur les moyens de satisfaire ses passions, et de faire réussir des projets d'ambition, de vengeance et de cupidité; on ne s'occupe ni de la nécessité, ni des moyens d'éteindre le luxe.

Le temps, les malheurs que cause le désordre, ramènent au desir de la paix; l'agitation devient moins violente, les mœurs s'adoucissent, les arts et les sciences reparoissent, mais on ne profite point de ces avantages pour rétablir l'amour des vertus sociales, on n'en sent pas assez les avantages et la nécessité; le luxe paroît aux politiques un moyen plus sûr contre la passion de la guerre, contre l'esprit de faction et de révolte, et c'est vers le luxe que la politique porte les esprits.

Comme le luxe a besoin des productions des différentes contrées, et qu'on ne peut les acquérir que par le moyen du commerce, il y eut des commerçans, et ils furent nécessaires au bonheur des souverains, des grands et des riches propriétaires; on leur accorda des franchises, des privilèges; les peuples dans tous les états de l'Europe, tendirent vers le commerce étranger.

Comme il est la source des richesses pécuniaires, et que l'argent est nécessaire pour acquérir les objets du luxe, les peuples commerçans et riches se sont d'abord élevés à une grande puissance; la politique a tourné l'émulation de tous les citoyens vers ce commerce, vers les arts de luxe, vers les richesses : on a négligé comme inutiles toutes les institutions qui pouvoient développer dans le cœur des citoyens les principes de la morale et les vertus sociales.

Pour faire fleurir le commerce et les arts de luxe, on a accordé des honneurs, des distinctions à ceux qui ont excellé par des talens agréables, par l'invention d'une machine utile au commerce, par le débit de leurs marchandises et par l'exportation des ouvrages de leurs manufactures.

Dans aucune de ces sociétés, les souverains n'ont accordé ces distinctions à la vertu, il semble que par-tout on ait craint que les hommes ne trouvassent le bonheur dans les inclinations sociales : toutes les institutions civiles et politiques tendoient à étouffer les germes des vertus sociales et portoient les citoyens vers le luxe : il est devenu la seule ressource pour satisfaire le desir du bonheur : les souverains, les grands, les nobles, les magistrats, les simples citoyens ont jugé que sans lui l'on ne pouvoit être heureux.

Tel est encore aujourd'hui l'état de tous les peuples de l'Europe; telle est l'opinion générale sur les manufactures, sur le commerce, sur les arts de luxe : on les regarde comme le principe de la grandeur et de la prospérité des états, de la gloire et de la puissance des souverains; on ne les loue, on ne les admire qu'à proportion des encouragemens qu'ils donnent aux arts et au commerce.

Le luxe se perpétuera donc dans l'Europe et dans presque tous les états du monde, non parce que les hommes et les sociétés civiles y sont portés par un penchant invincible, et y sont retenus par une force insurmontable ; mais parce qu'aucune puissance n'a désiré de le détruire, et n'a pris les moyens de le prévenir.

CHAPITRE III.

Du sentiment qui suppose que le Luxe est nécessaire dans les Monarchies.

C'est de l'essence ou de la nature même du luxe, que naissent ses effets par rapport à la richesse et à la prospérité des états ; il n'est donc pas moins funeste aux monarchies qu'aux républiques ; il détruit également l'honneur et la vertu qui sont les deux principes constitutifs de la monarchie et de la république, selon M. de Montesquieu, qui, d'ailleurs reconnoît que, si le luxe détruit les républiques en les changeant en monarchies, il détruit les monarchies en les jetant dans la pauvreté ; en un mot, le luxe détruit toutes les vertus civiles et patriotiques : il est par conséquent également contraire à toutes les espèces de gouvernement.

Cependant M. de Montesquieu croit le luxe nécessaire dans les monarchies, et voici ses raisons.

» Le luxe est singuliérement propre
» aux monarchies, il n'y faut point de
» lois somptuaires.

» Comme, par la constitution des mo-
» narchies, les richesses sont inégale-
» ment partagées, il faut bien qu'il y ait
» du luxe ; si les riches ne dépensent pas
» beaucoup, les pauvres mourront de faim.
» Il faut même que les riches dépensent
» à proportion de l'inégalité des fortunes,
» et que, comme nous l'avons dit, le
» luxe augmente dans cette proportion.
» Les richesses particulières n'ont aug-
» menté que parce qu'elles ont ôté à une
» partie des citoyens le nécessaire phy-
» sique ; il faut donc qu'il leur soit rendu.
» Ainsi, pour que l'état monarchique se
» soutienne, le luxe doit aller en crois-

» sant, du laboureur à l'artisan, au négo-
» ciant, aux nobles, aux magistrats, aux
» grands seigneurs, aux traitans, aux prin-
» ces, sans quoi tout seroit perdu (1). «

Faisons sur ces principes quelques réflexions.

1°. L'inégalité des fortunes ne me paroît pas plus essentielle à la monarchie qu'à toute autre espèce de gouvernement : la monarchie est un état ou une société dans laquelle un seul gouverne conformément aux lois : or, pour former cette société, il n'est pas essentiel qu'il y ait des sujets qui possèdent des fortunes assez grandes pour que les autres soient privés de la portion de terre nécessaire à leur subsistance : c'est au contraire un grand désordre dans un état quelconque, qu'une pareille distribution des propriétés.

2°. M. de Montesquieu bannit de la monarchie les lois somptuaires, et cependant il veut que l'on y dépense à proportion de l'inégalité de sa fortune : or, les hommes de luxe ne se règlent

---

(1) Esprit des Lois, l. 7, c. 4.

point sur cette inégalité, ils sacrifient tout pour se procurer les objets auxquels ils attachent leur bonheur. C'est ainsi que le luxe a chassé de leurs possessions toutes les grandes familles qui, en conservant le nom de leurs anciens domaines, prouvent assez la nécessité des lois somptuaires, et les funestes effets du luxe dans les monarchies.

3°. Le luxe qui dépouille les familles anciennes de leurs possessions, pour les donner à ceux qui ont amassé de l'argent, les ôte bientôt à ces derniers pour en gratifier de nouveaux enrichis.

Cette révolution continuelle dans les fortunes, est-elle bien propre à entretenir dans un état monarchique, l'honneur qui lui est nécessaire ? Sont-ce l'honneur et la vertu qui enrichissent et qui élèvent aux dignités et aux charges dans les états où le luxe domine ? Les hommes qui ont mis toute leur gloire à s'enrichir, inspireront-ils à leurs enfans les sentimens d'honneur si nécessaires aux grands et aux riches dans les monarchies? les grands et les nobles réduits à la pauvreté par leurs profusions et par leur luxe, conserveront-ils ces sentimens d'honneur dans un état où les rangs et les hommes ne sont distingués que par leur faste et par leur dépense ; où le faste et la dépense sont le signe et le caractère de la grandeur et de la puissance ; le titre auquel on exige du respect, des hommages ; la mesure de ceux que l'on rend ?

4°. Lorsque dans les monarchies les biens sont entre les mains d'un petit nombre d'hommes par le moyen desquels les autres subsistent, et que le luxe y règne ; il y a nécessairement un très-grand nombre d'hommes qui ont le goût, l'amour et l'habitude du luxe, qui par conséquent supportent impatiemment leur pauvreté, qui regardent les richesses comme le principe du bonheur, et la pauvreté comme le plus grand des maux ; qui par conséquent sont disposés à se prêter aux factions pour acquérir des richesses : il y a donc un principe de sédition et de révolte au fond du cœur de tous les pauvres, dans les états monarchiques où le luxe règne.

Dans ces mêmes états où l'on veut que le luxe croisse selon les conditions, il dépouille ordinairement les grands de leurs richesses : ces grands déchus de leur fortune conservent l'amour du luxe, et desirent ardemment de recouvrer leur patrimoine dont les nouveaux riches sont en possession, et dont ils jouissent en vertu des lois, et sous la protection du gouvernement : ils ne peuvent espérer de recouvrer leur ancienne splendeur que dans le bouleversement de l'état, et par les guerres civiles ; ils portent donc dans le cœur un principe de sédition et de révolte, qui ne manque jamais d'éclater, comme l'histoire le prouve.

Mais, dit-on, s'il n'y a pas de luxe dans un état monarchique, les pauvres mourront de faim.

Je ne vois pas la nécessité de cette conséquence : les riches ne peuvent ni eux seuls, ni par eux-mêmes se procurer ce qui est nécessaire pour se loger, pour se vêtir : il faut donc, indépendamment du luxe, qu'ils emploient les bras de ceux qui n'ont point de propriétés : ils faut qu'ils cèdent aux travailleurs une partie des fruits de leurs propriétés ; il faut que cette portion qu'ils cèdent, suffise pour l'entretien de ceux qui travaillent pour eux.

Si un propriétaire n'a point de luxe, c'est-à-dire, s'il ne fait pas consister son bonheur dans les meubles magnifiques, dans les mets délicats, dans le faste, dans les fêtes, dans la jouissance des productions des arts de luxe et des pays étrangers, il aura beaucoup de superflu ou de revenu, qui n'étant nécessaire ni à son entretien, ni à ses commodités, ni à son plaisir, sera employé en bienfaits.

Ainsi, pour faire subsister le pauvre dans un état monarchique, il ne faut que détruire le luxe, et lui substituer la bienfaisance, ce sentiment si naturel à l'homme, si nécessaire dans les sociétés politiques, et que le luxe étouffe, comme je l'ai prouvé.

Les riches propriétaires vertueux et bienfaisans, deviennent alors des pères de familles, qui par la sage distribution de leurs biens, font régner la paix, le bonheur et la vertu dans toute l'étendue de leurs possessions.

Le grand propriétaire sans luxe, n'exige point du fermier une rente ou une redevance excessive, il lui laisse la portion du produit des terres suffisante pour les dépenses de la culture et pour le faire vivre dans l'abondance : n'étant point pressé par un besoin continuel d'augmenter ses revenus, il laisse au fermier le fruit de son industrie et de l'amélioration de la terre.

Le fermier qui vit dans l'abondance, donne au manouvrier un salaire suffisant pour le faire subsister dans l'aisance avec sa famille : les campagnes se peuplent de colons et d'habitans aisés qui ont besoin d'habits, de linge, de souliers, d'ustencilles, et qui sont en état de les acheter : les manufactures des choses nécessaires s'élèvent de toutes parts ; les bourgs, les villes se multiplient et se remplissent d'artisans de toute espèce, occupés par les riches colons dont ils reçoivent des salaires abondans, et dont ils achètent les grains, les fruits, les bestiaux : la consommation des productions de la terre augmente, l'agriculture est sans cesse encouragée et perfectionnée.

Les familles des colons se multiplient, étendent la culture, défrichent, et tout ce que la nature n'a pas condamné irrévocablement à la stérilité, devient fertile.

Le souverain, lui-même exempt de luxe, n'exige point des tributs excessifs, ils sont toujours modérés et payés avec satisfaction : le cultivateur, le manouvrier, le manufacturier, l'artisan ne sont ni tourmentés, ni vexés, ni inquiétés.

Ainsi, il n'y a dans cet état, ni pauvres, ni fainéans, ni malheureux ; l'industrie et l'activité sont excitées sans cesse ; tous les travaux sont modérés, encouragés, récompensés : la richesse, l'abondance sont générales, la paix et la félicité perpétuelles. La multiplication des familles, la paix et le bonheur dont elle jouiront, seront des motifs suffisans pour entretenir l'industrie et pour animer l'activité du laboureur, du manouvrier du fabricant, en un mot de tout ce qui peut travailler.

N'est-ce donc pas ainsi que dans leur origine et avant le luxe, les sociétés se sont formées, sont devenues florissantes et assez nombreuses pour détacher d'elles des colonies ?

Il n'en est pas ainsi dans une monarchie où le luxe règne, comme je l'ai prouvé, et comme M. de Montesquieu le reconnoît dans le chapitre même où il prétend prouver la nécessité du luxe dans les monarchies : » Tout ceci, dit-il, » conduit à une réflexion ; les républiques » finissent par le luxe, et les monarchies » par la pauvreté (1). «

Or, qui produiroit cette destruction des monarchies ? N'est-ce pas ce même luxe que M. de Montesquieu prétend être nécessaire dans cette constitution ?

Ainsi, l'extinction du luxe dans les monarchies, seroit utile au pauvre, elle le feroit vivre dans l'abondance, et non

---

(1) Esprit des Lois, l. 7, c. 4.

pas mourir de faim, comme l'assure M. de Montesquieu.

5°. Dans une monarchie où le luxe est inconnu, les grands conservent leurs possesions ; le luxe ne les force ni de s'avilir, ni de violer leurs devoirs, ni de trahir le souverain et la patrie pour obtenir de l'argent ; l'honneur, ce ressort si essentiel aux monarchies, selon M. de Montesquieu, se conserve donc dans cet état infiniment mieux que dans une monarchie livrée au luxe.

6°. Il n'y a point de condition, d'ordre, de rang, où le luxe n'ait produit des hommes que le besoin d'argent a pliés à toutes les bassesses, portés à toutes les perfidies, engagés dans tous les crimes. Le luxe est donc fatal à cet honneur qui doit être le principe, et, pour ainsi dire, l'ame de tous les sujets d'une monarchie, selon M. de Montesquieu ; car ce n'est point accidentellement ou par hasard, c'est par son essence et par sa nature, que le luxe conduit à ces crimes et au mépris de l'honneur, comme je l'ai prouvé en examinant les effets du luxe sur le cœur humain.

7°. L'homme de luxe est heureux par les objets de son luxe : c'est par la possession et par la jouissance de ces objets, qu'il s'estime, qu'il prétend se faire considérer. Quelle est sur cet homme la puissance de l'honneur ? Quelles actions utiles et louables lui inspirera-t-il ? De quel vice ou de quelle injustice le garantira-t-il ?

M. de Montesquieu bannit le luxe des républiques, parce que le luxe y anéantit la vertu, qui est et qui doit être le principe des républiques. » Quand, par » une impétuosité générale, dit-il, tout » le monde se porte à la volupté, que » devient la vertu (1) ? «

Ne peut-on pas dire : quand, par une impétuosité générale, tout le monde se porte à la volupté, que devient l'honneur?

---

(1) Esprit des Lois, l. 7, c. 2.

CHAPITRE IV.

Des effets de la cessation du Luxe, par rapport à la subsistance des ouvriers employés aux ouvrages de Luxe.

Le nombre des ouvriers employés aux arts de luxe, est toujours trop considérable, mais cependant beaucoup moindre que celui des autres citoyens : les campagnes seules forment les deux tiers des habitans d'un état : dans les bourgs, dans les petites villes, les ouvriers employés aux arts de luxe, sont en petit nombre ; il est plus considérable dans les villes du second et du premier ordre, mais toujours fort inférieur au nombre des autres citoyens, et nulle part il n'est comparable à la quantité que renferme la capitale.

Le nombre des ouvriers que la réformation du luxe réduiroit à la pauvreté, est donc infiniment petit en comparaison des hommes que le luxe tient dans le malheur ; et ce seroit une fausse humanité que de ne vouloir pas le réformer par égard pour ces ouvriers.

Le luxe auquel les ouvriers doivent leur subsistance et une apparence de bonheur, ne les précipite-t-il pas dans la plus affreuse misère ? Si vous en doutez, allez dans leurs ateliers, suivez-les dans les réduits qu'ils habitent, considérez-les dans leur vieillesse, sous le poids des infirmités, pendant leurs maladies, et osez dire que le luxe est avantageux pour ces malheureux, et que la politique qui veut l'éteindre est inhumaine et dénaturée.

La vraie et saine politique se permet-elle de procurer aux citoyens que la fortune fait naître sans propriétés, une subsistance de quelques années, et de les abandonner à l'indigence, aux infirmités, lorsqu'ils ne lui sont plus utiles ?

Voilà pourtant le sort des ouvriers qui servent au luxe : leurs travaux enrichissent l'entrepreneur, le capitaliste, le manufacturier, l'architecte, le maçon, et ils n'en retirent qu'une subsistance passagère.

Ces mêmes ouvriers ont aussi la passion du luxe, qui absorbe tout ce qu'ils pourroient économiser sur leurs salaires : l'industrie du fermier du fisc, et la police même, emploient mille stratagêmes pour engager ces malheureux à dépenser tous leurs salaires, et à n'en rien réserver pour leur vieillesse ; car dans les états où le luxe règne, la politique se réduit à la finance, et la finance à l'art d'obliger le peuple à gagner beaucoup d'argent qu'on lui enlève par les impositions, ou qu'on lui escamote en l'amusant, ou en offrant à sa cupidité des espérances illusoires.

L'homme de luxe ne prend aucun soin des ouvriers ou des artisans malheureux, il les voit avec la même indifférence que la brute qui, après l'avoir servi, lui devient inutile : l'état où le luxe règne, loin de les secourir, s'empare des secours que la piété, la religion, la charité leur avoient préparés, comme je l'ai prouvé (1).

Et comment, dans un état livré au

---

(1) Seconde partie, sect. 1.

luxe, les administrateurs des finances s'occuperoient-ils du sort des ouvriers dans leur vieillesse ou dans leurs maladies ? Comment prendroient-ils des précautions pour subvenir à leurs besoins ? Le faste, les profusions du souverain, la cupidité des courtisans n'absorbent-ils pas tous les revenus de l'état ? Comment voulez-vous que l'administrateur des finances emploie au soulagement des malheureux qui ne peuvent rien pour lui, ce que demandent des courtisans qui peuvent lui nuire ?

Ainsi, quel que fût l'effet de l'extinction du luxe pour les ouvriers, leur sort ne seroit pas plus fâcheux que lors même que le luxe fleurit.

Mais il s'en faut beaucoup que le projet d'éteindre le luxe soit aussi funeste aux ouvriers qu'on le prétend.

Lorsque j'ai examiné les effets du luxe par rapport à la puissance des états, j'ai fait voir que par l'extinction du luxe, le souverain diminueroit les impositions, et que les propriétaires affermeroient leurs terres à plus bas prix ; que par ce moyen le fermier plus riche emploieroit un plus grand nombre d'ouvriers : ainsi, au moment de la cessation du luxe, une grande partie des hommes occupés aux manufactures et aux arts de luxe, trouveroient du travail et de l'occupation dans les campagnes : le fermier plus riche et sans luxe, donneroit aux travailleurs qu'il emploieroit, un salaire suffisant pour une subsistance plus abondante et plus sûre que celle que lui procurent les travaux du luxe.

Les campagnes étant plus peuplées, et les habitans y jouissant d'une aisance suffisante pour leur entretien, il faudra qu'il s'établisse dans les villages, dans les bourgs, dans les villes, des manufactures et des artisans pour les denrées nécessaires aux habitans de la campagne; et ces manufactures ou métiers, pourront occuper beaucoup plus d'ouvriers que n'en occupent les arts de luxe.

Tous ces ouvriers ou travailleurs transportés dans les provinces, dans les campagnes, y recevant un salaire qui leur procurera abondamment ce qui est nécessaire pour leur subsistance et pour leur entretien, pourront, par leurs économies, avoir des ressources pour les temps de maladie et pour la vieillesse. Les enfans à qui leur travail procurera de l'abondance, et en qui l'extinction du luxe ressuscitera la piété filiale, partageront l'abondance dont ils jouiront avec leurs parens infirmes, les soigneront et les consoleront.

Comparez cet état avec celui auquel le luxe réduit les ouvriers qu'il emploie, et osez dire que l'extinction du luxe seroit un malheur pour cette classe d'hommes.

Enfin, au moment même de la cessation du luxe, le souverain et le riche qui n'éprouveroient plus les besoins que le luxe donne, pourroient venir au secours des ouvriers que les travaux du luxe faisoient subsister ; et l'on pourroit, par le moyen d'une taxe, leur procurer leur subsistance, non comme un bienfait humiliant, mais comme une récompense de leurs services, ou comme un dédommagement de ce que l'état leur fait perdre en bannissant le luxe : on pourroit avec cette taxe les soutenir jusqu'à ce qu'ils pussent être employés à d'autres travaux, et l'on pourroit prendre des précautions pour que la paresse et l'oisiveté n'abusassent pas de ces secours. La suppression des profusions du luxe, pourroit suffire pour tous ces besoins.

Mais que deviendront les négocians qui ont choisi le luxe pour objet de leur commerce et de leur industrie ?

Il n'y a point d'abus qui ne soit utile à quelqu'un, et dont la réformation ne dérange la fortune de ceux auxquels il est utile : faut-il pour cela conserver les abus, et regarder le projet de les réformer comme fatal au repos des citoyens ?

Les commerçans en objets de luxe, sont en petit nombre en comparaison des autres citoyens, et communément ils ont de la fortune : l'extinction de la branche de luxe qui fait l'objet de leur commerce, arrête tout au plus le progrès de leur fortune, et les empêche d'acquérir de très-grandes richesses : doit-on plus de respect à la cupidité de ce petit nombre d'hommes qu'à la société, et ne peut-on, sans être inhumain et injuste, prescrire des bornes à leur ambitieuse avidité ?

CHAPITRE V.

Des effets que l'on attribue à l'extinction du Luxe, par rapport à la circulation de l'argent et à la fortune des citoyens.

La circulation de l'argent dans un état, consiste en ce que les propriétaires dépensent en détail, dans les villes, les rentes que leurs fermiers leur ont payées en gros articles, et que les entrepreneurs des villes, comme les bouchers, les boulangers, les brasseurs, les marchands de vin, etc. ramassent peu à peu ce même argent pour acheter du fermier, en gros articles, les bœufs, le bled, l'orge, etc. Ainsi, toutes les grosses sommes sont distribuées par petites sommes, et toutes les petites sommes sont ensuite ramassées pour faire des paiemens de grosses sommes aux fermiers (1).

---

(1) Essai sur la Nature du Commerce, part. 2, c. 3, p. 165.

C'est de cette circulation que dépend la richesse du propriétaire, l'aisance du cultivateur, la subsistance du commerçant, de l'ouvrier, de l'artisan, etc. Il n'est pas possible de l'interrompre ou de la retarder sans troubler toute l'économie de la société, sans la jeter dans l'engourdissement ou dans la confusion : quel que soit le principe de cette interruption, elle produit nécessairement cet effet. Or, dit-on, l'extinction du luxe arrête ou interrompt cette circulation.

Au moment où le luxe cesse, une multitude d'ouvriers cesse aussi de gagner et de consommer : les entrepreneurs ne débitent plus ; ils ne peuvent par conséquent distribuer les denrées du fermier : celui-ci dont les greniers sont remplis de grains et les prairies chargées de bétail, ne peut payer ni la taille, ni les taxes, ni la rente du propriétaire : le fisc cessant de recevoir les impôts, cesse de payer les rentes qu'il doit ; les créanciers de l'état ne recevant plus leurs revenus au moins en entier, se bornent au nécessaire, ils ne tirent plus du manufacturier les étoffes qu'ils en tiroient, ils n'emploient plus les tailleurs, les cordonniers, etc. Le manufacturier n'entretient plus le même nombre d'ouvriers, et par conséquent les consommations diminuent dans toutes les parties de l'état. La cessation du luxe interrompt donc la circulation qui faisoit la prospérité de la société politique, qui en soutenoit et qui en faisoit subsister les membres. Les terres ne produisent plus pour le propriétaire, il vit dans la pauvreté, le cultivateur dans l'indigence, le créancier de l'état dans la misère, et tous les hommes que leur travail nourrissoit sont sans ressources.

Personne ne peut nier, je crois, la nécessité de la circulation de l'argent, dans l'état où sont les sociétés politiques, ni les effets que causeroit l'interruption de la circulation ; la question est de savoir si le luxe n'est pas destructeur de cette circulation, et si la cessation du luxe l'arrête, comme le prétendent ses apologistes.

Le luxe, comme nous l'avons vu, accumule les richesses dans un petit nombre de mains ; or, pour que la circulation de l'argent se soutienne, il faut que les richesses soient divisées. Ce principe seul, que personne ne peut contester, prouve que le luxe porte les plus funestes atteintes à la circulation.

Dans un état où le luxe règne, les impôts se lèvent principalement sur les citoyens pauvres ou médiocrement riches ; c'est même une maxime fondamentale dans la politique moderne, qui est toute financière, qu'il faut que cette classe d'hommes soit au moins dans la pauvreté pour aiguillonner son industrie, et que c'est par les impositions et par les taxes que l'on doit empêcher qu'ils ne soient dans l'opulence ou dans l'aisance qui les conduiroient à l'oisiveté. Le luxe ne leur laisse que le nécessaire, et même une grande partie en est quelquefois privée. Or, rien n'arrête la circulation plus sûrement, que d'appauvrir cette classe de citoyens.

Un des hommes qui connoissoit le mieux les ressorts de la circulation de l'argent, a très-bien observé qu'un écu enlevé à un homme puissant n'est qu'un écu, tant à son égard, qu'à l'égard de l'état; mais qu'enlevé au pauvre cultivateur, au petit négociant, par un coup imprévu, il anéantit cent écus de consommation dans l'année: tout roule assez souvent sur un écu dans cette classe de citoyens, par le renouvellement journalier et continuel qu'éprouve cette modique somme (1).

Le luxe qui, par l'augmentation continuelle des taxes et des impôts, enlève à ces citoyens cet écu aussitôt qu'ils l'ont acquis, ou qui ne leur permet pas de l'amasser, est donc le plus grand obstacle à la circulation de l'argent; il l'attaque, il l'arrête dans sa source.

Ces effets du luxe sont sensibles dans tous les états où il règne : la circulation paroît assez rapide dans la capitale, dans les villes commerçantes, sur le bord des

---

(1) Détail de la France, par Boisguilbert, de la circulation et du crédit, part. 4. p. 202.

rivières navigables et dans leurs environs, tout y est en mouvement et en vie, mais la langueur et la mort règnent dans les cantons éloignés.

Et comment la circulation pourroit-elle ne pas s'anéantir dans ces provinces? Le luxe force le souverain de tirer, par les impositions de toute espèce, tout ce qu'il peut tirer d'argent ; le propriétaire livré au luxe, ne laisse au fermier que ce qui lui est indispensablement nécessaire pour subsister : l'argent du fisc et du propriétaire, sont portés à la capitale qui l'engloutit ; une partie est accumulée pour élever ces fortunes énormes que l'on y voit paroître sans cesse ; une autre partie passe chez l'étranger pour en tirer des objets de luxe ; une très-modique partie retourne lentement vers les provinces éloignées, et n'y est pas plus tôt parvenue que le fisc et le propriétaire l'enlèvent pour la rapporter à la capitale : la quantité d'argent diminue donc sans cesse dans les provinces éloignées et n'y circule point, parce que ni le fisc, ni le propriétaire, ne le laissent entre les mains du fermier, du marchand, de l'ouvrier, etc.

Le luxe, comme je l'ai prouvé, empêche que l'état ne nourrisse un aussi grand nombre de citoyens qu'il en pourroit nourrir avec les productions de son sol; il est même un principe de dépopulation, comme je l'ai prouvé; or, rien n'est plus contraire à la circulation, que ce qui diminue le nombre des citoyens : tous ces citoyens que le luxe empêche de naître, ou qu'il fait périr, consommeroient; » or, un plus grand » nombre de consommateurs cause une » plus grande circulation, vivifie toutes » les richesses de l'état, et crée de nou- » velles valeurs : un million de sujets de » plus dans la grande Bretagne, augmen- » teroit le revenu de la nation et du fisc » et la puissance du monarque, plus que » tout le Canada et le reste des colonies » ne peut lui en rapporter (1). »

Selon l'auteur de cet ouvrage, trois

---

(1) De la circulation et du crédit, p. 184.

ou quatre millions d'habitans de plus en France, y produiroient une consommation et une circulation qui seroit plus profitable au monarque, que la possession du Mexique et du Pérou (1).

C'est un effet nécessaire du luxe, d'augmenter le prix des denrées et d'anéantir le commerce d'exportation chez l'étranger : il chasse de l'état les ouvriers, et enlève aux propriétaires et aux cultivateurs, cette classe de consommateurs que l'on croit si nécessaire pour le soutien de la circulation de l'argent.

Rien n'est donc plus funeste à la circulation de l'argent que le luxe.

Voyons présentement si l'extinction du luxe arrête tout-à-coup cette circulation, de manière à porter le désordre dans toutes les parties de l'économie politique.

Lors même que le luxe domine dans un état, le nombre des ouvriers occupés aux travaux du luxe, est petit en comparaison des autres classes de citoyens :

---

(1) Ibid.

ainsi, quand l'extinction du luxe mettroit ces ouvriers hors d'état de faire les mêmes consommations qu'ils faisoient, il n'y auroit dans les consommations qu'une diminution trop foible pour arrêter la circulation dans son principe, et pour empêcher le marchand de vendre et d'acheter aux entrepreneurs, et les entrepreneurs d'acheter du fermier ses grains, ses boissons, ses bestiaux : il y auroit tout au plus quelque diminution dans les consommations, comme il arrive dans ces mêmes états, lorsqu'il survient une guerre qui empêche d'exporter chez l'étranger les ouvrages de luxe, et qui, par les impositions qu'elle occasionne, oblige une grande partie des citoyens de se priver des objets du luxe. L'extinction du luxe ne causeroit donc point dans la circulation cette interruption que l'on veut nous faire craindre.

D'ailleurs cette diminution dans la circulation, ne seroit que momentanée.

Au moment même où le souverain commence à exécuter le projet de l'extinction du luxe, il fait cesser la nécessité d'augmenter les impôts : le progrès du malheur s'arrête donc aussitôt, sans rien déranger dans l'ordre des finances ni dans le cours de l'industrie qui n'a pas pour objet le luxe : il bannit de son palais la profusion, la déprédation et tous les objets de luxe dont l'achat absorboit une partie considérable de ses revenus : ainsi, au moment même de la cessation du luxe, son économie le met en état de diminuer le poids des impôts qui accablent les cultivateurs, les artisans, les petits commerçans : il peut dans ce moment même faire cesser les procédures des commis du fisc contre toutes les classes de citoyens, arrêter tout ce que la perception des impôts a d'oppressif : il laisse, par ce moyen, dans chaque famille de ces classes de citoyens, cet écu que le luxe lui enlevoit, et qui, lui étant enlevé, anéantissoit cent écus de consommation dans l'état pendant le cours d'une année : le propriétaire, le cultivateur, le marchand, l'artisan ne sont plus arrachés à leur négoce, à leurs travaux, par les procès que leur intentoient les commis du fisc.

La cessation seule de ces procédures, équivaut à une augmentation de revenu, de profit, de gain pour chaque famille; la paix, la sécurité, la confiance renaissent, l'industrie s'éveille par-tout, l'activité devient générale; le propriétaire défriche un terrain inculte, le laboureur cultive mieux, le manouvrier est occupé, et reçoit un salaire qui lui procure une subsistance suffisante et saine : une foule de citoyens qui étoient dans la plus affreuse indigence, jouissent du nécessaire; ils étoient nus ou couverts de haillons, et ils sont vêtus; ils mouroient de faim, et ils mangent : ceux qui avoient un mauvais habit, en portent un bon; le nombre des ouvriers et des artisans augmente dans toutes les provinces et dans les campagnes : on y établit des manufactures utiles, qui offrent du travail aux ouvriers à qui la cessation du luxe avoit ôté leur occupation; toutes les consommations augmentent donc, et avec elles la circulation, les revenus du propriétaire, et ceux du souverain et du fisc.

C'est donc une erreur dans le propriétaire, que de penser que le luxe augmente ses richesses : c'est une erreur dans le créancier de l'état, que de penser qu'il assure le paiement de ses rentes ou de ses créances sur l'état : la continuation du luxe produira nécessairement tous les maux qu'ils croient voir dans son extinction.

En effet, il faut nécessairement que le souverain livré au luxe, se procure sans cesse de nouveaux objets de plaisir, de dissipation, d'amusement : il a par conséquent un besoin continuel d'argent : ses courtisans, ses favoris, tous ceux qui contribuent à ses plaisirs ont les mêmes besoins, et en obtiennent tous les jours des dons, des gratifications : les revenus des domaines et des impositions ne peuvent donc jamais suffire aux besoins du souverain, dans un état livré au luxe : on crée des titres, des offices ; la sommes des subsides ou des impôts s'accroît sans cesse, et bientôt les revenus du souverain deviennent insuffisans pour ses besoins, et cependant il ne veut rien retrancher de son luxe : il faut donc qu'il appelle au ministère des finances, des hommes déterminés à lui procurer de l'argent à quelque prix que ce soit, des hommes durs et impitoyables, dépourvus de principes de justice et de sentimens d'honnêteté, esclaves de la faveur et avides d'argent, insensibles à la ruine de l'état et au malheur des citoyens, comme à l'indignation du public et à l'exécration de la postérité. Ces hommes ne sont pas rares dans les siècles de luxe, et c'est parmi eux que les courtisans choisissent les administrateurs des finances ; ce n'est que dans cette espèce d'hommes que les favoris et les courtisans trouvent les talens, la capacité, la fermeté nécessaire pour administrer les finances du souverain, et pour lui procurer de l'argent.

Tels furent les favoris, les courtisans de Richard I, de Henri III, de Richard II, de Henri VIII, rois d'Angleterre :

tels furent les courtisans, les ministres les favoris de Charles VI, de Charles VII, de Charles VIII, de François I, de Henri II, de Henri III, rois de France.

Voyez quel est le sort des propriétaires, et la sûreté des possessions des citoyens sous tous ces règnes.

Enfin, quand il seroit possible que les administrateurs des finances apportassent dans l'exercice de leur charge toute l'économie et tout le désintéressement possible, toute l'habileté et toute la fermeté nécessaire pour réprimer les abus et pour arrêter les déprédations, ils ne pourront jamais empêcher que dans une cour livrée au luxe, la dépense du souverain n'augmente continuellement : il faudra donc, quelque intègres, quelque vigilans, quelque habiles et quelque économes qu'ils soient, qu'ils augmentent sans cesse les impôts, et par conséquent qu'ils prennent sans cesse sur les revenus des propriétaires des terres, et sur ceux des créanciers de l'état, qu'ils leur ôtent les moyens de se procurer les commodités du luxe, et enfin qu'ils les réduisent au nécessaire le plus étroit. La privation du luxe produira donc nécessairement ce que les propriétaires des terres et les créanciers de l'état, craignent que son extinction ne produise.

Nous avons vu au contraire que par la cessation du luxe du souverain, ses revenus augmentent, et que ses dépenses diminuent; que les tributs ne sont plus dissipés avant que de parvenir à lui ; et que ce qui arrive dans son trésor excède sa dépense et les besoins de l'état; que par conséquent la cessation du luxe assure aux propriétaires des terres la jouissance de leurs possessions, et aux créanciers leurs capitaux et leurs intérêts sans diminution.

CHAPITRE VI.

Les Souverains ne doivent pas craindre de compromettre leur autorité en attaquant le Luxe, ou d'affoiblir le respect des peuples par la suppression du faste et de la magnificence.

J'ai entendu opposer au projet de

l'extinction du luxe, la lettre de Tibère au sénat, lorsque les édiles lui proposèrent de réprimer le luxe.

» Par où commencer? dit-il au sénat;
» quelle est la branche du luxe à laquelle
» je porterai les premiers coups? Sera-ce
» aux maisons de campagne dont l'étendue absorbe un terrain immense? ces
» armées d'esclaves distingués par nations, cette quantité prodigieuse de
» vaisselle d'or et d'argent? ces bronzes
» et ces tableaux, miracles de l'art? ces
» étoffes précieuses qui nous confondent
» avec les femmes, et la manie propre à ce sexe, qui, pour des pierreries
» dont le vain éclat éblouit, fait passer
» notre argent chez les étrangers, et
» même chez nos ennemis?

» Je sais que dans les festins et dans
» les cercles, on se plaint de ces abus,
» et que l'on demande qu'on y mette
» ordre; mais faites une loi, ordonnez
» des peines; ces mêmes censeurs crieront que l'on renverse l'état de fond
» en comble, que l'on veut perdre quiconque se fait honneur de son bien,

» que personne n'est à l'abri de ces
» odieuses recherches.

» Cependant les maladies mêmes du
» corps, quand elles sont opiniâtres et
» invétérées, ne se guérissent que par
» des remèdes forts et violens ; celles de
» l'ame, tout-à-la-fois corrompue et prin-
» cipe de corruption, seroient-elles donc
» plus traitables ? Non. Pour éteindre
» cette fièvre dévorante, il faut des se-
» cours proportionnés à l'activité des
» passions qui l'allument : tant de lois de
» nos aïeux, maintenant oubliées, tant de
» lois du divin Auguste, tombées par un
» mépris plus criminel que l'oubli, ont
» rassuré le luxe contre l'autorité ; avant
» qu'elle condamne un abus, on pèche
» timidement de peur d'attirer une dé-
» fense ; la défense impunément bravée,
» plus de crainte ni de point d'honneur
» qui serve de frein.

» Quant à ces abus, c'est à chacun de
» guérir son propre cœur.... ou si quel-
» qu'un des magistrats se croit assez ha-
» bile, se sent assez fort pour s'opposer
» au torrent, je l'en félicite et lui sais

» gré de me décharger en partie. Mais si
» l'on veut déclamer contre les vices, se
» donner par-là du relief, et, quand on
» aura suscité des mécontens, jeter en-
» suite le fardeau sur moi, pères cons-
» crits, vous pouvez m'en croire, je ne
» cherche pas plus qu'un autre à me faire
» des ennemis : pour les intérêts de la ré-
» publique, je m'en attire souvent de
» cruels sans les avoir mérités ; il est juste
» que vous me dispensiez d'en grossir le
» nombre en pure perte pour le public,
» pour vous et pour moi (1). «

Apprécions au juste les craintes que présente la lettre de Tibère. La sincérité n'étoit pas la vertu de cet empereur : il ne faut pas juger sur cette lettre, qu'il crût la réforme du luxe impossible, ou qu'il pensât qu'il étoit dangereux de l'entreprendre.

Cinq ans avant cette lettre, les édiles avoient demandé que l'on réprimât le

---

(1) Tacit. annal. liv. 3, chap. 53, 54, trad. de la Bléterie.

luxe : Tibère répondit qu'il n'étoit pas encore temps d'exercer la censure, et que si la corruption augmentoit, Rome ne manqueroit pas de réformateurs. On ne voit de ce moment jusqu'à la lettre de Tibère, aucun changement dans les mœurs des Romains, aucune diminution dans la puissance de l'empereur et des magistrats : Tibère n'oppose point aux édiles l'impossibilité, ou même la difficulté de réformer le luxe ; il prétend au contraire que l'empereur et les magistrats jouissent d'une puissance qui le fera disparoître aussitôt qu'ils le voudront : comment se peut-il que cinq ans après cette époque, on ne puisse attaquer le luxe sans s'exposer à des dangers qui ne permettent pas à Tibère de tenter cette entreprise, dont cependant il reconnoît la nécessité (1) ?

Tibère étoit lui-même livré au luxe, enseveli dans la débauche, adonné à l'ivrognerie, quoique ennemi du faste et de la magnificence : ne pouvoit-il pas

___

(1) Ibid.

craindre qu'en rappelant le sénat à l'antique simplicité, on ne lui rendît son ancienne élévation, et qu'on ne rétablît l'empire de la vertu? Cet empereur n'avoit donc aucun motif pour réformer le luxe, et il se refusa au desir des édiles, bien moins par défiance de sa puissance, que parce qu'il ne prenoit pas assez d'intérêt au bonheur des Romains pour se donner les soins que demandoit le succès de cette entreprise. En effet, Tibère qui avoit été étonné, et, pour ainsi dire, confus de la bassesse du sénat, pouvoit-il douter de sa puissance pour excéuter la réformation que demandoient les édiles?

Le luxe que Tibère feignoit de n'oser attaquer, Vespasien ne l'arrêta-t-il pas tout-à-coup? Son exemple, dit Tacite, fut le vrai fléau du luxe : cet empereur vivoit en tout comme les anciens Romains, et le desir de lui plaire fit ce qu'on ne pouvoit attendre des lois pénales et de la terreur (1).

Ainsi, sans compromettre son auto-

---

(1) Tacit, ibid. c. 56.

rité et sans porter atteinte à la majesté de l'empire, Vespasien, par son exemple seul, attaqua et réprima le luxe dont les partisans paroissoient si formidables à Tibère.

Il en sera de même en France toutes les fois que les rois le voudront.

» La façon de quoi les rois essaient à ré-
» gler les folles dépenses des tables et vête-
» mens, dit Montagne (1), semble être
» contraire à sa fin : le vrai moyen ce seroit
» d'engendrer aux hommes le mépris de
» l'or et de la soie, comme de choses vai-
» nes et inutiles; et nous leur augmentons
» l'honneur et le prix, qui est une bien
» inepte façon pour en dégoûter les hom-
» mes : car, dire ainsi qu'il n'y aura que
» les princes qui mangeront du turbot,
» qui puissent porter du velours et de la
» tresse d'or, et l'interdire au peuple;
» qu'est-ce autre chose que mettre en
» crédit ces choses-là, et faire croître
» l'envie à chacun d'en user ?

---

(1) Essais, l. 1, c. 43.

» Que les rois quittent hardiment ces
» marques de grandeur, ils en auront
» assez d'autres ; ces excès sont plus ex-
» cusables à tout autre qu'à un prince :
» par l'exemple de plusieurs nations, nous
» pouvons apprendre assez d'autres façons
» de nous distinguer extérieurement, sans
» nourrir, pour cet effet, cette corrup-
» tion et incommodité si apparente.

» C'est merveille comme la coutume,
» en ces choses indifférentes, plante aisé-
» ment, et soudain, le pied de son auto-
» rité : à peine fûmes-nous un an pour le
» deuil de Henri II, à porter du drap à
» la cour : il est certain que déja à l'o-
» pinion de chacun, les soyes étoient
» venues à telle vilité, que si vous en
» voyez quelqu'un vêtu, vous en faisiez
» incontinent quelqu'homme de ville :
» elles étoient demeurées en partage aux
» médecins et aux chirurgiens : combien
» soudainement viennent en honneur
» parmi nos armées, les pourpoints cras-
» seux de chamois et de toile, et la polis-
» sure et richesse des vêtemens à repro-
» che et à mépris.

» Que les rois commencent à quitter
» ces dépenses ; ce sera fait en un mois ;
» sans édits, et sans ordonnances, nous
» suivrons tous après ».

FIN.

Nous Commissaires nommés par l'assemblée de MM. les Lecteurs et Professeurs royaux pour l'examen d'un manuscrit intitulé : *Traité Philosophique et Politique du Luxe*, par M. l'abbé Pluquet, professeur vétéran de morale et d'histoire, avons jugé cet ouvrage digne de l'impression. Au Collège royal, ce 3 Juillet 1785.

GARNIER, DU TEMS.

Vu le rapport des Commissaires, la Compagnie a cédé son privilège, pour l'ouvrage indiqué, à M. l'abbé Pluquet ; en foi de quoi j'ai soussigné ce certificat. Au Collège royal, ce 3 Juillet 1785.

LE MONNIER, Sous-Doyen.

TABLE DES CHAPITRES DU TOME II.

SECONDE PARTIE.

Du Luxe considéré dans ses rapports avec les sociétés politiques, *page* 1

SECTION I. Quelque riche que soit un Etat, un grand nombre de sujets y sont privés des choses nécessaires à leur subsistance, lorsque le Luxe y domine, 10

CHAPITRE. I. Des moyens employés par les Législateurs, pour qu'aucun ordre de citoyens ne manque des choses nécessaires à la subsistance, 12

CHAPITRE II. Le Luxe rend inutiles tous les moyens exposés dans le chapitre précédent, 23

Article I. *Lorsque le Luxe domine dans un Etat, la politique ne peut employer que des moyens insuffisans pour empécher qu'une partie considérable des citoyens ne manque des choses nécessaire à leur subsistance*, 24

Article II. *Le Luxe rend inutiles les moyens que la société politique pourroit emprunter de la morale et de la religion, pour qu'aucun citoyen ne manque des choses nécessaires,* 36

SECTION II. Lorsque le Luxe domine dans un Etat, le gouvernement n'y donne point aux citoyens des mœurs politiques. 49

CHAPITRE I. Un état où le Luxe domine, ne donne point aux citoyens l'instruction propre à leur faire prendre des mœurs politiques, 51

CHAPITRE II. L'exemple ne tend pas à donner des mœurs sociales ou politiques dans un Etat où le Luxe domine. 63

CHAPITRE III. Lorsque le Luxe domine dans un Etat, les lois ne peuvent ni donner ni conserver les mœurs politiques, 74

SECTION III. Lorsque le Luxe domine dans un Etat, la justice civile ne procure point aux citoyens la jouissance sûre et paisible de leurs biens et de leurs droits, 102

CHAPITRE I. Lorsque le Luxe domine dans un Etat, les lois ne peuvent ni éclairer les citoyens sur leurs droits et sur leurs devoirs, ni en assurer la jouissance, 105

CHAPITRE II. Lorsque le Luxe domine dans un Etat, les tribunaux ne procurent point aux citoyens la jouissance assurée et paisible de leur fortune et de leurs avantages, 113

SECTION IV. Lorsque le Luxe domine dans un Etat, il rend inutiles les récompenses et les peines destinées à porter les citoyens à de grandes actions, et à les détourner des actions contraires au bien public. 119

SECTION V. Le Luxe prive le gouvernement des secours que la religion procure pour porter les citoyens à la vertu, et pour les détourner des actions contraires à la société, 129

CHAPITRE I. Du sentiment des législateurs, des politiques et des philosophes les plus illustres sur la nécessité de la religion dans les sociétés civiles, 131

CHAPITRE II. La religion procure et peut seule procurer des moyens pour rendre tous les citoyens heureux, pour les porter aux actions et aux vertus les plus nécessaires au bonheur de la société, et pour les détourner des actions et des vices les plus funestes, 146

CHAPITRE III. Le luxe prive la société de tous les avantages que la religion lui procure; 156

CHAPITRE IV. Des difficultés qui combattent les principes

principes que l'on a établis sur les secours que la religion procure aux sociétés, 166.

Article I. *Des moyens par lesquels on prétend suppléer les secours que la religion procure aux sociétés politiques,* ibid.

Article II. *Des raisons qui font juger que la religion est contraire aux principes de la politique,* 181

Article III. *Des maux que l'on prétend que la religion a causés dans les sociétés,* 189

Article IV. *Assure-t-on avec raison que le dogme des peines et des récompenses dans une autre vie, est inutile pour porter à la vertu, et pour réprimer les crimes,* 198

SECTION VI. Lorsque le Luxe domine dans un Etat, il ne procure point aux citoyens les moyens de satisfaire l'amour du bonheur avec lequel la nature les fait naître, et il y rend le malheur général et perpétuel, 214

SECTION VII. Le Luxe conduit à un gouvernement arbitraire, oppressif et tyrannique, également funeste aux souverains et à la chose publique, 222

CHAPITRE I. Le Luxe conduit à un gouvernement arbitraire, oppressif et funeste au peuple,

Tome II. Y

quelle que soit la constitution de l'Etat, 223

Chapitre II. Le despotisme produit par le Luxe, précipite le souverain dans les plus terribles malheurs, et cause la subversion des Etats, 247

Chapitre III. De l'opinion des apologistes modernes du Luxe, sur son influence dans la ruine des Etats anciens, 264

Section VIII. Des effets du Luxe par rapport à la richesse des Etats, 278

Chapitre I. Le Luxe ne permet pas qu'un Etat tire de ses terres toutes les productions qu'il en pourroit tirer, 279

Chapitre II. Le Luxe tarit toutes les sources de l'industrie qui peut enrichir un Etat, 296

Chapitre III. Ni les tributs imposés sur les nations soumises, ni les mines les plus riches, ne peuvent garantir de la pauvreté un peuple livré au Luxe, 311

Section IX. Du Luxe considéré dans ses rapports avec la force des Etats, 321

Chapitre I. Le Luxe est contraire à la population, 322

Article I. *Lorsque le Luxe domine dans une Nation, elle ne peut nourrir un aussi grand nombre de citoyens, que si elle étoit sans Luxe,* 323

Article II. *Le Luxe détruit dans les citoyens tous*

les motifs qui les portent à devenir pères d'une nombreuse famille, 333

Article III. *L'histoire confirme tout ce que l'on vient d'établir sur les effets du Luxe, par rapport à la population,* 342

Chapitre II. Les citoyens d'un Etat où le Luxe domine, n'ont point une constitution robuste, 356

Chapitre III. Le Luxe détruit dans les citoyens le courage nécessaire pour la défense et pour le soutien de la patrie, 360

Chapitre IV. Fausseté des principes des apologistes du Luxe, par rapport à la force des Etats. 371

TROISIÈME PARTIE.

De l'extinction du Luxe.

Section I. De la possibilité d'éteindre le Luxe. 383

Chapitre I. Le Luxe n'est ni essentiel à l'homme, ni son état naturel, 383

Chapitre II. On peut considérer le Luxe dans les particuliers, et l'éteindre dans les Etats, 398

Section II. Des moyens de combattre et d'éteindre le Luxe, 414

Chapitre I. Des moyens de détromper les hommes sur les avantages que l'on attribue au Luxe par rapport au bonheur. 415

CHAPITRE II. Des moyens de remplacer les plaisirs dont l'homme se prive en renonçant au Luxe, 425

SECTION III. Des difficultés par lesquelles on combat le projet de l'extinction du Luxe. 438

CHAPITRE I. Des raisons par lesquelles on prétend prouver que la morale et la politique sont sans ressources contre le torrent du Luxe, 438

CHAPITRE II. L'étendue de l'empire du Luxe et sa perpétuité, ne prouvent pas qu'il soit inévitable et irrémédiable. 447

CHAPITRE III. Du sentiment qui suppose que le Luxe est nécessaire dans les Monarchies, 460

CHAPITRE IV. Des effets de la cessation du Luxe, par rapport à la subsistance des ouvriers employés aux ouvrages de Luxe. 472

CHAPITRE V. Des effets que l'on attribue à l'extinction du Luxe, par rapport à la circulation de l'argent et à la fortune des citoyens, 479

CHAPITRE VI. Les Souverains ne doivent pas craindre de compromettre leur autorité en attaquant le Luxe, ou d'affoiblir le respect des peuples par la suppression du faste et de la magnificence, 494

Fin de la Table.

www.ingramcontent.com/pod-product-compliance
Lightning Source LLC
Chambersburg PA
CBHW071705230426
43670CB00008B/916